和谐图

养就孤标人不识 时来黄甲独传胪

癸卯春月景涵书

• 张景涵十二岁书画《和谐图》

张 捷 （谁是谁非任评说）
著

捷论股市

牛熊分界下的
市场与机会

中国科学技术出版社
·北京·

图书在版编目（CIP）数据

捷论股市：牛熊分界下的市场与机会 / 张捷著 .
北京：中国科学技术出版社，2025.6（2025.7 重印）.
ISBN 978-7-5236-1363-4

Ⅰ . F832.51

中国国家版本馆 CIP 数据核字第 2025GX7251 号

策划编辑	何英娇	责任编辑	何英娇
封面设计	潜龙大有	版式设计	蚂蚁设计
责任校对	焦　宁	责任印制	李晓霖

出　　版	中国科学技术出版社
发　　行	中国科学技术出版社有限公司
地　　址	北京市海淀区中关村南大街 16 号
邮　　编	100081
发行电话	010-62173865
传　　真	010-62173081
网　　址	http://www.cspbooks.com.cn

开　　本	710mm×1000mm　1/16
字　　数	344 千字
印　　张	22.5
版　　次	2025 年 6 月第 1 版
印　　次	2025 年 7 月第 2 次印刷
印　　刷	北京盛通印刷股份有限公司
书　　号	ISBN 978-7-5236-1363-4/F・1370
定　　价	99.00 元

（凡购买本社图书，如有缺页、倒页、脱页者，本社销售中心负责调换）

| 序　　言 |

中国股市的散户思维与牛市逻辑[1]

我在大学期间是学习物理学的，20多年前开始涉足网络和股市，物理学思维培养了我分析问题的方法和解决问题的能力。在金融领域，很多专业人士由物理或数学专业改行而来。金融分析，新的时代主要涉及理论创新和新的经济模型。信息社会，算力和量化模型成为金融市场研究和操盘的重要力量，其中很多思想和模型也诞生于此。我的很多同学、朋友，也在境内外成为相关领域的佼佼者。

在网络匿名时代，网友中不乏顶级人物，后来需要实名了，很多人反而有所顾虑了。后来我才知道，当时在一起讨论的，不仅涵盖国内顶级机构的操盘手，还有华尔街各大机构做模型的核心人物。我在中国科学技术大学的校友，他们中很多都是在华尔街的机构担纲。他们都是华人，当时并不出名，但大家聚在一起碰撞，才是真实的金融实战理论演练。实战派金融理论大多不是写在书本之上的，它与学院派经济理论有很大差别。

在与顶尖操盘手和金融交易模型设计者的交流过程中，本人获益良多，但不同的是，我是网络匿名时代的写手，还有幸成为天涯网的"十大牛人"之一。后来到了新浪博客（实名制），让我从匿名"潜水"到出现在粉丝面前。由于我对股市的判断准确，我得到了央视和中经网的邀请，作为他们的特约评论员，定期在央视财经频道做直播嘉宾，个人影响进一步扩大。可

---

[1] 股市有风险，投资需谨慎。本书内容仅代表作者个人观点。——编者注

是当年影响力很大的文章和我的一些股票见解，很多内容如今大家都看不到了，天涯网不在了，新浪博客也关闭了，央视节目的回放就更难看到。不少网友或粉丝甚是怀念，同时也有很多新的粉丝和炒股爱好者在找我的文章，因此我决定出版本书，内容节选了我当年的精彩文章和后来我做视频栏目的文字内容。

多年来，我一直分析股票，一直没有倒场，也是得益于本人对股票的准确分析和对宏观环境的正确认识。我的分析出发点是，从散户立场来做金融理论分析，不光是自己操盘，也通过不断修正在网上发布的文章，建立起自己的金融实战理论。很多理论我在其他著作当中有所论及。同时，我一直不以写网文牟利为原则，从来没有当过股市"黑嘴"，直言不讳，也因此得罪了一些人和机构。但时间会给你抹去浮沉，你的理论到底如何，实践是会检验的。

我们的时代是一个经济学大变革的时代，原因就是货币的定义在不断地发生变化，从布雷顿森林体系的国际金汇兑本位制，到牙买加国际货币体系，再到美苏霸权下以美元外汇为货币发行的新重商主义，2008年金融危机后的量化宽松（QE）时代，以及疫情之下的QE常态化时代，之后虚拟数字货币出现，整个经济界的货币定义变了，经济学数字单位所依据的货币尺度变了，当然经济学的底层逻辑也变了。同样是在信息时代，交易从线下转到线上，从人工转为计算机算法，从实体转向虚拟，金融衍生品泛滥，股票的交易也完全进入了一个新时代。

很多人说经济学都是骗人的，但实际上经济学的不同学派，本身就是矛盾的。凯恩斯主义宏观经济学认为需要政府参与宏观调控，自由主义微观经济学认为市场是看不见的手，金融货币学则认为各种货币政策和货币衍生是改变财富分配的。这些不同的背后，是经济学的基本假设也是相对的，不是绝对的。比如，市场出清的假设，在大宗交易之下是不一定做得到的，只有大量的散户市才可以做到；再如，绝对理性的假设，在散户炒股中很难存在，存在的大多是散户的狂热和恐惧；而对于信息透明的假设更难存在，因为每个人挖掘信息的能力不一样。所以经济学背后的基本假设都是近似的假设，这些经济学理论都是具有相对性的理论，不是绝对的。

很多人问我，当年在天涯网中"缠论"是否正确，因为我和"缠中说禅"在天涯论战时也多次谈及其观点，但我俩是从不同的方向来看待股市，"缠论"是炒股技术流的代表之一。股市的技术流可以说是依据大数据分析，从这些数据的底本找规律，可以过滤一些庄家的操盘欺骗，但对股票走向的经济学宏观大势影响较少。技术流股民看的是微观领域，股票的微观领域更适合短线操作，更适合模型算法。在当今模型算法量化交易的时代，数据模型的基础不一样了，而且现在有了融资融券，有了股指期货和期权，有了大量的交易所交易指数基金，股市的数据和交易的方式改变了，分析问题的逻辑可能还在，但不能刻舟求剑。可惜"缠论"的创造者已经远去，如果他依然还在，应当是一个量化模型的高手了。

炒股量化这一类的模型，就是需要不断地训练和演化，不断地反馈和修订，就如从量化模型投资机构诞生的 DeepSeek 石破天惊一样。股市的技术流，就是因为这些技术很多人相信，很多人照做，然后就对真实的走势产生了影响。很多股票模型技术流理论，其能够成立的原因也是如此。中国有太多的散户了，而机构市❶也有机构市的问题，曾经市场出现的"乌龙指"导致股市大规模动荡，背后的原因是 80% 的机构都使用了雷同的模型，使用了同一家小公司的产品，结果一个乌龙让所有的计算机做出了同样的判断。在人工智能时代，如果只有一个结果，大家都按照这个结果执行，那会是一个怎么样的景象？

因此在经济和社会领域，文无第一，就是要有多样性的，是一个多样性的生态，炒股的量化模型需要有不同。如果所有的答案都唯一，所有人的想法都相同，那才是可怕的。好在即使是人工智能，也是不同的模型百花齐放，每一个模型都有不同的数据和立场，不同的从数据当中找到逻辑关系的方法，不同的算法近似。我们所采用的经济学理论如前所述，也是近似的理

---

❶ 机构市，指在股票市场中，机构投资者占据主导地位的市场状况。

论，不是全部理论。我们到底采取什么策略，是需要进行判断的。这个判断不是简单的逻辑推理，而是辩证法。逻辑推理可能会让你陷于教条主义，辩证法则会让你抓到问题的关键。我常说，股市当中、经济学当中、人类社会当中，是有很多矛盾的。对这些矛盾的理解和应对，就是要抓住矛盾的主要方面，要抓住主要矛盾，在不同的环境之下是不同的。对于矛盾的分析，需要对主导当时社会、经济、政治走向的宏观环境进行判断。股市在宏观和微观上是有不同的逻辑的，微观上是技术流，而宏观上要看的不是经济学，而是政治经济学。

　　本人讲的散户成功思维是建立在宏观上的。散户要小资金跑赢大机构、大股东和庄家，需要的就是在宏观上找到方向，找到宏观上的牛市逻辑，在牛市当中找到好股。好股就是在宏观逻辑之上大发展的领域，在该领域抱住龙头不放松。龙头难骑，会各种上下翻飞洗掉跟风盘，但只要坚定信心长线坚守，甚至几年不看盘面，一样可以有好的收益。短线技术流是要时刻看盘复盘的，而散户多有自己的职业，是很难以看盘为工作的。对宏观大势的判断，是看一个人的综合战略水平的。当大家都在挖掘公开的信息时，散户当中的佼佼者可能会有机会。这就是经济学假设当中的绝对理性。在宏观大势面前，就看谁更理性了。

　　散户另外的方向是，找不到大盘的龙头，找到自己从事行业的龙头也可以，自己在行业内是有信息优势的，要合理利用，行业龙头一般也是能够跑赢大盘的，起码能够跑赢行业内的其他股票，对此散户可能具备信息优势，要利用好自己的优势。否则庄家操盘、大股东操盘，他们自己做的交易同时也是该股票交易上的信息。对于这些信息，庄家和大股东是具备优势的。炒股的很多利益都来自信息的不对称。这对应于经济学的信息透明假设，既然市场信息不可能绝对不透明，存在信息不对称，那么散户也要找到在信息不对称的情况下，自己能够有信息优势的领域。

　　散户另外的优势就是在经济学上的市场出清，大户和机构是不能迅速清空自己的股票的，要买入股票也不能很快买入，建仓和清仓都是需要时间的，快速抛售市场承接不了。但对散户而言，只要是流动性足够的股票，一笔交易就可能完成建仓和出货。另外散户是可以空仓的，机构则不能空仓，因为有法定最低仓位要求。即使没有要求，机构空仓的话，机构的投资者也是不答应的，甚至会导致大量赎回。凭什么投资者给机构交管理费让它空仓存活？投资者赎回自己存银行不好吗？而大股东为了控制公司，也必须大量持有公司股票。因此在市场不好的时候，风险大于机会的时候，散户要敢于空仓。在2015年后市场不好，我指导粉丝空仓9年，大家应当都很开心。现在市场上的做空机制、股指套保等，都是为不能空仓的机构和大股东准备的。我们可以看到著名的券商，都是空单的主要持有者，机制保障他们在熊市不损失，但零和博弈之下熊市的损失总要有人承担，而难以套保和做空的短线散户就是损失承担者，散户在股市当中大量被挤出，散户在做空时代相对于机构越来越没有优势。散户的短线风险大于机会，短线成了一种赌博。散户想要投资发展，更应当立足于长线，立足于自身有优势的地方，要敢于空仓，能够及时出清股票，不要当死多被套死，等到市场好的时候，再随时建仓。

中国的股市啥时候散户可以下场，本人写过很多历史文章，对中国股市的牛市的内在逻辑都进行了总结。而股市的熊市逻辑，其实本人也分析过。我在十几年前就讲过，熊市要全流通，非流通股也要流通。全流通之下，迎来了中国大牛市，沪市的6124的高点，到现在也没有突破，能够成为牛市的关键就是控股股东利益集团的玩法变化了。变化的关键是以前非流通时代，大小非都想要从上市公司套取利益和资金，上市公司的股价则交给庄家，他们一起割散户的韭菜。而在股票全流通之后，股价高了，控股股东和小非的财产增加，就不愿意股价被庄家收割了，他们要把好的利益注入上市公司，注入的资产和利益可以在二级市场取得更高的溢价。也就是从套取利益到输送利益，这简直是大反转。因此，这一轮牛市，只要抓住大股东的输送利益就暴赚了。我们分析的南京水运，当年就是注入优良资产，资产作价远远低于当时的市价，赚取了5倍以上的收益，本书收入了对当时情况进行分析的文章。

2008年的金融危机带来了股市的暴跌，但同时孕育了新的牛市。2008

年之后，中国的资源卡脖子，石油、铁矿石、铜、锡等资源紧张，而中国的优势资源却价格低廉，因此我们下手买入了锡业股份、江西铜业、西部矿业、紫金矿业，后来又重点买入包钢稀土，赚取了6~10倍的利润。对此我的很多看过当年文章的老粉丝也很清楚。而对于中国资产重估，我们的制造业龙头是关键，这个制造业的龙头就是中国中车，高铁是带动中国当年高端制造的关键，我们从3元多买入北车，合并北车还溢价了10%，后来最高股价达42元。后因在各方阻击之下，龙头倒掉。本人在2015年6月21日成功预测了此次牛熊拐点，并在25元之上套现，收益达8倍左右。

2015年的股灾影响是巨大的。同时股市改革，股票要上市，规则要从核准制变成注册制，对市场来说压力巨大。进一步的是在可预期的长期熊市，相关部门要给机构套保的工具和新的盈利点，再不能重复南方券商当年倒闭的覆辙。融券的转融通开闸，量化投资盛行，使散户的利益得不到切实的保障。认清了此种大势，所以我选择淡出股市，从财经领域的网络名人，变成了教育领域的网络名人，带好孩子，同时市场也等待新一代的年轻股民成长。

时光荏苒，中美贸易战开始了，新冠疫情出现了，中国的注册制也试点了。时间换空间，股市再一次走牛的周期也到来了。本次牛市逻辑又在哪里？背后就是中国崛起。

中国股市的牛市机会和龙头在哪里呢？关键就是在美国卡我们脖子的地方。美国卡得越紧，突破的时候留下的增长空间就越大，增长的倍数就越高。

而且美国卡中国脖子，限制在科技领域对中国投资，未来中国的卡脖子领域的股票崛起，则也与美国无关，还解决了另外一个金融问题，也就是美国投资进来是1美元，如果股市涨了1倍，1美元变成2美元了，那么多出来的1美元会对中国外汇形成压力。卡脖子领域若没有美国的投资，自然也不会有汇率的压力。

综上所述，炒股是有逻辑有思维的。散户有散户的思维，牛市有牛市的逻辑，我们要抓住这些内在逻辑规律，才能够在股市当中获益。本书就是分享本人对股市的思考，分享本人获益的经历，希望广大读者能够喜欢。在本书出版之前，我的各种文章就被收集传播。在此结集成书，方便更多的人在股市当中找到方向，让股市给更多的人带来财富[1]。感谢中国科学技术出版社对本书的出版给予的大力支持。

张捷

---

[1] 对时效性强的章节标注了具体写作时间，其他没标注时间的属于时效性不强或时间较久远难以溯源初稿创作日期的文章，均不影响读者理解和阅读。

| 目 录 |

第一章
股票定价与股指期货理论
CHAPTER 1
001

一、股票供需曲线与定价权	003
二、虚拟交易中的交易所风险	014
三、期权期指下的市场模型	029
四、高频量化交易	053
五、美国游戏驿站是散户碾轧空头？	
——是交易所和平台的大佬博弈	062

第二章
股市理性评论与思考
CHAPTER 2
079

一、反对融券、转融通与做空	081
二、分红与回购，市场更需要哪个	099
三、解读注册制与交易所	106
四、股市与楼市、债市的关系	126
五、国际股市评述	130

第三章
散户的体会、感悟与呼吁
CHAPTER 3
147

一、炒股感悟与佛系心态	149
二、股市逻辑与分析思考	156
三、股票杠杆时代的恶空与恶多	172
四、投资者保护的呼吁	190

第四章
重估牛市与信用战
CHAPTER 4
203

一、牛市与价格重估逻辑	205
二、汇率压力与股市牛熊	220
三、货币、利率与证券市场套利	230
四、美元在重置全球价格	253

第五章
2008年全球危机的熊途
CHAPTER 5
261

一、中国股灾为什么总比世界来得厉害	263
二、中国股市中真正可怕的小非问题在哪里	265
三、关于《人民日报》特约评论文章的个人看法	267
四、参悟通胀牛市的新起点	271
五、通胀、股市与央行的难局	273
六、"两房"债券新危机可能捅破中国股市	278
七、关注拾柴行情，解读股指期货和融资融券利空原理	283
八、中国还需要一次5年熊市来解决股市问题	286
九、引入上市保荐人竞争机制会让劣币逐良市	290
十、接下来是结构性熊市	292

第六章
A股的机会与股灾
CHAPTER 6
295

一、打爆空头的股市逻辑	297
二、沪港通与套利期	299
三、应当警惕汉能式的股票风险	302
四、股灾后反思网络金融	308
五、基金赎回机制导致股市的正反馈下跌	311
六、严查做空，有法可依	314

目 录

第七章
过往实操与个股分析
CHAPTER 7
319

一、理智看待南京水运的定向增发对价　　321

二、长航油运、运价和国际资本博弈　　326

三、西部矿业的净资产应当是多少　　329

四、稀土博弈：危机与对策（上）　　331

五、稀土博弈：危机与对策（下）　　336

六、中国平安巨额融资的台前幕后　　341

七、银行股的估值高吗　　343

后记
345

CHAPTER 1

第一章

股票定价与股指期货理论 ❶

---

❶ 我与各处实际操盘的朋友们一起交流，共同进行了详尽的理论分析。这些理论是朋友们实战经验的结晶，很少对外披露，现在我将其整理出来分享给读者。本章部分内容在报刊以及我的其他著作中有所发表，在这里将其进行系统性归纳总结。

一、股票供需曲线与定价权

1. 股票虚拟交易与传统经济学的失灵

一些经济学家预测市场走势往往成为笑谈，因为他们的预测经常与市场的交易结果大相径庭。这背后的真实原因主要在于，传统经济学在股票交易等领域的失灵，导致理论模型无法准确反映真实的市场交易情况。

在国际上，经济学家被划分为学院派与实战派两大阵营。真实的经济活动都产生于市场，能够准确预测市场走势的，未必是发表过学术论文的学者，而往往是真实到市场当中进行交易的实践者。要深入理解股票市场，就必须找到经济学中失灵的环节。

在西方经济学中，供需曲线模型是一个要点。在传统经济学中，供需曲线是单调曲线，价格越高，供给越大，需求越小；价格越低，供给越小，需求越大。因此供给曲线是单调上升曲线，需求曲线是单调下降曲线，它们必然有且只有一个交点，这个交点就是均衡点。然而，在货币不与黄金挂钩之后，供需曲线不再一定是单调曲线，而会出现后弯现象。这一变化与货币性质的改变紧密相关。经济学的基石就是货币的定义，货币是价值尺度，价值可计量和数字化，均有赖于货币。然而，当货币的定义发生变化时，经济学的理论框架却未能及时跟进调整。

我们的货币体系经历了从贵金属到纸币的演变，再从金本位的纸币转变为以国债为抵押、与贵金属脱钩的纸币，再进入国际金汇兑本位制、布雷顿森林体系。随着该体系的破裂和牙买加体系的确立，直至 2008 年金融危机后美元进入了量化宽松时代，并逐渐常态化，最终迈入虚拟时代出现数字货币……这一系列变革表明，货币的定义一直在改变，但经济学理论在 20 世纪 70 年代之后却少有重大突破，它已经偏离了其底层逻辑和货币概念，并难以准确地反映市场动态。

随着货币的改变，货币的供给越来越充足，可以根据需要创造出货币衍生产品，而不是受制于贵金属的数量。这一转变导致供需曲线出现了曲线的后弯。早在 20 世纪 70 年代，保罗·萨缪尔森（Paul Samuelson）与威廉·诺德豪斯（William Nordhaus）便以劳动供给和 20 世纪 70 年代石油危机时的石油供给为例，阐述了这一后弯的供给曲线现象：随着价格上涨，供给先增加，然后随着价格的继续上涨而减少。

供需曲线后弯和货币定义的改变，对整个市场理论构成了颠覆性挑战，股市亦不例外。随着虚拟时代的到来和金融衍生品的涌现，股市交易理论进一步发生了改变。今天股票的交易理论，也已与以往不同，学院派的经济学，根本不能满足解读股市的需要。

在虚拟经济时代，期货、期权衍生品成为主导，其交易量远远超过了股票等实体交易。在期货与期权的基础上，衍生出了更为复杂的金融工具，使投资者不仅能对基础资产进行交易，还能对波动率进行多空操作。市场已经不再是以往的市场，很多依据历史经验大数据总结出来的股票技术流，也要发生改变。回想往昔的市场，没有期权期货也不能加杠杆，市场由散户主导。而现在，市场愈发呈现出机构化，因此当年的证券市场与现在的市场规律完全不同，不能简单地刻舟求剑，股票的理论也要不断发展。此外，现在虚拟货币增长和变化迅速，美国总统特朗普赢得竞选之后，曾宣布攻击美国联邦储备系统（简称"美联储"）支持比特币，甚至他的团队核心成员还提出要求美联储储备比特币的想法，这无疑是对货币定义的一次重大挑战。货币的定义一直在快速改变中，因此，我们必须紧跟变化，不断修订我们的理论。

2. 证券交易的供需曲线后弯

为什么供需曲线会出现后弯？原因在于股价高时，会出现投机性的需求和恐慌性的需求，导致股票的需求曲线后弯。尤其是在以散户为主的中国市场，当股价攀升至高位时，投机性需求激增，散户在流动性充裕的背景下倾向于跟风买入，造成股票需求曲线后弯；而在股价低的时候，散户会害怕股票进一步下跌，从而进行恐慌性抛售。这种操作模式与西方经济学中的传统供需曲线模型存在显著差异。

另外，在股市的交易中存在着大量投机和坐庄也是股市的一大特点。庄家通过资金优势和操作策略，对股价产生显著影响，助长了市场的涨跌趋势，使得股市交易中的供需关系偏离正常轨道。

当今市场还有一个关键就是股票在融资融券之下杠杆会不断加大，可以融资融券进行交易，更是加剧了供需曲线的扭曲程度。在价格高的时候，融资抵押的价值增加，投资者可以抵押出更多的资金买入股票，同时做空融券则需要更多的保证金，保证金不足时投资者会被迫买回股票以平仓，从而推高了股价并增加了买入需求。同理，在股票价格下跌时，原来融资的抵押物价值缩水，导致投资者不得不卖出股票以偿还融资，同时融券的浮盈能够作为保证金而能获取更多融券额度。这种由融资融券和杠杆交易引发的供需失衡，使得股价在高位时买入需求旺盛，在低位时卖出供给过剩，而助涨助跌的结果就是加剧供需曲线的扭曲程度。

在证券市场不断发展之下，股市从散户市变成了机构市。当股价攀升至高位时，机构会面临大量申购，从而获取丰厚资金。然而，由于法律法规对机构仓位有明确要求，即便在高位机构也会被迫建仓；相反，在股价下跌、趋势不好的时候，机构的基金会被大量赎回，这种挤兑赎回会迫使机构在低位抛售股票。值得注意的是，优质股票因受到广泛关注而更容易被抛售，因为其流通性强，有人愿意接手；而劣质股票，尽管价格大幅下跌，却往往难以脱手。因此，证券市场的供需曲线呈现出后弯特征，并且随着市场从散户市向机构市的转变，这种后弯会加剧。当前的交易曲线后弯，反映了机构市对微观经济学基本假设的颠覆。在大机构之间，难以做到市场出清和信息透明，因此微观经济学的供需曲线模型在现实经济模式与实践中显得力不从心，其底层假设存在着根本性缺陷。

因此在股票市场，只要流动性是充裕的，供需曲线就会是后弯的。为应对这一供需曲线的扭曲问题，中国证券市场积极寻求解决方案，股票平准基金的提出便是其中之一。

市场热议的股票平准基金，其作用是让股市的供需正常化，纠正供需曲线的扭曲，避免市场过度上涨和下跌。尤其是在机构市的市场环境下，当机构大基金缺乏流动性时，更需要平准基金提供流动性。

但平准基金的救市作用，也会被期货期指和牛熊的大势所影响。在股票市场中供需曲线的扭曲是常见的，就如庄家为出货而拉高股价，利用价格上涨吸引买家，从而实现股票的顺利抛售一样。

3. 期货期权模式加剧供需曲线的扭曲

证券市场在 21 世纪进入了金融衍生品时代，不光是美国的金融衍生品市场规模达到了千万亿级别，中国股市的期权期货规模也远远超过了股票交易。而按照规定的 10% 保证金规则之下，股指期货的杠杆效应高达 10 倍，因而其交易活跃度远超股票交易。

如图 1-1 所示，以沪深 300 指数这一单一品种为例，据统计，2023 年中国金融期货交易所沪深 300 股指期货成交金额约为 263 107 亿元，相较于 2022 年减少了 68 331 亿元，同比下降 20.62%。但相较于历史数据，其交易规模依然庞大。考虑到股指期货的杠杆效应以及市场上多个交易品种的存在，股指期货的总交易量远远大于股票交易量。

股指期货的交易额巨大，而其交易额乘以涨跌额，等于本次交易所产生的盈亏。股指期货交易额之巨，意味着其每一次价格波动所带来的盈亏都极为可观，这说明该市场在调节分配财富上的能力强。股指期货通过套保与套利操作，有效对冲股市盈亏，其走势往往对股票市场方向具有决定性影响。

至于股指期货为何能加剧供需曲线的扭曲，这与其交易机制密切相关。股指期货的交易有开仓和平仓两个环节，每一次仓单的开仓是创设一对有对冲的多单和空单的合约。一方开仓是买入自己需要的仓单，而平仓则是卖出自己的持仓，交易所会用与卖出仓单对应的仓单进行注销。因此在期货模式

第一章
股票定价与股指期货理论

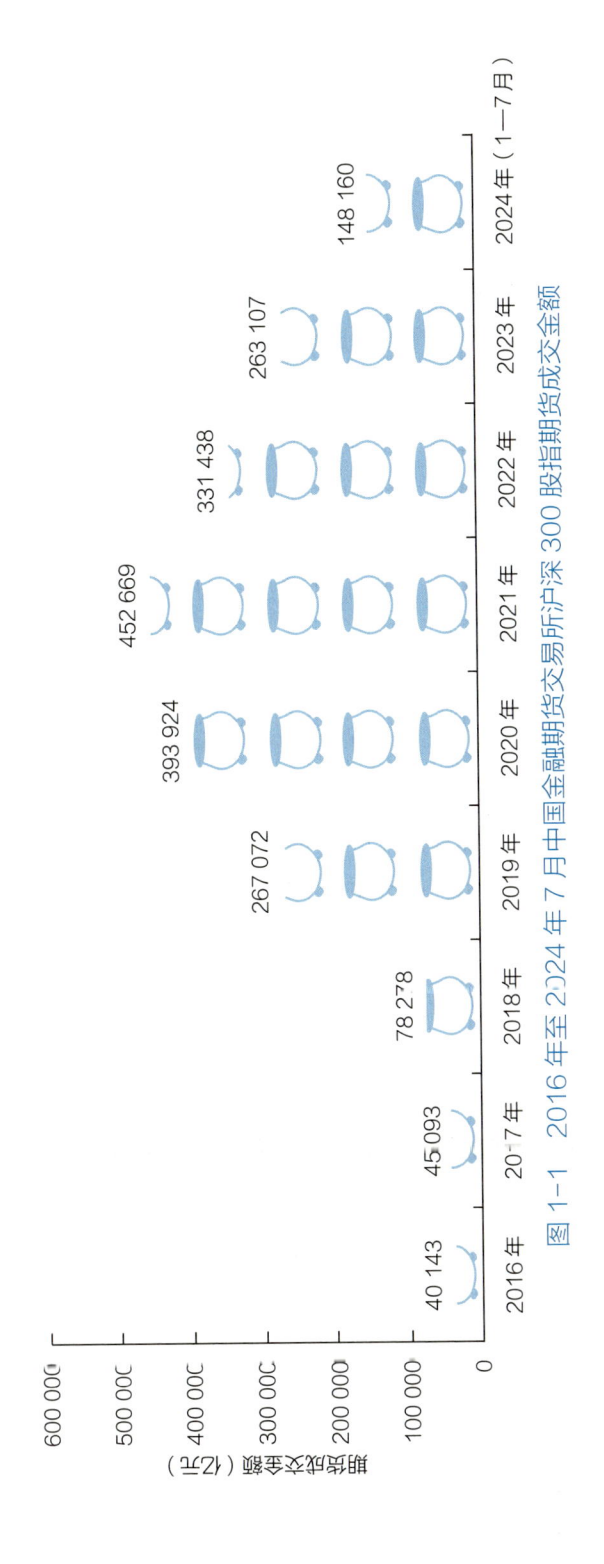

图 1-1　2016 年至 2024 年 7 月中国金融期货交易所沪深 300 股指期货成交金额

年份	成交金额（亿元）
2016 年	40 143
2017 年	45 093
2018 年	78 278
2019 年	267 072
2020 年	393 924
2021 年	452 669
2022 年	331 438
2023 年	263 107
2024 年（1—7月）	148 160

之下，空方平仓是需要有与之对应的愿意卖出的多单合约进行注销，找不到对应的多单就需要提高价格，所以空方平仓实际上是做多；同理，多方平仓则是在做空。

股指期货交易的保证金大约为 10%。在涨跌超过 10% 时，投资者的损失就会超过保证金金额，而损失可能需要由交易所或者券商经纪人来承担。因此在市场波动可能导致损失超出保证金的情况下，交易所就会要求客户及时补充保证金。客户若不能及时补充保证金，则面临强行平仓的风险。

在有杠杆的市场，强平的作用就是加强市场的扭曲。当股票价格高时，大量空头仓位可能会因无法达到保证金要求而被强制平仓。因为在股票价格高的时候，空头平仓即意味着买入，从而在高位增加了做多的需求；而在股票价格低的时候，多头仓位可能因同样原因而被强平，多头平仓即是卖出，进一步加剧了做空的压力，而非减少。

股指期货不仅自身存在市场供需曲线的扭曲问题，其影响还波及期权市场。因为在价格高的时候，认购期权持有者倾向于行权买入股票；同样，在价格低的时候，认沽期权就会行权，为此行权就是要卖出股票。更极端的例子还有利用期权的收购和利用期权的做空来进行攻击，著名的案例就是 2008 年保时捷公司试图蛇吞象地收购大众汽车公司的案例，保时捷公司集中了对应总股票 74% 的股票认购期权，而市场当中流通的股票只有 80%，导致两天内就让大众汽车公司股票涨了 4 倍，德国著名富豪阿道夫·默克勒破产而被迫自杀。

股指期货、期权与股票市场的走势之间存在着紧密的关联，因为众多机构利用股指期货、期权与股票之间的价格差异进行套利套保操作。专门从事此项业务的基金就是著名的量化对冲基金，中国量化对冲基金也在高速发展。比如，如果期指被做空降低而股票指数没有下降，二者就出现了差距，套利者便会买入期指卖出股票，以"无风险"地获取两者之间的价差收益。

在对冲套利套保模式之下，股指期货或者期权的价格与股票的价格高度绑定，一旦两者出现价差，套利者便会迅速介入。即便在没有明显价差的情况下,套保者的存在也将这两者紧密地联系在一起。因此,期权和期指的交易活动会直接影响股票的供需关系:期权期指的做空操作往往伴随着相应的股票做空;期权期指的做多,则通常伴随着相应股票的做多。两者之间差距升水或者贴水是有限的和暂时的,市场套利套保会让它们保持一致。

所以在期权期指模式之下,交易的走向被金融衍生品绑定,而它们的供需会因为杠杆和强平的存在,不再是一个单调升降的曲线,而是被这些金融衍生品加速扭曲。

4. 多个均衡点与定价权

我的定价权理论,是在供需曲线后弯之下,提出存在多个均衡点的观点。在以往的微观经济学供需理论中,当供需曲线保持单调时,供需曲线的交点均衡点只有一个。但在供需曲线出现后弯的情况之下,交点就不再仅限于一个。那么,在这些潜在的均衡点中,到底哪一个才是真正交易的均衡点?决定权就是定价权,我在《定价权》一书当中进行了全面的讨论(图1-2)。

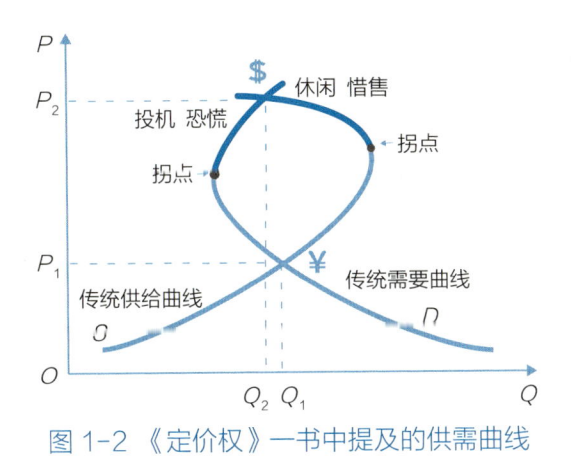

图 1-2 《定价权》一书中提及的供需曲线

而我在《数字泡沫:虚拟经济交易学》一书中对交易学定价理论和相关模型做出了进一步的阐释。

这两个不同的均衡点,反映了买方市场和卖方市场的根本差异。在买方市场里，买方占据主导地位，持有货币者可以选择以较低价格进行交易；而在卖方市场，则是卖方强势，即便持有货币也可能难以购得所需商品。这两种截然不同的市场状态，自然会导致定价均衡点的位置产生差异。

从货币的最基本性质出发，我们知道货币作为交换媒介或者一般等价物，其他商品变成货币需要付出额外的成本，而货币变成商品则不用付出额外成本。这表明货币在交易中的信用高于其他商品。在卖方市场，持有货币的一方需要额外付出成本，这样的结果是卖方市场的商品有更高的信用，这样的商品更能够成为一般等价物。如果此时将卖方市场的商品与货币角色互换，则供给就变成了需求，此时曲线后弯和第二个均衡点的出现就变得容易理解了。以历史上的石油危机为例，当年石油供需曲线的后弯正是在石油危机石油紧缺之下，石油成为卖方市场的结果。

对此，我们再次聚焦于证券金融市场，探讨股市中牛市与熊市的本质区别，其实就是股票交易均衡点位置的不同。牛市是卖方市场，熊市是买方市场。在牛市的时候，股票变得稀缺，被庄家高度控盘，获取股票筹码变得困难。对于散户而言，小量买入或许尚可，而对于大资金来说，要持有大量股票来建仓却非易事。而当股票需要出货时，也是庄家可以拉高价格进行抛售，股价一旦有所异动，跟风便蜂拥而至，价格越高，买入者反而越多，甚至在出现涨停时，投资者还担心无法买入，于是有涨停板敢死队趁机投机。此时，供需曲线便呈现扭曲状态，交易发生在图1-2所示的高位均衡点。反之则到了熊市，股票卖不出去，现金紧缺现金为王。想要卖股票，只能是砸盘出货，在低位的均衡点成交。此时，若有人试图拉高价格，不仅难以出货，还会遭到解套盘的集体抛售。

因此市场的牛市和熊市，其实是市场的两种状态。牛市的时候，投资者怕空仓踏空，不愿意持有现金，好股票难以买入，建仓不易，从而形成卖方市场；熊市的时候，投资者多被套牢缺乏现金，股票难以销售，现金成为王道，减仓不易，所以是买方市场。因此在牛市的时候，庄家常通过炒高股价来拉高出货；而在熊市的时候，若要股票顺利出货，则往往需要降低价格进行砸盘。

正因为如此，在熊市的时候，优质股票可能跌幅更大。因为在机构被挤赎时，只有优质股票才能持续吸引买家，从而得以抛售。如果是抛售劣质股票，将会导致各种强平，降价更多也难以卖出，得不到销量还会让机构的净值降低。

在一个价值链上，卖方市场和买方市场谁是主导力量，才是问题的关键。各个价值环节的博弈，不同环节有不同的均衡点，也会受到股票上下游的影响。二级市场的上游与一级市场情况可能截然不同。中国的一级市场基本是卖方市场，投资者需通过打新来争夺新股，且新股上市首日往往暴涨，首日破发的情况极为少见。而同样的股权，在没有上市之前的融资，也是完全市场化的，且通常低于打新价格。但这个价格的差别，就是不同流动性下的不同的均衡点造成的。股改前非流通股价格低于流通股价格，也是基于同样的原理。

5. 定价权与流动性

我在《定价权》一书中对定价权与流动性的关系做了系统的分析。定价权的归属，从根本上讲，是由流动性的分布所决定的。按照费雪方程式 $MV=PT$，M 是货币，V 是货币流通的速度，MV 就是流动性，而 P 是价格，T 是商品数量。在 T 一定的情况下，P 的价格直接与流动性 MV 挂钩。这里我们不再赘述。对此结论，我们在股市上还可以引申一下：

股市要迎来牛市，流动性的增加是必要条件，而成交量的提升是流动性增强的体现。为了增加交易量，可以看到实施 T+ 交易制度以及延长交易时间等措施均显示出其积极作用。为此，2024 年 10 月，美国纽约交易所准备延长交易时间，以实现日交易 22 小时，仅保留 2 小时用于结算休市，这无疑是提升股市流动性的一大举措。

此外，股票得到关注也可以带来成交量和流动性。股票若能吸引市场目光，便可能因关注度的提升而获得溢价，股市因此也常被视为眼球经济。在牛市的时候，整个经济社会关注股市，对股市有信心，也会带来流动性的涌入。

股市的流动性来自哪里？一方面，庄家通过操控资金流动来影响股市流动性，进而掌握定价权；另一方面，做市商也给股票带来流动性。所以他们能够引导股票的定价，在定价权上渔利。然而，对不公平的渔利，是要受到法律限制的。

综上所述，谁控制了流动性，谁就是股市上的王者。量化交易因其高频交易特性，货币流通速度远远快于正常的交易，从而拥有了对股市的定价权。股市在量化基金的作用之下，市场往往呈现出量化基金独占鳌头的局面。然而，随着对量化基金操作的限制措施的实施，市场格局在2024年9月底开始发生转变，这再次印证了流动性对于股市定价权的重要性。

6. 为什么股票上市重组大多为利好

流动性与定价权的应用，一个重要的解释就是从理论层面认知股票上市会有巨大的溢价，以及上市公司重组资产注入等操作在多数情况下为何被视为利好消息。

中国的股市，IPO[1]上市往往伴随着显著的溢价。投资者在IPO前提前入股，通常能获取高额的收益，收益翻倍的情况并不罕见。而上市公司，收购资产注入，一般也被市场视为正面消息，推动股票上涨。这样的现象在定价权上如何解释呢？

中国的股票发行市场主要是卖方市场，这一特征不仅体现在二级市场，更多的是在一级市场。新股作为一种稀缺资源，通常采用抽签方式进行分配，中签者才有购买资格，为了获取新股，投资者需承担额外成本，获取股票的难度较大。未上市与上市的资产定价差异，正是基于这种供需不同的均衡点之上，为了取得新股，投资者实际支付的成本远高于常规。如果中国股

---

[1] IPO（initial public offering）指首次公开发行，即企业通过中介机构第一次将它的股票向公众发售。

市效仿西方某些市场的做法，那么新股的发行就会有一定的难度，溢价就会大幅减少。但总体来说，为确保股票顺利发行，取得这些股票都是有一定难度的。发行代理券商选择的上市 IPO 企业，也都是资本市场的头部企业，它们受到追捧，因此得到它们的股权是不容易的。

在公司没有上市之前，公司的股票价格相对较低，但这个低价也是市场决定的。此时，公司融资困难且需承担较高成本，因此处于买方市场。但股票上市之后，公司融资渠道拓宽，不仅是增发股票等比非上市公司更为容易，更关键的是新股发行在中国市场上往往供不应求，中签即意味着获得巨大的溢价。购买新股需支付额外成本，这标志着市场已转变为卖方市场。股票发行市场的这一转变，对应着公司上市前后的股权定价，即公司股权定价从买方市场变成了卖方市场，供需的均衡点从低位变成高位，价格自然就会产生巨大差异。所以 IPO 上市，股价上涨便成为理所当然的现象。

同样，我们还要注意，在公司上市之后，若上市公司购入其他非上市的资产，进行并购或者重组，通常也会被视为利好消息，往往伴随着股价的显著上涨。这一现象的根本原因在于，上市与非上市资产的定价模型存在着本质差异。并购重组之后，新注入上市公司的资产会重新接受市场估价。在中国，由于上市溢价空间巨大且新股发行处于卖方市场的情况之下，注入的资产重新估价带来的增值会转化为上市公司全体股东的共同利益，股票价值随之增加，自然构成利好。

因此，同样的资产资本，在上市与非上市不同时期，尽管公司实体、股票及其权益保持不变（同股同权），但面对市场时，却呈现出卖方市场与买方市场的根本差异，从而导致价格差异。这种价格差异，实质上是供需曲线在不同位置上的弯曲与均衡点的不同所导致的。而在两个均衡点之间的上市制度和权力分配上，也最容易滋生腐败和利益输送行为。

综上所述，股票交易中的很多现象是可以通过定价权理论进行解读的。同时，定价权理论也可以作为构建交易模型的指导。毕竟，实战的经济理论来自市场，具有极高的指导意义和实用价值。

二、虚拟交易中的交易所风险

1. 交易所风险与量跃模型

2015 年，股市崩盘，众多股民群情激愤。我想要在这里谈一下交易所的风险问题，尤其是那些复杂且深层次的根源问题。类似的问题在 2008 年的全球金融危机中也发生过，而我们的量跃模型能够清晰地演绎出其中的金融逻辑。

中国证券监督管理委员会（简称"证监会"）对交易所，尤其是大宗商品交易所一直试图加强管理，并发布了多个相关文件，但设立和管理交易所属于各个地区金融办的责任，现货和期货交易所存在竞争状态，还存在是否溯及既往的问题，这些都使得监管工作变得复杂。因此，现实中证监会的权力并不能触及所有层面，但在问题出现时，人们往往会依据证监会的文件，要求证监会依据文件履行职责。

交易所往往采取各种各样有利于多方的政策，并且给予多方支持。这背后并非简单的坐庄问题，后来的价格暴跌，导致多方和空方均遭受巨大的损失，交易所崩盘，也是其始料未及的。

许多人认为交易所是稳赚不赔的，只要有了足够的交易量就可以了。其实不然，交易所的风险是切实存在的，并且比大众想象的要隐蔽。

同时，很多人认为期货和现货的偏离就是诈骗，其实在大宗商品行业，期货和现货偏离的情况是非常普遍的。在国际市场中，石油的交割价格、现货价格和期货价格有时存在巨大差别。其背后原因是石油受到石油输出国组织 OPEC（欧佩克）配额的限制，买入无配额的石油要预付几年甚至几十年的货款；而在石油价格低的时候，由于仓库不足，现货价格更低。而中国的大宗商品成批量交易是有资质等门槛的，一些背后的因素可能会演变成交易所前台的矛盾，因此问题并非维权者所说的那样简单和直接。

交易所的保证金不足可能危及交易所运营，对此我曾写文章分析了中国金融期货交易所（简称"中金所"）在股指期货暴跌后的压力。暴跌以后无法平仓，那么在投资人爆仓以后，期货交易所便面临风险了。而且在现有的货币环境下，大宗商品的供需曲线会出现扭曲，这种扭曲可以多空双杀，使双方均遭受损失。在扭曲的供需曲线之下，价格暴涨时，供给不增反降，空单爆仓无法平仓；价格暴跌时，需求降低，供给增加，多单爆仓同样无法平仓。

在信用货币下，商品的数量有限而货币的发行量无限，供需曲线就会发生弯曲。这一现象最早被保罗·萨缪尔森等人发现并写入经济学著作当中，当今的石油走势也印证了这一点：价格高的时候，人们减产惜售；而在价格低的时候，人们在外汇需求等货币流动性压力下必须进行更多的销售，造成原来价格越高、供给量越大的供给曲线弯曲。同时，在价格高的时候，人们会产生恐慌性需求和投机性需求；而在价格低的时候，去杠杆和投机性需求平仓，反而会导致供给量大增。这样就会产生不止一个的均衡点，在价格走高的时候商品价格可能无限上涨，而价格下跌时则可能会远超想象，而且变化迅速，多空双方同样就可能会同时遭受损失。

在交易所爆仓的情况下，为什么投资人无论如何多空双杀甚至对冲基金套利套保却还是会遭受巨额损失呢？对此，我们首先要知道，期货是可以在不同市场区间进行套保的。例如，近期价格和远期价格差别较大，我们就可以买入/卖出近期多单，买入/卖出远期空单进行对冲，以套取近期和远期的差。市场的参与者可能同时持有多单和空单，只不过多单和空单的交割时间不同，但如果交易所出现危机，如大跌无法平仓导致破产，多单爆仓损失巨大，但由于账户有钱便可以直接支付。而对冲的空单本来利润巨大却因为交易所破局而无法支付，那么原来看似安全的套利就会遭受巨大损失。

对冲机构必须面对这样的风险。在2008年金融危机时，雷曼兄弟的爆仓导致很多对冲基金损失惨重，而城堡基金也一度亏损55%，许多著名投行也不得不寻求政府救助。因此，在这样的情况下，我们需要有另外的对冲思维，并建立量跃模型来解决问题。量跃模型认为，所有的投资人相当于物理学量子力学中的量子，是个体带有随机性、群体符合统计规律的不可分的单位。供需曲线在信用货币下后弯，期货的建立使得未来的供需由期货投资者决定，远远超过现货交易量。弯曲的供需曲线形成多个均衡点，不同的均衡点就相对于量子的不同能级。平时，投资者是稳定在某个均衡点附近的；而在交易所的系统性风险出现时，原来在某个均衡点附近的投资者，就要跃迁到另外的均衡点之上，形成新的价格均衡，相当于量子在能级间的跃迁。这个过程是要人为对冲干预的，即在预期的均衡点位置进行对冲。此外，跃迁的能量来自爆仓的系统，其原有的模型不够完善，往往难以解释所发生的危机，而新的经济学模型是可以解释很多问题的。

我们一直研究的量跃模型就已经进行了很好的测算。在2008年国际原油价格每桶140美元的时候，我们对冲了65美元的认沽期权，取得了很好的结果。而从当今石油走势看来，在石油价格低位均衡的时候，65美元就是一个很难超越的点位。

因此，现在的危机，我更倾向认为它是一种交易所的系统性风险。这一风险可以多空双杀，是信用货币下供需曲线弯曲形成多个均衡点的结果。面对这风险，量子跃迁的模型可以很好地进行解释。我们需要在理论上进行更高层次的认识，而不是简单地归咎于投机风险而不去深思。

2. 期指轧多导致中金所"自残""诱多"

2015年9月2日收盘，中金所对股指期货政策进行了大幅度调整。对此改变，市场舆论认为是为了限制做空，甚至形容为对空头的严厉打击。然而，我对此持有不同观点。中金所从大盘5000点泄泻，跌破4000点的时候，其本应尽早采取措施，却迟迟未动。而在2015年8月26日采取首次行动后，不足一周又于9月2日再次出手，当时大盘指数已从3083点回升至3160点，此时突然一反常态，大幅度加码，意味着这是对背后系统性风险的常识性判断。

对中金所的新政策，各界评论纷纷指其近乎终止了股指期货的交易。从各类文章对新政下的杠杆、费用等进行的细致分析来看，股指期货的活跃度确实大受打击，称其为"自残"亦不为过，对此"自残"的原因却揭示不足。到底发生了什么才让中金所如此呢？我的分析认为，在股市不断暴跌的轧多行情下，中金所已经到了巨亏崩溃的系统性风险边缘，到9月18日的交割时如果不能转嫁释放风险，交割的支付义务就可能爆发危机了。因此中金所不得不采取极端方式，通过"诱多"来转嫁风险进行自救。把市场炒高后给以前无法平仓或者平仓即亏损的多单，在无亏损的情况下找到下家。这些单子被进场的资金购买以后，风险就转嫁给了买入者，从而有效缓解了中金所面临的危机。因此，此政策是深度"诱多"。但是即便是在被"诱多"之后，市场走势也未必一定亏损，短期内仍存在一定的投机机会。因为大盘看到股指期货大涨或者贴水收窄的时候，也会有投机资金入场，进而引发联动反应。然而，总体而言，市场的不佳表现仍是决定性因素。股指期货助涨助跌改变不了大势所趋的市场走向，因此，未来市场再次下跌的可能性依然很大。我认为2500点可能会成为市场的一个重要支撑点，但具体的底部位置还需待市场进一步运行至该点位后再进行观察和分析。因此，这里的"诱多"是多头仓单的自救，是为了中金所的系统性风险，而不是给空方找到对手盘。

为了分析清楚这个问题的来龙去脉，我们不妨回顾一下中金所的政策变化轨迹：

首先，中金所自2015年7月8日结算时起，将中证500股指期货卖出持仓交易保证金提高至20%（套期保值持仓除外）；自7月9日结算时起，将中证500股指期货卖出持仓交易保证金提高至30%（套期保值持仓除外）。这一次只调整了小盘股，在股市的第一波下跌过程当中，在政府各个部门加大救市力度的时候，中金所的作为相对保守，基本没有政策调整。这表明了中金所的谨慎立场和基本态度。

然而中金所在2015年8月26日结算后，将沪深300、上证50、中证

500指数期货的非套保仓位的保证金比例由10%提高到12%，27日结算后保证金比例再度提高到15%，28日结算后保证金比例提高到20%。另外，将客户在单个股指期货产品、单日开仓交易量超过600手认定为交易行为（套保客户除外）。2015年8月26日起，将股指期货当日开仓又平仓的交易手续费调整为0.115‰。平仓的手续费提高到原来标准的4倍以上。此政策力度较大，对股指期货交易的活跃度进行了限制，但调整以后，股指期货的贴水不仅未缩小反而加大，这表明多方在巨大压力下难以平仓离场。

2015年9月2日，中金所再次公布一系列股指期货严格管控措施，内容如下：

一是调整股指期货日内开仓限制标准。中金所决定，自2015年9月7日起，沪深300、上证50、中证500股指期货客户在单个产品、单日开仓交易量超过10手的构成"日内开仓交易量较大"的异常交易行为。日内开仓交易量是指客户单日在单个产品所有合约上的买开仓数量与卖开仓数量之和。套期保值交易的开仓数量不受此限。

二是提高股指期货各合约持仓交易保证金标准。为切实防范市场风险，通过降低资金杠杆抑制市场投机力量，自2015年9月7日结算时起，将沪深300、上证50和中证500股指期货各合约非套期保值持仓交易保证金标准由目前的30%提高至40%，将沪深300、上证50和中证500股指期货各合约套期保值持仓交易保证金标准由目前的10%提高至20%。

三是大幅提高股指期货平今仓手续费标准。为进一步抑制日内过度投机交易，结合当前市场状况，自2015年9月7日起，将股指期货当日开仓又平仓的平仓交易手续费标准，由目前按平仓成交金额的0.115‰收取，提高至按平仓成交金额的2.3‰收取。

四是加强股指期货市场长期未交易账户管理。为严格落实投资者适当性制度，强化实际控制关系账户监管，中金所要求会员单位进一步加强客户管理。对于长期未交易的金融期货客户，会员单位应切实做好风险提示，加强验证与核查客户真实身份。自2015年9月7日起，长期未交易客户在参与金融期货交易之前，应知悉交易所现行交易规则及其实施细则，作出账户系本人使用，不出借、转让账户或将账户委托他人操作，合规参与交易等承诺，并将承诺书通过会员单位报送中金所后，方可参与金融期货交易。

2015年9月2日开始的新政，说明中金所受到了前所未有的压力，甚至面临巨额亏损。这才是问题的关键，对此我们将一步步地分析。首先我们要对现在的股指期货基本形式有所判断。我们可以基于下面几种情况分析一下可能性。

（1）在当前股指期货的贴水达到12%，很多人认为这是空头的狙狝。然而，考虑到国庆节后两周即将迎来交割期，投资者投机时已需先承受12%的亏损，在大盘多跌12%再买入，这样的风险无疑巨大。而不断的大跌和贴水，空头已经获利丰厚，为何还不止盈落袋为安呢？

（2）关于股指期货的套期保值策略，若投资者持有股票并做空期指，他们首先需承受12%的亏损。在这种情况下，直接抛售股票或许更为明智。除非持仓受到交易限制，但这样的套保所持有的是远期仓单而不是即将交割的仓单。从数据上看，下月的仓单数量是有限的。IF1510[1]只有2886单，IF1603[2]只有1142单，年终的IF1512[3]也只有10 522单。

（3）贴水套利机制目前也是失灵的，因为融券不易、手中无股的投资者难以通过做多期指同时做空股票来实现套利。

（4）面对如此高的贴水率，为何投机做多者仍不行动？理论上，做多即可获得12%的利润，但为何他们仍持观望态度？原因就是坚定的多头已经弹药耗尽，犹豫的多头在当前形势下仍然保持观望。

从以上几种情况可以看出，空头可能已撤离市场，而多头尚未入场，套保套利都难以吸引投资者。真正的问题在于无法平仓的多单。这些持仓数量

---

[1] IF1510：2015年10月到期的沪深300指数期货合约。
[2] IF1603：2016年3月到期的沪深300股指期货合约。
[3] IF1512：2015年12月到期的股指期货合约。

庞大，2015年9月2日收盘后的仓单数量IC1509❶、IF1509❷、IH1509❸的总数大约9万张，对应市值近千亿元。若其中10%的仓位受损，将引发百亿元左右的亏损。类似的问题还出现在泛亚有色金属交易所上，其崩盘也源于交易所的系统性风险。

回顾市场走势，股指期货在2015年8月24日和25日连续跌停，股指期货的保证金仅为10%，这意味着当天发生了多头爆仓，而第二天继续大幅度地亏损。8月21日（周五），同样经历了显著的暴跌，导致众多投资者在收盘后需补充保证金。面对此番下跌，市场普遍关注投资者是否会及时补足资金。若投资者未能及时补充，则相关仓单没有认亏立即平仓，就可能演变为交易所系统性风险了。9月2日中午收盘，股指期货IF1509上涨5.96%，沪深300下跌0.16%，而到收盘则变成沪深300上涨0.11%，股指期货IF1509下跌1.38%，中间的落差约7.5%，这便是午后仓单减少多方平仓所导致的。

中金所出现系统性风险是很难向所有人交代的，当初一直不增加保证金的强势恰恰是造成今日被动的原因之一，而他们增加保证金的做法也是有误的，我在文章《提高期指保证金遏制炒作的误区》中进行了深入分析，指出直接鼓励开设多单、不增加多单的保证金，致使空方抓住多方对手盘，多方保证金不足而爆仓，多单无法平仓进而形成交易所系统性的风险。

如此系统性风险发生以后，大盘肯定存在大空，虽然新政策会让期指短期上扬，但及时平仓才是关键。本次新政规定：①这一次10手的多单也是异常交易，这10手是多单和空单之和；②多单也交40%的保证金；③长期未交易的账户限制进场交易，连交易做多也不成。限制多单的规定，尤其是在高额保证金下限制多单，其背后是给主力的多单平仓止损的机会，这种情况的出现，短期内或有支撑，但股指期货多头爆仓、仓单平仓问题解决以后

---

❶ IC1509：中证500指数期货1509合约。
❷ IF1509：2015年9月到期的沪深300指数期货合约。
❸ IH1509：2015年9月到期的上证50股指期货合约。

就可能会迎来暴跌，如先前主要仓单移仓后市场大跌所示。

另外，还要注意到对空方的逻辑分析也存在缺陷，因为股指可能短线大涨，导致 IF1510 合约的价格与 IF1509 合约在 9 月 2 日收盘价相比没有了贴水，空方得以移仓下月规避损失。在中金所调整保证金导致的流动性压力过后，大盘可能依旧有下行压力，届时空方依然是可以取得重大的利益的。移仓的门没有关上，中长期的股指期货走势与中金所的保证金政策关联度有限，大势所趋才是关键。短线不能逃避和落袋的，中长线被套概率极大，目前股指货各个合约的价格已经呈明显空头排列，随着时间推移，每一个合约都在贴水，预示市场并不乐观，大概率会持续下跌，除非有重大事件改变趋势。

综上所述，我认为这一次中金所的政策就是在面临自身系统性风险的压力下的自救，是"诱多"来解决自身的风险。虽然市场上对此一致看多，但历史经验表明，过度一致看多往往伴随反转。面对持续了几个月的股市的大幅度波动，中金所一直没有行动，直到 2015 年 8 月 26 日才全面提高保证金，但为时已晚，错过了提高保证金的最佳时机，形成了被动局面。中金所 9 月 2 日的政策就是对此付出的代价。

3. 套保套利要当心市场的流动性陷阱

2012 年 2 月 3 日，中金所发布了《中国金融期货交易所套期保值与套利交易管理办法》(简称《办法》)。《办法》在进一步优化套期保值管理业务的同时，引入了套利业务的制度措施。这是股指期货上市以来，中金所推出的一项重大改革创新举措。与早前套期保值管理办法相比，《办法》延长了相应额度的有效期。《办法》第十条规定，套期保值、套利额度自获批之日起 12 个月内有效，有效期内可以重复使用。此后仍需要进行相关交易的，应当在额度有效期到期前 10 个交易日向交易所提出新的额度申请。而在早前套期保值管理办法中，套期保值额度仅自获批之日起 6 个月内有效。有效期延长到 12 个月，以更大程度方便机构投资者及个人投资者入市，优化了套期保值与套利交易的参与程序。

随着中国股票市场股指期货和融资融券等金融工具的推出，一些人认为股票市场机制健全，市场可以做空，市场有了股指期货便可以套保了；更有人认为在股指期货和现货市场的差别上是可以套利的，市场似乎变成了一个赚钱的机器，各种规则的出台都是赚钱和保值的利好，对于其中的风险却少有人提及。那么，这样的风险在哪里呢？期货交易的新规大幅度放开了套利规模，却对于这样套利所需要的市场性风险没有足够的涉及，在流动性规模不足的情况下，放大套利规模会造成流动性陷阱。

对于股指期货的推出，很多分析文章聚焦于这类工具的套期保值意义，即可以反方向地运作股指和股票，从而达到保值的效果。对于在熊市时期机构最低仓位要求不能空仓，以及大量股票难以抛售的情况下，就可以应用这个金融工具来进行保值。同时现在很多机构也推出了套利的投资计划，当股指的期货和现货的差值出现偏离的时候，操作者可以针对这个差值进行反向操作，把差值的利益套取出来，这样的套取似乎是没有任何风险的获利渠道。由于有套利的存在，即使大家对于市场的远景预期与现在偏离很大，通过这样的套利也必然会让远期的股指与现在的大盘的差距缩小到套利差别在融资利率之内。套保和套利实际上是一类，套保是持有一个方向的金融产品时在其远期交易上反向操作，而套利是当现货与期货出现差价的时候对于这个差价反向操作，是以反向操作对冲市场的波动和风险为操作的核心。

对于套利和套保，我们需要认清其中的风险和逻辑漏洞在哪里。对于对冲基金的投资大家都知道是风险巨大的投资，但是对冲基金是以高杠杆捕捉微小的套利机会为投资理念的，按照这些套保和套利的理论，对冲基金应当是所谓的"无风险套利"，那为什么这些对冲机构是风险最大的呢？我们要认清其中的流动性陷阱。

什么是流动性陷阱呢？套保套利的同时操作了反向的股指和股票组合，看似很准确地把握住了保值，但平仓时，是否能够同时把股票和股指都成功地抛售出去呢？能够同时将二者抛售的前提就是市场上要有足够的流动性，抛售便会有人接盘。但事实上只要资金足够大，就很难做到一起抛售，因为在抛售时会对大盘产生影响，会吞噬其利润。股指期货到期时强制性的交割可以不计算流动性，但在股指到期的时候股票却难以一次性抛售而对大盘不产生压力。如果不能立即按照市价平仓，那么结果就是套保和套利的反向操作对冲风险机制失效，甚至在金融危机系统崩盘的时候这样的流动性风险还会大于市场波动的风险。

在这些套利套保中对于流动性的风险是没有计算的，而出现了危机以后会因为流动性的问题造成系统性崩盘，再加上对冲机构的超高杠杆，就会直接导致血本无归，所以加上流动性的风险，很多看似安全的套保套利就会出现问题。认识流动性是市场经济的关键，在市场经济信用体系里面，要达到市场经济的基本假设：市场出清，也就是市场可以让价格迅速达到均衡点，关键就是要有足够的流动性，没有流动性就没有市场经济的基本假设，市场经济的信用体系将会面临巨大的风险甚至崩盘。

对于股市的套保和套利，实际上需要大量的散户和投机者存在才可行，他们的存在造就了充分的流动性，平仓时能够保障随时可以抛售兑现，没有这些人的存在就没有人可以按照预想接盘，套保或者套利就不会成立。所以套保或者套利的"无风险"必须是建立在市场存在比套保或者套利人多得多的散户和投机者的情况下。套保和套利的模式，过程看起来美，但到"揭开锅盖"的时候，风险才会显现，即要到大潮落下以后才可以看到谁在裸泳。2008年的金融危机前，各金融机构为了所谓的安全进行套保，为了所谓的安全套利而对冲，结果危机来临后，发现大家都是裸泳者，大家都在按照几乎相同的理论模型来进行套保或者套利，没有多少投机者来提供流动性。市场没有足够的流动性保护，大家都在套利和套保，怎么可能不一起亏损？在系统性的崩盘下如同跌停的股票就是价格再低，没有流动性接盘谁也卖不掉，连续的跌停造成的损失早已经超过了套保和套利的那一点利益。

中国的股市和股指实际上也有类似风险的端倪。中国的股指期货散户已经显著减少，股指期货的单个合约交易量在某些情况下可高达3500亿元人民币，而与之相关的股票交易额则仅为400亿至500亿元人民币，仅占股指期货交易量的几分之一。鉴于如此众多的人在股指期货市场进行套期保值和套利操作，现货市场与期货市场之间存在的巨大交易量差异，无疑揭示了现货市场流动性的相对不足。很多人也许会说股指是 T+0 的交易，比股市 T+1 的交易量当然要多。且不说 T+0 与 T+1 之间本身的差异就可以造成不均衡的流动性和风险，股市与股指不计算浮盈浮亏下的实际盈亏额的大小是以点位和成交量的乘积来计算的，这就意味着股指产生的实际盈亏是相关股票的近 10 倍，而套保和套利的基础都是在股指和股票之间的盈亏对冲的，股指和股票之间的盈亏相差是有限的，在这样大的差距下如果机构的资金要被赎回挤兑的话，必然是一场流动性灾难，会造成系统性的崩盘。

再进一步讲，市场的走势因为这些套保和套利的操作会发生扭曲。套保和套利本身就需要市场埋单，在市场处于下行趋势时，由于套期保值和套利交易的存在，这些交易活动往往会进一步加剧市场原有的走势。随着套保和套利的步伐被套保或套利的节奏所控制，投机者就不得不为此埋单。由于投机者要为套利和套保埋单，原来投机的零和游戏就变成了损失巨大的赌博，就如我知道的早期进入股指期货的投机小户一样都已经输光筹码出局不玩了。而股票市场中的僵尸账户也越来越多，虽然存在市场原因，但是套保等因素也导致了市场结构的变化。如果市场中充斥着套保和套利者的博弈，那么流动性陷阱便布满重重风险，这就是西方套利套保的对冲基金被公认为风险巨大的原因。

对于股市的做空与做多本身的不对等，除了前文所述原因，还在于熊市的时候流动性会大幅度萎缩，在流动性不断萎缩之下，流动性陷阱随之而来，原来流动性充裕的情况可能随着市场的走熊而不断改变，尤其是套保和套利的行为，要占用大量资金却只能获得小利和保本。在牛市时很少有人进行套保和套利，但在牛市末期大家都涨不动时才会有大量套保和套利行为。在熊市中很多人出现资金亏损的情况，不能空仓的人希望保本，难以赚钱的资金会去套利，这样一来套利和套保的资金在熊市的时候和牛市末期就会迅速增加。增加的资金湮没在正常的交易当中，使得投资者并不知道市场的真实情况。等真相揭晓时，市场可能已经成为套保和套利者的市场，没有了投机者的流动性，市场必将崩盘。2007 年次债危机以后大量的套保和套利的涌现在次级债券的暴跌之中造成系统崩盘，这也是 2008 年金融危机的原因之一，也是股市的重大风险之一。

综上所述，在很多人分析问题的假设中都遗忘了流动性问题。然而，很多推理逻辑都是以流动性因素作为假设前提的。流动性的假设前提实际上就是市场经济的假设前提，如果没有这个前提，市场经济的信用体系将面临巨大的风险，所有市场经济下的分析理论都将失去基础。因此，我们必须充分认识流动性的重要性，并在投资分析中充分考虑流动性因素。

4. 股指崩盘：赎回挤兑因素大于强平

2015 年一季度，融资盘最高的时候是 2.27 万亿元。

证监会数据显示，截至 2015 年一季度末，中国公募基金资产规模约 52 400 亿元，共有公募基金产品 2027 只，两项均创历史新高。

中国基金业协会公布的统计数据显示，截至 2015 年 5 月底，我国境内共有基金管理公司 96 家，其中，合资公司 46 家，内资公司 50 家；取得公募基金管理资格的证券公司 7 家，保险资管公司 1 家。以上机构管理的公募基金资产合计约 73 600 亿元。

私募证券类投资类基金资产管理规模是 4800 亿元左右，有超过 8000 家私募公司设立。值得注意的是，各种厂家募集的资金、非法集资等场外非法投资机构的规模可能更为庞大。这些机构的赎回行为对市场的冲击甚至超过了 25 000 亿元的融资盘。

2015 年 6 月末，恶意做空者利用机构赎回现值计算的缺陷进行操作。这个缺陷导致谁在大盘暴跌的时候抢先赎回，谁就能得利，这个得利在"1·19"[1]"5·28"[2]两次暴跌当中得到验证并且教育了基民，再次暴跌的时候基民的争先赎回带来了大问题。

---

[1] "1·19"：2015 年 1 月 19 日，沪深两市经历暴跌行情。
[2] "5·28"：2015 年 5 月 28 日，沪深股指双双暴跌 6% 以上，超 500 只股票跌停。

截至 2015 年 7 月 3 日，7619 只被统计的私募产品中，处于亏损状态的达 89%，处于赢利状态的只占 11%，赢利收益在 5% 以下的多达 522 只。收益超过 40% 的仅有 14 只，且全部为宏观对冲基金。这充分显示了股指期货开展后对整个市场的影响。虽然经历了股灾，但股指仍然高于 2015 年初水平，且停牌股的市值是按照指数估算的。因此，如此大规模的亏损显得并不正常，值得我们去深入分析和思考。

5. 提高期指保证金遏制炒作的误区

中国经历 2015 年股灾时，对股指期货的反对声音也越来越大，为了遏制股市的过度炒作，世界各国普遍的做法就是提高股指期货的保证金水平。而在提高保证金水平方面却存在诸多争议，有人认为空方不缺钱，有人认为应降低多方的保证金给多方更多的支持等，我认为这些观点反映了对股指期货认识的误区。

针对保证金水平的调整，我们可以列出几个选项：①空方提高保证金；②多方提高保证金；③空方多方共同提高保证金；④保证金不变；⑤空方提高多方降低保证金。这几种选择到底哪个最好呢？其实我们首先需要深入理解股指期货的博弈逻辑。

首先，受到威胁的是交易所的安全。降低保证金或保持不变，在市场波动剧烈时，交易所可能面临赔钱的风险。以保证金 10% 为例，当一天的波动率超过 10%，当天就可能会爆仓，进而威胁交易所的安全。如果交易所出了问题，将是市场的更大灾难，因此增加保证金是必要的。

有人认为在股灾大跌当中空方赚取了巨额利润，但这忽略了遏止炒作的重要性。在非合作的囚徒困境的博弈中，缺少博弈思维可能会影响事态的发展。这里不是要真正限制空方，而是要让多方不再过度炒作。俗话说，多头不死空头不已。如果让多方无法开仓，则意味着空方也无法开仓。股指期货在期货市场上多单与空单是一一对应的，这必将导致的是股指期货的仓单量和交易量的大幅度萎缩，萎缩的结果就是期货市场产生的盈亏大幅度减少，这样一来，市场的导向性作用就大幅度下降了。

2015 年 7 月 23 日，沪深加权大涨 6.8%，总成交额 23 163 亿元，沪深 300 成交 4840 亿元。2015 年 7 月 5 日沪深 300 成交 5382 亿元，而沪深加权成交 31 507 亿元，大约是股票成交量的 6 倍，这巨大的成交量乘以涨跌的点数，就是产生的实际盈亏，股指期货的实际盈亏已经远远超过股市，如果说期货市场的最高成交量曾经达到约 48 000 亿元的全球天量，那么股指期货对市场的影响不容小觑。

其次，我们还注意到，当多头消失时，在原来的点位空头找不到对手盘，就只能通过往下贴水找到。这个贴水数额会不断扩大，最大的时候能够超过 10%。如此大的贴水，本身就是空头补贴给多头的，此时做多是有奖励的。比如在 2015 年 6 月 29 日沪深 300 的 IF1507[1] 是 4014 点贴水 177 点达到 4% 以上，中证 1507 是 7768 跌停贴水 700 多点达到 10%，如果不是跌停应当贴水更多。所以遏制多头，实际上就是空头给多头更多的贴水作为多单的补贴，这个贴水在股指期货交割的时候是空方给多方，交割是按照现货的点位交割的。

对这样的反向博弈，我们注意到 2015 年 8 月的希腊股市重启。为防止资本外逃和做空，希腊采取了与我们完全不同的做法：限制股民使用银行存款购买股票。结果导致多头消失，空头也无法存在。空头卖不出去，空打压下来股价便失去了意义。这就是纳什均衡的非合作博弈的体现。我们缺乏囚徒困境类似的博弈思维。希腊的做法虽然也导致暴跌，但暴跌本身是应当的，这个过程没有让资本外逃，也没有让民众被套。

因此，抑制多头的做法恰恰能够起到遏制做空的作用。直接遏制做空虽然也有效果，但比不上遏制多方更有效。而直接给多方降低保证金的做法，看似非常有力，其实是会走到反面的。因为降低保证金后，多方可能会过度开仓，一旦市场下跌，多方可能就会因保证金不足而爆仓。即使强制平仓，也需要有人接盘。否则，空方不平仓，交易所就需要赔付，不但是多方被

---

[1] IF1507：2015 年 7 月到期的中国金融期货交易所上市的沪深 300 股指期货合约之一。

轧，而且也会造成交易所的系统性风险，因此是最差的方案。对于限制期指做空，最好的就是多方和空方都提高保证金，这样也表明交易所的中立；其次是仅对多方增加保证金，因为多方风险大，限制了多方也就限制了做空的规模；再次才是空方单方面增加保证金，增加空方成本也能限制做空，但交易所干扰市场的立场，是自由市场的大忌；最后保持不变以行政手段限制，最差的是降低多方的保证金。

值得高兴的是，在全球市场动荡的背景下，中金所于 2015 年 8 月 25 日提高了多空的保证金，采取了最佳方案。

三、期权期指下的市场模型

1. 微观博弈下看期指带来的量跃稳态

在期指的套利套保的情况下，现货的价格走势会进入进化稳定博弈，形成稳态。对于这个稳态的产生和运作，我们结合 2015 年 6 月至 7 月的走势进行一下具体的微观分析。

在股市当中存在大量的套保盘，这些套保盘是有方向的，包括看跌套保和看涨套保。如果大盘看跌，重仓股票的投资者的做法可以通过股指期货做空或者买入认沽期权对持有股票进行对冲。反之，如果在大盘看涨的情况下，现金充裕的投资者就可以通过期指做多或者买入认购期权进行对冲。在融资融券和加杠杆的背景下，可以进行套利或者杠杆操作，这时看多便是在原有仓位的情况下融资加仓，同时在遇到风险的时候做空对冲，或者是融券卖空后做多对冲风险。在杠杆的压力下，对冲变得更为频繁，利用 T+0 的股指期货对冲 T+1 股市的隔夜风险。与此同时，即便没有看跌看涨的明确判断，对于股指期货和现货也是可以套利的。其做法与套保类似，通过利用期货与现货之间的升水或者贴水来进行套利。

需要注意的是，虽然名义上称为套保套利，但实际上也蕴含着巨大的投机性机会。看跌套保时，投资者可以将重仓股票当作打压筹码抛出，使期指比股票下跌更快，期指的获利要超过股票的损失，甚至再发展到融券并进一步扩大战果，从而实现获利；看涨套保时，投资者可以用手里的现金买入股票或者加大杠杆买入，从套保变成直接做多。在不同的套保方式下，做多和做空是不对等的，对看跌的套保，当股票市场持续上涨时，若股票涨幅被期货指数做空操作所抵消，则无法实现赢利。在此情境下，解除套期保值并平仓期货指数，亦无法带来相较于不进行套期保值操作更多的利益。看涨套保时同理。因此这些套保操作本身是有方向性的冲动行为，对市场的走势影响极大。因此投机的方向性一旦产生，量跃就会实现。

通常情况下，看跌套保和看涨套保的平衡构成了一个重要的稳态。打破平衡需要巨大的能量，因此市场价格会处于一个稳定的过程。一旦产生了方向性的升水或者贴水，市场的套利便可能导致套保的数量天平朝着减少升水和贴水的方向运动。如在2015年6月29日沪深300的IF1507以4014点贴水，177点达到4%以上；中证1507以7768跌停贴水，700多点达到10%。如果不是因为跌停，那么应当会有更多贴水。这便产生了巨大的套利机会，带套利的套保就是做多期指而抛出股票，但这个套利的结果会使股市上大量的股票被抛出，直到套利空间减少。平时，股指期货与现货存在几十点的升水或者贴水属于正常，这时套利利率大约是1%，但年化收益率有时可能超过10%。如果有财务杠杆加持，那么套利空间就会更大。此套利的资金同样是有方向性的，针对贴水现象，可以采取做空策略，并在适当时机反手做多股票，以此扩大贴水幅度，从而获取更多的收益。针对升水现象，可以采取做多股票的操作，随后在适当时机反手做空，以此扩大升水幅度，从而套取更多的利益。这个方向性的投机比反方向操作仅取得套利利润更有诱惑性，而结果便是升水可以做空投机套利，贴水可以做多投机套利，从而将股票价格维持在一个相对稳定的状态。

中国的牛市就是一个不断量跃的过程，在原有的套保基础上，很多套保变成了投机性的做多。原来在4000点、4500点感觉害怕踏空的客户进行了看涨的套保，先做多指数，但在大盘一路飙升时，便从原来的套保变成了做多，资金不断进场，增加杠杆买入股票。实现这样的量跃需要打爆原来的空方，如果空方爆仓，空方的资金变为多方所有，多方买入更多的股票现货，市场走势便会更好。如果此时大盘不断上涨，并成功打爆空方，那么市场就有可能直接冲击6000点大关。此时的中国中车上市复牌，并立即纳入指数计算，它的市值和所带动的板块，如果如预计般连续涨停，将对股票大盘产生显著影响，每个涨停或跌停都可能使大盘波动1%。然而，中国中车的连续大跌，6天大股东以外的筹码全部换手，这明显受到了空方有预谋的阻击。正常的获利盘、恐慌盘、庄家出货等都难以在短时间内产生如此大量的筹码。中国中车的"熄火"，对量跃过程构成了致命一击。

这时证监会不断发出风险警示，导致很多仓位大的机构又在5000点以上进行了看跌的套保。当大盘真正下跌时，这些机构会投机性地选择把股票抛出，在期指上赚取更多的利益，从而助长了股市大盘的下跌。

需要注意的是，为了遏制股市快速跃迁，保障原来空方不爆仓，证监会等采取汇金减持、央行未如预期般降息降准、加大IPO发行力度、放宽IPO准入条件以及开设新兴战略板等一系列措施。这些措施的推出也是在多空力量较量的关键性阶段。

大盘跃上5000点非常关键，在4500点和5000点进行了反复的争夺。大盘从2015年6月5日到6月12日，连续5个交易日收盘在5100点以上。正常情况下，突破5000点并且站稳5100点大盘应当突破上行。但此时，空方在一个月前建仓位置是4300点左右，涨幅已达20%，空方面临爆仓风险。如果大盘再上行，空方必将爆仓。此时，空方是力竭时刻，而多方也因杠杆融资和套保变成做多而处于脆弱状态。

此时，我们可以看到的就是证监会的查融资、去杠杆、增发IPO等，是庖丁解牛的刀下到了牛市的关键部位。同时空方突然有了新生力量的发力，应当是外部的新力量投入，此时多方和空方都没有留下余地，到了必然一方爆仓的地步。一旦一方爆仓，就是方向性的重大转折。此时，稳态已经被打破，关键是大盘会跃迁到哪个稳态上。多方空方只要一方爆仓，另外一方就具备了让大盘朝着自己希望的方向进行量跃的力量。

在这样的关键时刻，监管层起到了决定性的作用。证监会对多方全部打到关键处，正所谓："彼节者有间，而刀刃者无厚；以无厚入有间，恢恢乎其于游刃必有余地矣。"而监管层的态度，导致多空力量关键点位的质变。如果下跌不能快速修复，又会引导大量的投机跟风者，力量的天平将就此彻底扭曲。在此情境下，市场方向的选择将变得明确，市场必将寻求另一稳定状态以重新积聚力量。在这样的关键时刻，难以判断方向时，我曾多次提到了期权的波动率套利策略。通过同时购买看涨和看跌期权，可以获得良好的收益。实际上，期权盘面的走势也验证了这一点。认沽和认购的涨跌幅度差超过100%时，往往就已经是暴利了。

期指套保和投机行为，同时对方向性也有助推的作用。股票大跌，大量仓位股票跌停，机构被迫进行看跌套保，即做空股指对冲持有的股票，导致股指与大盘的巨大贴水，同时吸引套利盘做空股票吃入股指，并进一步给大盘施加压力。因为所有的套保和套利行为，在避免损失和获取"无风险"利润的同时，都需要没有操作金融工具的一方承担更大的损失。这种损失的承担往往通过大盘更大的跌幅来实现，从而给大盘带来更大的下跌动力，这是一个正反馈的恶性循环。

同时，对看跌套保的机构而言，因为巨大的贴水意味着如果大盘反弹，机构套保平仓或者交割时，将面临确认10%的损失。为了套保反而增加了10%的损失，这是机构难以接受的。不接受的结果便会引发进一步的投机冲动，看空和卖空股票，变成完全的做空行为，希望做空成功以减少损失，在某种程度上是合理的选择。

而有报道称证监会将查封空单账户，这直接引发了市场的再次大跌。其背后的原因是，原本想要进行套保的机构无法实施套保策略，为了规避风险只能减仓股票，给大盘更大的压力。

从这些分析可以看出，一旦稳态被打破，就是一个正反馈的过程，很难让其慢下来。量跃是快速的，在量跃发生的时候便是一个正反馈效应。因此市场从稳态被打破走牛，如果向上的快速量跃被人为地打断，在不能跃上新稳态的情况下，就会向下量跃回到原来的稳态上。如果这个情况发生，就意味着股市要重新回到一年多以前的大盘2000点左右的低位稳态，市场进入熊市。

庖丁解牛是"手之所触，肩之所倚，足之所履，膝之所踦，砉然向然，奏刀騞然，莫不中音。合于《桑林》之舞，乃中《经首》之会"。对于市场规律，应辟谣外资做空，做到"动刀甚微，謋然已解，如土委地。提刀而立，为之四顾，为之踌躇满志，善刀而藏之"。

因此，我们观察到的是，微观下的稳态博弈被打破后，才能够有方向性的突破。而突破的关键节点是，在双方最脆弱的时候，到底谁爆仓，决定了大盘的走向。证监会在牛市突破5000点的这一关键性时刻，以去杠杆为名，精准打击让多方杠杆爆仓，决定了大盘大势，决定了市场走向。

2. 证券市场稳态与期权的重要性

中国证券市场为何有时会大起大落？一些人将其解释为中国证券市场不成熟。这个解释是牵强的，因为大多数初级阶段的市场，是一个没有成交量的市场而不是大幅度波动的市场。大幅度波动的市场首先是要有市场的搅水者、投机者，同时市场机制有缺陷，这通常是市场发展到一定阶段才会有的，那么我们的市场到底哪里出现了问题？

我认为，期权的"短腿"，是造成中国股票市场不稳定的主要原因之一。我们虽然开展了期权交易，但期权的交易受到诸多限制，股民开具期权门槛极高，导致交易量太低，无法对市场形成有效的稳定制约作用。历史上也有类似期权的权证，权证交易的爆炒导致暴涨暴跌，给市场带来极大伤害。因此大家认为期权的全面放开会给市场带来更大波动，但这个认识是片面的。有了股指期货后，问题是变化的，要从整体上来认识。成熟市场下期权的作用主要体现在这三个方面：①有权利没有义务的杠杆。②正确操作低买高卖，维护股市稳定。③股灾时，持有股票太多可以买入认沽期权对冲。下面我们将深入进行分析。

中国的股票市场现有成交量冠绝全球，面对如此庞大的成交量，人们不禁要问：这背后的原因究竟是什么？有人简单地将之归因于中国的 M2[1] 比较高，但我认为，中国股市之所以有如此巨大的成交量，恰恰是没有足够的期权交易存在的产物。

如果有期权的存在，那么短线投机者和高杠杆资金的主要交易对象就会

---

[1] M2：广义货币供应量。

是期权。如果计算期权相关的金融衍生品交易的话，西方市场的交易额就远远大于中国股市。而且进一步讲期权是带有巨大杠杆的，比如，我们交易一个价值1元的期权，其背后的认购或者认沽的股票可能是100元的股价。如果没有这个期权交易而交易股票的话，那么交易量就会是股票的全额，即100元。因此没有期权的市场其交易量必然巨大，而且也对流动性的依赖巨大，还会因为流动性的变化大幅度波动。在出现股灾的情况下，波动率上升，手上的期权即使个股价格不变，价值也会上升。更有可能是通过标的股票的大幅波动来赢利。

使用期权进行交易的最大好处就是对流动性的要求很低。因为期权是带有自然杠杆的。买股票时，必须有与股价相对应的资金，没有就需要融资，市场波动下方向不对时买入股指期货，需要追加保证金或者被强平，而期权则不会面临这个问题。这种微观层面的差异，在宏观层面，尤其是在发生股灾时，就会表现得尤为明显。

在股灾期间，股票的融资会因为风险撤退或者要求更高利息。股指期货的保证金也会增加，股指期货的强平压力也会迫使投资者投入更多资金。但在股灾下，当大家都有流动性需求时，流动性反而因为股灾而离开股市，造成股市的流动性枯竭，从而进一步下跌，引发正反馈，导致越跌流动性越少，流动性越少越跌。

但如果此时有期权，市场同时还有牛市的预期，那么就会有大量资本涌入做多期权。这些资本做多期权与做多期指不一样。做多认购期权，空方无法让他们的期权爆仓。而且以期权套保锁定的股票，以后空方无法买回还券，这大大削弱了空方打压市场的动力和胆量。

期权是个权利仓位，不是义务仓位。股票运行于我有利，则可能获得巨大盈利，股票运行与预期相反，那么投资者最大损失为最初的原始投资。因此，期权不会爆仓，这是其与融资融券相比的一个巨大优势。期权本身对融资融券是有相互作用的。

而在国外期权更是一种发行股票的手段，通过发行期权和行权而发行了股票，可以避免大量股票发行带来的市场波动和流动性不足。以可转债为例，可转债实际上是一张债券加上一个以转股价和转股期限设定的期权二者捆绑买卖。这种设计巧妙地利用了债券市场的流动性，而在股票市场，它仅仅是个期权的概念。这也是一种与期权性质有关的股票发行方式。

此外，在公司的股权激励计划中，西方成熟市场更多的不是直接让员工买入股票，而是期权奖励，这种方式使得员工必须努力提升公司业绩才能获得真正的奖励，从而使得激励机制更为有效。所以以期权行权这种方式的股票发行，比定增和配股更公平。因为它是由市场决定的，要求公司必须具备良好的基本面，投资者愿意行权才能发行股票。

回顾我国的权证，最初是为了股改的市场稳定而设计的。股改的全流通和非流通股东向流通股东送股，本身就是对市场的一个股票发行过程。尽管后来市场出现了对权证的爆炒现象，但全流通的股改股票走势良好并使股改顺利完成。因此，我们不能仅仅从负面角度来看待当年权证的作用。

国外的期权很多也是机构发行的，给机构带来了更多的收益。同时国外也实行做市商制度。做市商在市场上的行为，除了通过高抛低吸来维持股价稳定外，更多的是以期权的买卖来稳定股市。期权的操作需要的流动性更小，作用更大，所以个股期权的意义是多层面的。

人们一度谴责裸做空的问题。而在期权存在以后，裸做空的概念便有所不同。中国对做空行为实施仓单限制。裸做空是违法违规的，跨市场的套利就是恶空（恶意做空）。

在成熟完善的期权市场中，做空认购期权可能存在无限大的风险。期权的做空与做多是不对等的，即便有充分的做空理由，期权也不像期货指数那样可以肆意做空。若看空市场而做多认沽期权进行做空，大量的认购认沽期权会使得认沽期权暴涨，市场看空气氛浓厚。此时，认沽期权的价格上涨就意味着做空者在高位买入期权，降低了做空收益。更重要的是，如果裸做空未持有股票，行权时就必须买入股票，这对于散户可能影响不大，但对于意图操纵市场、持有巨量期权进行裸空的人来说，就很可能会面临买不到股票来行权的困境。更糟糕的是，大量买入股票准备行权的行为本身就可能引发股票大涨，而为了对冲这个大涨再买入认购期权，实质上已经转变为做多。

如果此时市场再跌，空方操盘依然会失败。

所以，在为了行权而股票大涨和当初购买认沽期权价格大涨的双重压力下，行权会导致买入大涨，不行权则会白白损失期权价格，若再以认购对冲，也存在损失风险。所以，即使是市场大跌，在期权层面上的做空都可能亏损，这才是问题的关键。

同时我们还要明白裸卖出认沽期权并不对市场构成巨大的下行打压，因为这意味着卖出者准备在那个点位买入，实际上已经不再是空方。以债券大王比尔·格罗斯（Bill Gross）为例，2015年4月开始，他说做空债券是自己一生只有一次的难得机会，然后大举做空了，而市场也确实如他预测，债券大跌，但是令人大跌眼镜的是，他却遭遇了巨额亏损！只有明白为何他会亏损，才能真正理解在有期权的市场中，期权是怎样对做空产生抑制作用的。

在同样的状态下，期指则与期权的行为根本不同。期指价位压低可以期现套利，进而直接拉低股价。因为在期指市场中，每一张空单都对应着一张多单，二者相互匹配；而期权是单向权利，有认沽未必有对应的认购，期权是一种选择权。若你持仓期指空单和股票的套保，在股市下跌趋势时你有动力先抛售股票，再让经过抛售打压的股指空单平仓得到更多的利益，这时套保就变成裸做空。但如果你持有股票和认沽期权的套保，你先抛售股票以后再行权，这时你仍需要买回股票，这就消除了前述套期保值中的投机需求。因此在裸做空的问题上，期指是有更高的投机动力的，相反期权是要限制做空动力的。

期权也是与期指类似可以成为股票的套保工具的。比如，当我买入和持有股票，若担忧其价格大幅下跌，那么我可以在预期的下跌点位买入认沽期权。如果我卖出了股票且害怕踏空，我就会在卖出股票后买入认购期权。这种通过期权进行的套期保值，在股市大幅度波动的时候，成本是固定的，资金的投入是固定的，避免了股票和期指的套保需要增加大量保证金的情况，也减少了升水和贴水的套利操作，由于期权的选择权特性，变得相对不容易。更关键的是，期权的套保与个股更紧密。在西方发达市场，个股期权发达，股票与期权的套保更多是在个股层面进行。

在西方成熟市场，一般有经验的股民会做多期权。股票上涨时，不管持有的是认购还是认沽期权，期权对应的股票行权价值增加，股民如果不想风险太大就会卖出一部分股票；股票下跌时，期权对应的股票行权价值减少，股民不想失去太多股票仓位也可以选择买入一些股票。这个过程，就实现了低买高卖，和追涨杀跌完全相反，对市场起到了稳定作用。以行权价格20元为例，如果股票涨到30元，期权行权价值就是10元，则股民可以卖掉股票仓位只拿着期权，持有期权与持有股票在性质上具有相似性。如此股民的资金便可回流；而如果股价跌到10元，认购期权的价格便会稳定在一个很低的机会值，这时股民需要买入股票。更为深入的分析表明，期权的杠杆率仅在股价与行权价格较为接近时才会显著增大，股价高企和过低，杠杆都是减少的。还是以20元的行权价为例，股价到100元时，期权行权价值80元[1]，80元对100元，杠杆很小，期权约等于股票；而股价在25元时，期权价值5元对股票的25元，杠杆巨大。在股价高于股票的时候，股价与期权差得相近的时候，股价25元，行权5元，5元的期权对应25元的股票是5倍，而到100元，80元的期权对应100元的股票，却只有1.25倍。值得注意的是，股价在20元以下时，期权不会被行权，对应的是0股股票，股价在20元以上时才会行权，则期权对应的是1股股票，0到1的变化，对市场的影响也是显著的。在这个例子中，当股票价格为25元，而行权价格为20元时，期权的价格显然会远远高于5元，这是因为期权缊含了选择权的利益价值。我们在这里仅是以行权价值来论述其杠杆价值的，为了更直观地说明这一点，我们再举一个极端的例子。假设离认购期权到期只不足1天，我们暂时忽略期权的时间价值，不考虑波动性的变化，只考虑认购期

---

[1] 这里近似的不考虑期权选择概率的溢价，世界通行的期权定价模型（Option Pricing Model，OPM）由费雪·布莱克（Fischer Black）与迈伦·斯科尔斯（Myron Scholes）在20世纪70年代据出，只有股价的当前值与未来的预测有关；变量过去的历史与演变方式与未来的预测不相关。模型表明，期权价格的决定非常复杂，合约期限、股票现价、"无风险"资产的利率水平以及交割价格等都会影响期权价格。为了简单说明问题，我们只考虑股票价格和行权价格的利益。

权的内在价值。对于100元的股票，105元的认购期权价格趋近于零（也许只有0.25的时间价值），但如果股票在最后一分钟涨停，那么105元的认购就变成5元了（可以行权105元买进股票，110元卖出），期权价格从接近0元涨到5元，就是巨大的杠杆效应。但如果股票当天跌停，认购期权价格就变成0元（没有义务用105元买股票），持有期权不会爆仓。这个规律与股票融资的杠杆规律恰恰是相反的，人们经常炒股融资越来越多，结果炒到最高的时候杠杆最大，本次股灾，有很多仓位处于这种情况，造成严重踩踏也与之有关。而期权的选择权价值，在市场的波动当中，起到了对冲和稳定的作用，这个价值高低直接与市场稳定有关，其高低是对冲市场波动的。

期权的杠杆特性在某种程度上与彩票相类似，彩票期权的大量存在，对市场波动率的平抑作用更大。认购期权的行权价从高于股价向与股价接近的时候，期权的杠杆可以非常大，期权的杠杆就是delta[1]，认购delta在0到1变化。可以在0.05delta的时候买进，如果后来股票大涨，delta变成1了，就是20倍，这便是杠杆的威力。以具体例子来说，股票20元，行权价20元，50元认购0.05个，那么花1元便可以买20个认购，等股票涨到50元或100元，这20个认购就几乎控制了20股股票的起伏，所以期权是个动态杠杆，和期指、融资融券的固定死杠杆不一样。因此，巨大的杠杆有时候与彩票类似；反之，认沽期权也是类似的。在股票价格高位的时候，对很多锁定仓位的大股东，可以卖出认购期权额外得利，同时也会有很多人会在低位卖出认沽期权，不以行权为目的，而是赚取期权费，这是对市场低位的有效支撑。所以这些期权的存在有助于平抑市场的波动。虽然这些期权真正行权的机会是很小的，能够行权的机会和中奖的概率一样，但在市场暴涨暴跌的时候，就会产生巨大的力量。这些期权的出现使得市场难以大幅跳出由期权行权价格构筑的区间，从而在这个区间内形成稳态。除非有特别的走势打破这个稳态，否则这些期权将会带来暴利，将带来整个市场的量跃。

---

[1] delta：表示期权价格相对于标的资产价格的变化率。

在 2015 年股灾中，我们的涨跌停板和 T+1 的股票交易也受到了巨大的非议。其实涨跌停板和 T+1 的制度与期权是可以联系起来的，涨跌停板制度也可以从期权层面上来看。涨跌停板在某种程度上类似期权，应该大力发展期权市场。在中国，由于涨跌停板的存在，股民每天的股票买卖行为，其实类似于在进行一种当天 10% 收益或损失的期权交易。买入股票，其实相当于买入一只股票，并卖出了一个当天涨停板的认购期权，同时买入一个当天跌停的认沽期权；卖出股票，相当于卖出一个当天跌停的认沽期权，同时买入一个当天涨停的认购期权。而且涨停板上的期权，行权需要一天，这与 T+1 交易制度下股票被锁定一天是等价的。在原本的 T+0 制度下，股票可以即时买卖，但在 T+1 制度下，卖出股票后，资金需等待一天才能再次使用；而买入股票后，也需等待一天才能卖出。如果选择不行权，当天的钱就可以买其他股票，即保持 T+0 不变。而对于 T+1 的交易，可以通过当天卖出一个期权进行对冲。有了期权的概念，可以发现，涨跌停板和 T+1 是可以对冲的。也就是说，在大面积的跌停下，股民对于股票的操作（卖出），所隐含的期权操作都是错误的，即在错误的时间卖出了期权。所以，对我们来说，比涨跌停板和 T+1 制度更需要的是引入个股期权，完善期权市场，通过期权市场的规律来稳定市场发展。

除了股票与股指、股票与期权两种套保方式，其实期指和期权也是可以套保套利的。使用期权与期指的套保套利与股票不同，需要做空期指时可以通过买入相关股票来对冲，也可以通过买入相关认购期权来进行对冲，这种对冲不需要全资购买股票，流动性需求较少。而且期权在发达国家以个股为主，是个股期权和大盘期指的一种对冲套保。而个股上期权做多与做空的力量完全不对等，个股期权很多是与员工股权激励等挂钩的，认购期权的数量远远多于认沽，外部势力抛售个股的时候，会遭到个股期权的抵抗，做空会比较困难。所以如果期指市场和期权市场都发达后，期权就不再成为波动工具，而是发挥着积极的正面作用。期权的开展，对股市的牛熊影响完全不对等。因此在期权加入以后，市场的稳定状态与以前便有所不同，变成了股票、期指、期权的三者套保对冲，极大地增加了市场的稳定性，保障了牛市的进程。如果没有完善的期权市场，期指的开设可能会造成市场更不稳定，而有了期权这第三条腿的支撑和制衡，市场才能更加稳定。大起大落的问题，在很大程度上源于股指期货缺乏有效制衡而波动幅度过大，以及我们的期权市场尚不够强大。同时，仅有期权没有股指期货的市场，也是不稳定的，它们之间的制衡关系非常重要。我们要从整个市场体系来认识期权和股指期货的意义，而不能将其从体系中孤立出来。

更进一步说，期权在微观层面会给股票带来稳态。很多人对于相对稳定的股票，会采取一种策略：在股价上方几分钱处挂卖单，下方几分钱处挂买单，让股票自然成交，这种策略为不少人带来了可观的收益，实质上这是在利用股票的波动率来进行交易。如果有了期权，就使得这种操作变得更加容易且高效。投资者可以在股票上同时买入认购和认沽期权，这样无论股票涨跌，都可以获益。这样的操作与挂单不同，投资者不用支付全额现金，具有较大的杠杆效应。当然，这种操作只有在股票不太波动的时候才会亏损，因为期权的价格受到波动率的影响，最后会达到一个平衡。

股市中的股灾，是由恐慌性大幅度抛售造成的。在股票大幅度波动时，市场的流动性不足。然而，如果此时存在期权，则股票的波动性就要受到限制。因为会有大量的期权合约出现，众多投资者会参与股票的波动率交易，这些期权会抑制抛售的冲动，也会对冲套保降低波动的损失。由于大量的股票期权存在，股票的波动就会减少，因流动性紧张而导致的抛售压力也会大大降低。

在出现股灾的情况下，波动率上升，即使个股价格不变，手上的期权价值也会上升。更有可能的是，通过标的股票的大幅度波动实现了盈利。这相当于通过期权的非线性属性对投资组合进行对冲，在股灾的时候增加流动性。

期权在宏观层面也带来市场的稳态，交易所交易基金（exchange traded fund，ETF）的期权本身是可以影响大盘的，因为期权本身是可以限制市场的波动率的。

期权的特性在于选择权，在做对方向时可以大涨，而反向的损失相对有限。这与股指期货是不同的，因为投资者可以不行权。由于有大量波动性套利的期权投资者的存在，因此需要遏制波动率的高涨。股市的快涨快跌是波动率大的表现，这给了期权波动率套利巨大的机会。在我们的期权定价模型下，市场的波动率高，期权的价格会暴涨，进而就会吸引更多期权发行以获取利润。而期权的发行通常需要锁定股票或买入股票以备行权，这直接影响了股票的交易，让股票的买卖和走势与波动的趋势相反，市场波动受到遏制。在期权套利大量增加的情况下，市场波动会得到进一步遏制。因此，期权工具的影响不可忽视，在成熟市场中，期权甚至二次衍生，有专门的波动率看涨期权和波动率看跌期权，丰富的期权产品与期指交织起来，维持了市场的稳态。

综上所述，借鉴成熟市场的经验，我们需要为市场提供更多样化的金融工具。期权作为一种具有高杠杆效应且流动性需求相对较小的工具，在流动性紧张时能够发挥更大的作用。期权和期指是相互作用的，仅有期指而无期权往往会加剧市场的波动。因此，市场的波动需要有期权工具来遏制。

为此，我们需要充分认识期权、期指和股票这三者在整个市场体系当中相互作用的制衡关系，消除对期权认识的误区，扩大期权市场规模，降低准入门槛，完善市场机制，深化改革，对于稳定证券市场非常重要。

3. 带期权期指的市场难有"慢牛"

2015年，中国的股市大跌，对大跌调整，管理层似乎是寄托了"慢牛"的希望。但我认为，"慢牛"其实是一个伪命题，中国有牛市的基础和需要，"慢牛"是我们的追求，也是以往的规律。在股市中引入股指期货后，原有的市场规律确实发生了显著变化。在股指期货存在的市场环境下，市场难以形成长期稳定的"慢牛"行情。

期指对市场的影响是巨大的，这一点从其庞大的成交量中便可见一斑。2015年6月期指主力合约交易量持续攀升，26日，期指出现跌停，但这一天成分股票成交6130亿元，相关期指总成交31 398亿元，若期指未在尾盘处于跌停状态，那么成交量会更加巨大。这庞大的成交量背后蕴藏着巨大的实际财富盈亏转移。因为实际的涨跌乘以成交量就是财富的盈亏，期指市场的盈亏远远大于股票市场。因此期指带给我们的影响是决定性的，我们不能仅依赖历史经验。同时，我们也引入了期权工具，期权市场的成交量也在不断增加，对市场的交易起着指引作用。

期指和期权的奥妙实际在于把未来的市场和现在的市场联系起来。我们实际上是在对未来进行投资，是交割那一天的指数和行权的价格。期指和期权市场，是一个现在与未来相联系的市场。以往，人们可以通过贷款的方式，利用未来的收入进行消费。如今，类似的方式是利用期货指数（期指）和期权合约来提前消费未来的股票价值。那么，现货与未来又有什么关系呢？真相便在套利之中，在于现在与未来价格的绑定。

我们注意到，无论是升水还是贴水，其幅度都是有限的，一般不会超过100点。如果超过了，这便是可以立即套利的好机会。在大盘和期指之间，实际维持着100点左右的空间。尽管市场参与者有时会极度看多或看空，这个幅度却始终保持相对稳定。这就使得股票的价格受到期指的制约，投资者可能会进行套期套保。当点位差距拉大时，投资者可以在升水时融资买股再做空远期期指，或者贴水时融券卖空做多远期期指。由于套期套保的保值和套利需求的存在，而且规模巨大，实际上是把市场的估值限定在某一水平上，也就是说，远期的期指与现货的价格由于套保套利的存在，与现货的差价应当保持在利率以下，超过利率就存在套利空间，通过套利则又将差距缩小。这种情况已经严重影响了行情的走势，造成行情的扁平化。要打破这个扁平化，就需要一个快速的变动跃迁。通过这样的跃迁，从一个平衡的状态跃迁到另外一个平衡的状态。

根据我们的量跃理论，从一个估值状态向另外的估值状态跃迁，一定是"快牛"。而在某个状态下，则由于有各种金融工具的套保套利，远期价格与现价受利率和波动率的制约形成量子场类似的稳态。每一次打破稳态都需要有足够的动力，一旦稳态被打破，就要快速寻找新的平衡，这就是快速跃迁。在快速跃迁向上的情况下就是"快牛"；如果快速跃迁向下，就是危机。

如果想要慢慢发展行情，就需要明确行情方向，这必然导致远期期指出现方向性升水或者贴水，产生套利空间，而不断套利是一种保持稳定的力量，会使得方向性选择被抹杀。

随着现代经济学的发展，博弈理论得到广泛的应用，其中的一个关键就是进化稳定策略。进化稳定策略的基本思想是：假设存在一个全部选择某一特定策略的大群体和一个选择不同策略的突变小群体，突变小群体进入大群体而形成一个混合群体。如果突变小群体在混合群体中博弈所得到的支付大于原群体中个体在混合群体中博弈所得到的支付，那么小群体就能够侵入大群体；反之就不能够侵入大群体而在演化过程中消失。如果一个群体能够消除任何小突变群体的侵入，那么就称该群体达到了一种进化稳定状态，此时该群体所选择的策略就是进化稳定策略。在经济学的市场当中，不断套利的行为，就是不断地消耗个人和小群体的不同突变策略，特别是在期指与股市这样的市场中，通常呈现出进化稳定策略的特征。在这里，套期保值行为促成了多种稳态的形成。

研究表明，物种的大爆发和大灭绝都是在极短的时间完成的。这就是突变奇迹进化策略，一旦一个小的突变博弈大于了群体支出，就可能形成蝴蝶效应，造成群体的迅速反馈。而这样形成的市场变化，一定也是剧烈的。我在《价格革命与资产重估牛市》一文中，对估值支持的相关理论进行了详尽且深入的分析。

许多人常常依据市盈率来评判中国股市。银行涉足券商业务后，券商的利润也受到了影响。同时，保险公司的持仓损失巨大。因此，如果以当初大盘 2000 点时的估值水平来衡量，中国股市在走熊后，按照这个逻辑，可能只会跌至 1000 点。所以牛市对中国来说不是灾难性的。然而，我们能否接受股市仅有 1000 点呢？显然不能。因此中国的股市估值逻辑绝不是原来的逻辑，而是中国资产重估的逻辑。这个重估的价值重置，就是支持中国打破期指套利带来市场稳定的突变奇迹，这一奇迹就是一个快速重估的过程，必定带来"快牛"。

值得注意的是，这样的跃迁必须是快速的。必须在跃迁过程当中让最少的人可以得利，否则大量的得利兑现，尤其是在"慢牛"当中反复震荡导致庄家的控盘收益和股指期货的套利收益巨大的情况下，会导致跃迁的动能不足。因此，股市不能给那些在牛市过程中挣钱的套利者太多机会，它必须是"快牛"行情，让大量的参与者无法获利，只有这样，才能够打破原有的平衡进行跃迁，让空头爆仓带来的巨大利益足以推动市场进入高位。要把股票的价格拉上去，必须有一个快速的主升浪过程，并且在这个过程中必须洗出浮筹，让尽可能少的人跟风获利。这绝对不是一个慢速的过程，也不是一个让所有参与者都满意的过程。

传统的经济学理论在当今社会已逐渐显现出局限性。传统的经济学理论依据布雷顿森林体系下的国际金本位的美元，而现在依据后来牙买加协议下的美元。在金本位制度之下，市场上的美元是有限的，利率是高企的，在石油危机时美联储曾经把利率提高到20%以上，以限制石油等期货市场的套利投机，西方世界的货币宽松（quantitative easing, QE）政策则提供了更多货币，这造成了传统经济学理论下的供需曲线的扭曲。

我们的定价权理论，核心在于揭示供需曲线的扭曲现象。在大量货币供给下，资源供给有限，无限对有限必然是扭曲的，而以前金本位货币受制于黄金数量也是有限的，一旦价格上涨，人们就会纷纷兑换黄金。然而，现今的情况已大不相同。高价会导致供给方产生惜售行为，低价会引发恐慌性和去杠杆的供给，供给曲线不再是价格越高供给量越大。在需求方面，价格高会引发投机性需求和恐慌性需求；价格低，反而刚需之外会投机观望。因此，也不是价格越高需求越少。传统供需理论受到挑战，弯曲的供给曲线和需求曲线会导致多个均衡点而不是传统经济理论的单一均衡点。如股市，想要出货，并非通过打压股价来实现，而是通过拉高股价让庄家出货；同样想建仓，也不是简单地一味买入推高价格，而是通过打压股价让融资盘爆仓和散户恐慌割肉，从而以较低的成本获取筹码。因此在供需曲线扭曲的时代，市场就是有多个均衡点存在的，谁能够主导市场在哪个均衡点上，谁就有定价权。而一个均衡点向另外一个均衡点的跃迁，往往伴随市场的"快牛""疯牛"，或者是金融危机。

这些跃迁和多重均衡点的理论，其实在我的 2008 年实战当中就得到了充分检验。在石油价格 130 多美元的时候卖出对冲期权，140 美元的认购和 65 美元的认沽，结果航空公司巨亏，但我们只讨论了油价在 147 美元以上得益有限，却未在意如果油价位于 247 美元的影响。其实这是石油后弯曲线下的两个均衡点，现在我们看到油价稳定在低位 65 美元以下，就是这个均衡的体现。因此，可以发现，在多个均衡点稳态跃迁模型下，是没有"慢牛"的。我国股市曾一度处于熊市状态，即便如此，市场也始终维持在一个相对稳定的低位均衡点之上。如今，想要维持牛市，结果却导致市场回到原来的均衡点之上，这实质上是对牛市的否定。

综上所述，中国的股市在股指期货模式下，会出现"快牛"行情。而暴跌则往往预示着危机的到来，此时绝不能坐视市场定价权的流失，更不能通过扼杀牛市的方式来追求所谓的"慢牛"。因为这样做，最终只会得到一头"死牛"和一群"食腐的大熊"，会对市场造成严重的损害。

4. 杠杆指数基金可能让牛市成为"赌场"

杠杆指数基金的收益和亏损是不对等的，其运作机制远比人们想象的要复杂。在波动率和融资利率的影响下，股指杠杆基金的收益概率并不一定随着杠杆的增加而增加，反而有可能导致得到的收益还不如没有加杠杆的情况，甚至是负值。因此就算是明确的牛市，它也未必是值得投资的，甚至还有可能会出现负收益。

2015 年，中国证券网发布消息称，伴随股市规模快速扩张，投资者对于投资工具的需求也不断增长。根据编制方案，上证 50 杠杆指数系列以及中证 500 杠杆指数系列均为日杠杆指数，各包含正向 2 倍、反向 1 倍以及反向 2 倍 3 个维度。指数设计规则沿用沪深 300 杠杆指数系列规则，其中将 2 倍杠杆指数日收益设定为 2 倍基准指数日收益扣除无风险利率；将反向及反向 2 倍杠杆指数日收益设定为每日基准指数反向及反向 2 倍收益加上现金管理或衍生金融工具隐含的无风险收益，同时扣除为实现反向杠杆所需要承担的卖空成本。随着市场环境的变化，相应的无风险利率以及卖空成本标准将适时调整。当时报道已有机构有意向基于上述指数进行产品开发，但我们要分析的是就算是牛市，这个杠杆基金也可能是赌博，收益率甚至可能是负数。

2倍的指数杠杆基金的回报率一般不会有相应指数回报率的2倍，这是因为，为了满足日杠杆的要求，基金在日常操作中有时不得不进行高买低卖的交易。几倍的杠杆基金通常容易亏损，这基本属于做空期权的Gamma[1]，市场往上走再掉下来回到原位，杠杆基金就会亏钱。

这种杠杆的问题是：为了维持2倍的杠杆，就必须持续借款。具体来说，如果基金的净值是1元，那么他必须借1元去买指数；再准确一点，2倍基金在每天收盘的时候必须调节，需要借来和基金净值同样多的钱买股票或期货，以保证第二天基金的波动幅度是市场指数的2倍。即使市场在上涨后杠杆比例有所降低，不进行调整似乎更为有利，但在市场下跌时，如果不及时调整，基金将面临爆仓的巨大压力，杠杆比例就会急剧上升。况且涨上去不调节股票持仓的话，基金的赢利能力也会降低，因此这类杠杆指数产品就是要随时调节仓位的，与不带杠杆的可以不调节仓位的基金产品是完全不同的。这每日根据涨跌调整持仓以保持杠杆率不变，便是报道中提及的日杠杆指数的意思，而不是初始杠杆几倍后就保持不变了。为了简化说明问题，我们先假设没有任何借钱成本。如果第一天股票涨上去了，假设指数从100涨了5%到105，当天净值增加，变成1.1元，需要对于净值增加的0.1元，再去借同样多的0.1元在第一天的收盘价位买股票（因为净值是1.1，已经借了1.0元，为了保证2倍杠杆，也就是手上要有2.2元的股票，必须再借0.1元在指数105的时候买进股票）。第二天如果股票跌了，指数从105掉回100，昨天2.2元的股票掉到2.095 24，净值除去借的1.1元，就是0.995 24。对于0.995 24的净值，手上握有的股票必须调整成0.995 24×2=1.990 48元。只能再借0.995 24元，那前一天借的1.1元买的股票就必须相应减持，也就

---

[1] Gamma：用于衡量期权价格对标的资产价格变动的敏感度的变化率。

是必须在指数 100 的时候卖出 1.1–0.995 24=0.104 76 元的股票。在这个简单的例子中，指数波动两天最终不动，但基金的操作就是两步：

（1）借 0.1 元在指数 105 的时候买进股票。

（2）在指数 100 的时候卖出 0.104 76 元的股票。

实际结果就是高买低卖，净值从 1 元掉到了 0.995 24 元。所以日杠杆的基金不建议长期持有。

这里有个数学概念需要澄清一下，如果理论上指数都是上涨的，用了 2 倍的杠杆，理论上预期回报率该是市场的 2 倍，为什么最终结果有可能比不用杠杆更差呢？这存在几何平均和算术平均的区别。请看下面的例子：

（1）指数上涨 100%。

（2）指数接着下跌 50%。

经过这两个步骤后，指数原地踏步，几何平均回报率是零，但算术平均回报率是（100%–50%）/2=25%，25% 显然是不对的，这里的涨跌和杠杆是具有不对称性的，这个不对称性也是导致概率差异的原因。不少购买杠杆基金的投资者都是用算术平均，也就是用预期回报率估算了这种杠杆基金回报率（以为 2 倍的杠杆就应该是 2 倍的市场回报率），但实际上他们应该考虑投资组合的几何回报率（预期增长）。

假设股票价格 S 波动符合以下几何布朗运动，股票的波动率为 σ。

$$dS=\mu Sdt+\sigma S\varepsilon\sqrt{dt}$$

ε 是个符合（0，1）正态分布的随机数。$E[\varepsilon]=0$，$E[\varepsilon^2]=1$。dS 有时被称为无穷小量，用来描述在无穷小时间里 S 的变化，它的预期值是：

$$E[dS]=\mu Sdt+\sigma SE[\varepsilon]\sqrt{dt}=\mu Sdt$$

这儿 $E[dS]/S$ 算出来的就是单位时间内预期的算术平均回报率 μ，它和波动率无关，可以简单理解成没有波动率时的股票预期回报率。

要计算几何回报率，我们需要算出 $f=\ln S$ 随时间变化的无穷小量。用伊藤原理，我们可以推导出：

$$d(\ln S)=df=(\mu-\sigma^2/2)dt+\sigma\varepsilon\sqrt{dt}$$
$$E[d\ln S]=(\mu-\sigma^2/2)dt+\sigma E[\varepsilon]\sqrt{dt}$$

$$= (\mu - \sigma^2/2) dt$$

也就是投资组合的预期增长率 g 和预期收益率 μ，投资组合波动率 σ 的关系：

$$g = \mu - \sigma^2/2$$

我们可以看到，虽然我们可以把杠杆放大，把预期收益 μ 按线性倍数增长，但投资组合的预期增长并不一定增加，这是因为杠杆加大以后，投资的波动率 σ 按线性倍数增长，但波动率对于预期增长率的影响 $-\mu^2/2$ 按非线性平方倍数增长。所以，增加杠杆并不一定能提供预期增长（长期收益率）。

假设每年预期回报为 25%，波动率为 30%，那么 N 倍的杠杆基金，每年预期回报为 $N \times 25\%$，波动率为 $N \times 30\%$，那么在线性的情况下，不同杠杆的预期增长率为：

1 倍　$g = 25\% - 0.3 \times 0.3/2 = 20.5\%$

2 倍　$g = 2 \times 25\% - (2 \times 0.3)^2/2 = 32\%$，计算 8% 配资利率为 24%

3 倍　$g = 3 \times 25\% - (3 \times 0.3)^2/2 = 34.5\%$，计算 8% 配资利率为 18.5%

4 倍　$g = 4 \times 25\% - (4 \times 0.3)^2/2 = 28\%$，计算 8% 配资利率为 4%

5 倍　$g = 5 \times 25\% - (5 \times 0.3)^2/2 = 12.5\%$，计算 8% 配资利率为 -19.5%

6 倍　$g = 6 \times 25\% - (6 \times 0.3)^2/2 = -12\%$，计算 8% 配资利率为 -52%

在没有考虑杠杆融资利率的影响时就已经很能说明问题了，如果再考虑 8% 的利率因素，那么就会变得更加明显了。

如果杠杆指数是不断调整保持杠杆的话，则这个增加是随着融资越来越多而不断放大的，是一个指数性的增加过程，也就是说，如果不断浮盈再融资，则股票涨了 1 倍，2 倍杠杆可能不是 2 倍而是 4 倍了。因此在每日调整持仓的情况下，完全按照线性计算杠杆倍数和预期回报也是不准确的，这只能是在收益率比较低的时候做近似值，如果预期收益率较高，就应当计算杠杆不变，融资不断增多的复利带来的指数性影响。因此我们还可以按照平均每天增长进行指数化的近似运算，并且考虑到杠杆利率的影响，利率很高就不能忽略，这里我们姑且以 8% 来进行计算。

对指数型的，我们就要按照复利平均预期每一天的收益为 u 的话，一年的收益是$(1+u)^{365}$而不是$(1+u)×365$，把这个公式倒过来就可以把股市的年度收益预期按照复利的模式平均到每一天的收益，减去加杠杆融资每一天融资的利率成本，再计算波动率的影响，以此模型进行近似同时计算杠杆融资的利率，以杠杆配资年化利率8%，日计算复利的利率0.21‰计算的各种杠杆下的收益预期见表1-1。

表1-1 各种杠杆下的收益预期

预期 μ		熊市 -10%		平盘		10%		25%	
杠杆	年化率	年%	日‰	年%	日‰	年%	日‰	年%	日‰
无	—	-0.29	-10	0	0	0.26	10	0.61	25
2倍	8%	-0.79	-25	-0.21	-8	0.31	12.0	1.01	44.5
3倍	8%	-1.29	-37.5	-0.42	-15.2	0.36	14.0	1.41	67.0
4倍	8%	-1.79	-48	-0.63	-20.5	0.41	16.1	1.81	93.5
5倍	8%	-2.29	-56.7	-0.84	-26.4	0.46	18.2	2.21	123.8

注：这里股票持仓因为只受杠杆导致的仓位变化的影响，购买股票的手续费、印花税、波动等，我们视为机构投资固定费用忽略不计算。

从表1-1我们可以看出在仓位不断调整下，大盘如果上涨超过利率以后，通过杠杆则收益放大是远远大于简单的倍数关系的，同时在杠杆调整之下，也不是下跌了就会亏光平仓的，这里也充分体现了其与简单算术平均方法的不同。

但这是理想状态的单边上涨，如果按照凯利公式我们可以计算出，就算是在牛市，考虑了波动率σ的收益率预期概率变化，也很不乐观，见表1-2。

表1-2 考虑波动率σ的收益率预期概率变化

项目	杠杆			
	2倍(%)	3倍(%)	4倍(%)	5倍(%)
σ(%)	10	40.5	72	112.5
r为10%	-6	-26.5	-47.9	-94.3

续表

项目	杠杆			
	2倍（%）	3倍（%）	4倍（%）	5倍（%）
r 为 25%	26.5	26.7	21.5	11.3
r 为 50%	90	148.3	228.7	343.2

我们可以看到，如果我们的牛市是"慢牛"，则这样的杠杆指数基金的预期回报率经过波动率的修正，预期收益的概率是不佳的，只有在市场处于"快牛""疯牛"的阶段，杠杆指数才能够赚取巨额的利润，真正起到放大的作用。

通过上面的计算可以看到，不是杠杆越大，预期回报就越高，预期回报率和波动率、利率的关系是非常值得关注的。在大牛市的范围内，增加杠杆可以加大预期增长，但如果是波动率不小的"慢牛"行情，同时又有较高的利率的情况下，那么杠杆指数是不合算的。

很多人认为推出杠杆型的指数基金，是给市场进行套利和套保来使用的，杠杆和做空工具等也主要基于市场套期的概念，而不是为了助长投机，所以我们对非套保的股指期货都是限制持仓的。但上面论述的这个基金在概率不合算的背后，还带来了一个后果，要通过这样的杠杆指数基金进行套利套保是不可行的，因为波动率带来了额外的影响，容易产生巨大的风险。我们看到股指期货与大盘 ETF 的点位差距，股指期货很容易形成杠杆效应，而 ETF 基金原来没有杠杆，需要投资人自己融资买入加杠杆，杠杆比例很低。但如果能够以融资买入加杠杆的指数型基金，看似是一个简单地增加杠杆套保的机会，但实际情况并非如此。原先，不调整持仓的杠杆仅是一个简单的算术倍数；而杠杆型指数基金则需不断根据大盘波动调整仓位，因此受到巨大影响。如果此时套保套利的话，在市场波动下可能会遭受巨大损失。原来的股指期货和 ETF 都是线性的算术平均，而现在则变成每日调整杠杆的几何平均，此套利行为已非单纯数字间的简单对应。因此如果要套利套保，就要在考虑了波动率基础上进行更复杂的计算。

杠杆型指数基金的回报概率不佳是有数据支持的，上文的分析在一些成熟市场环境下已得到验证，美国标普500指数ETF基金（SPY）和3倍杠杆的ETF基金（SPXL）在2011年1月3日至2015年1月5日是大牛市的回报率，但3倍的指数基金的收益率远远低于标普指数。

但我们也要注意到，如果是一个单边增长的牛市，波动率比较小的话，收益便是可观的，比如在波动率是10%的情况下，在市场单边大涨50%以上且回撤大约不超过10%的牛市中，这个杠杆指数基金的预期回报率就较高，对10%的波动率可以计算出预期回报，见表1-3。

表1-3 以10%的波动率计算预期回报

项目	杠杆			
	2倍（%）	3倍（%）	4倍（%）	5倍（%）
σ（%）	2	4.5	8	12.5
r为10%	10	7.5	6	5.7
r为25%	42.5	59.2	85.5	111.3
r为50%	106	184.3	292.7	443.2

从这个数据可以看出，只要波动率小，那么杠杆的意义就很大，这对于单边市场走势非常有利。但如果市场是反复震荡的走势，那么杠杆指数基金将付出额外的巨大代价，导致这个基金并不合算。因此这个指数型杠杆基金，是一个带有很强投机性的基金，必须基于对单边市场和大牛市的判断，进行比较激进的投资才是合适的。

通过概率统计理论的严格计算，对于那些采用日杠杆并需每日进行投资组合再平衡的倍数基金而言，如果杠杆过大，导致预期增长率是负值，那么对长期而言基金的净值应该是向零值收敛的[1]，也就是说这种基金的长期回报率将和彩票相似。在美国这样的市场年均增长相对平稳和市场波动率很大

---

[1] 具体论文可参阅 Thorpe, E.O "Optimal Gambling Systems for Favorable Games", Review of the international Statistical Institute, 37 (1969), pp: 273-293。

的情况下，杠杆指数基金在概率上是吃亏的，在很多情况下赚钱的概率为负值。按照市场惯例，零和博弈是投机，正概率是投资，而负概率则是赌博。但是在大牛市下，预期回报率非常高，远高于波动率，这样的杠杆指数也确实提供了赚钱的机会。关键在于你对市场是怎样判断的，提供这样的产品只不过是给予一个工具。

在股灾发生时，波动率极大。一般的2倍杠杆的股票都已面临爆仓风险，股指期货指数也跌停。在波动率极大的情况下，杠杆基金的收益概率将为负数，就相当于一个赌场。

通过上述分析，还可以得到推论：加杠杆的涨跌不对等。在有杠杆时代，股市震荡的结果，在持仓满仓杠杆的情况下也会吃亏。

很多散户喜欢在牛市的时候杠杆全开，全开满仓，但这个行为其实也是吃亏的，原因就是在比例上的涨跌不对等，与前面的计算原理是相同的。

在融资满仓跟随一只股票的时候，这个股票肯定也还是要上下震动，不是直线上涨而是震荡上行，在股票下行的时候，由于抵押的股票价格降低，抵押物不足值，导致系统要求自动减仓。减仓之后，股票涨回来，则可以再加杠杆加仓，但此时是不对等的，比如下跌了20%，这个是正常的洗盘调整，而此时要涨回来，则需要上涨25%才能够达到原来的水平，如果仅仅是涨到原来的价位，使用满仓杠杆的方式，就差了百分之几，虽然这个差别不大，但在反复震荡之下，最后的差别却是巨大的，散户没有充分计算，对此是难以体会的。

因此股票的震荡洗盘，其中一个原理就是让满仓杠杆的人被迫不断地减仓加仓。由于涨跌的不对等，他们所得的减少，就是操作者的利益来源，这里是零和博弈。在洗盘当中波动操作，机构能够获得的利益甚至会超过上涨的利益。

因此对牛市，加杠杆不一定是最佳的方案，只有看到直线飙升的机会，可以短线追击，长期满仓杠杆持有是不可行的。股市的各种杠杆，更重要的作用是在套利套保的时候使用，可以放大套利所得空间和降低套保成本，是短线的利益，不是长期投资的方式。套利套保也是短线的操作。

四、高频量化交易

1. 辩证看待量化分析师证书的考取

"天价"考证,尤其是量化分析师这一证书,确实是一个值得深入探讨的话题。或许对于许多人来说,这个证书相对陌生,但不可否认的是,考取这个证书不仅需要投入大量的金钱,更需要付出大量的时间和精力。

我们先来探讨一下量化分析师这一职业。量化,简而言之,就是机器交易。量化分析师不仅需要编写和设计程序,还需要不断调整程序中的各种参数,它需要有丰富的"江湖经验"。也就是说,并不是所有人都能编写好程序后就能交给机器去执行。当然,由于这一职业的高要求,其回报也相当丰厚。其高薪自然吸引了无数人的目光,并且也让这个行业得到了关注。

但事实上,该行业可能只是小众存在,并且不一定持久。因为,每一次技术的革新都会吸引尖端的人才,这意味着这个行业的人才储备并不会特别多。考取量化分析师证书可能只是进入这个行业的一个门槛。即使你具备了所有的条件,也不一定会有机会。

这主要是因为行业给出了极高的薪资,会吸引很多有影响力与资源的人。在这种情况下,设置门槛实际上就是一种筛选方式。那么,量化分析师证书的考取到底有多难呢?该证书的考试对数学能力的要求极高。目的是淘汰那些实力不足的人,留下那些真正的天才。

那么,为什么在很多工作都被机器替代了之后,我们还需要量化分析师呢?虽然机器可以替代很多人类的工作,但在创造新的逻辑方面,机器是无法替代人类的。而量化分析师正是那些能够创造新逻辑、新策略的人才,他们的工作对于金融市场的稳定和发展具有重要意义。

对于考取量化分析师证书这件事，我们需要辩证地看待。一方面，该证书确实是一个进入量化分析师行业的门槛，它证明了你已具备较高的数学能力和逻辑思维能力；另一方面，我们也应该认识到，这个证书并不是万能的。即使你考取了量化分析师证书，也不一定就能够在这个行业中取得成功。

我们真正需要明确的是，在这个世界上，最聪明的人总是会给别人一些机会。当你彰显出你的聪明才智时，相应的圈子就会主动找到你，并将你吸纳进去。同时，这些圈子也会设置门槛来淘汰那些华而不实的人。因此，对于想要进入量化分析师等相似行业的人来说，考取证书只是第一步，更重要的是要不断提升自己的实力。

2. 高频量化交易：监管挑战与风险审视

量化交易，尤其是高频量化交易，在当今金融市场中占据了重要地位。高频量化交易者能够在毫秒之间完成交易决策和执行，交易速度远超散户交易者。然而，这种自动化交易模式对市场造成了巨大的影响，也引发了关于其对市场影响的广泛关注和讨论。

高频量化交易，顾名思义，是一种利用高度复杂的算法和数学模型，以极高的频率进行买卖交易的策略。高频量化交易者利用 T+0 交易模式，通过机器交易获取巨大的利益。其核心优势在于速度和效率，能够在毫秒之间完成交易决策和执行，交易速度远超散户交易者的速度。这种自动化交易能够在一秒内完成多次来回交易，对市场造成了巨大的影响。

然而，对于 T+0 交易是否利大于弊，意见分歧较大。在早期，高频交易者并不存在，而在股市波动增加后，其引发了市场关注。尤其对于之前的利好，呈现出了一根特别显著的大阴线。

有专家指出，高频量化交易的重要利润来源之一是流动性回扣，这是因为美国交易所采用全面做市商制度，由于其本身流动性不足，券商为了分散风险而形成的一种回扣。在做市商制度下，交易双方之间有不成文的规定，被动成交方会给予主动提供流动性的交易方一定的回扣，也称为流动性回扣。而在资金撮合模式下，流动性会有所不同。

此外，量化交易的复杂性也需要引起重视。在金融危机期间，量化对冲交易的风险显现，高频交易者也可能面临巨大的亏损风险，这对系统性风险产生了重大影响。

实际上，量化交易的存在对于普通散户而言，无异于一场"屠杀"。在机构市场中，量化交易与机构的博弈过程非常复杂。尽管在某些时候量化交易能够赚钱，一旦系统出现问题或崩盘，也可能会导致巨大的亏损。如果量化交易单方面操作，有时甚至会类似于庄家的行为，可以进行快速交易。然而，在庄家进行操作时，这种快速交易模式并不被允许。

在量化交易的模式下，涨停板敢死队模式也大幅减少。同时，私募基金的兴起也会导致散户逐渐减少。因此，对于量化交易的监管问题就显得尤为重要。

2023 年 8 月，在 A 股 IPO 申报情况持续下滑时，量化头部被巨罚。

据《中国基金报》报道，2023 年 8 月沪深交易所的 IPO 申报继续为零，核发批文数大幅减少，北京证券交易所（简称"北交所"）也仅剩两家企业申报获得批文，分别为云星宇和华兴股份，两家公司的募资规模也相对较小，分别为 3.77 亿元和 2.48 亿元。

此外，不仅 IPO 新受理数量下降，2023 年 8 月企业首次公开发行和企业首发上市的数量也进一步减少，分别比 7 月减少了 4 家、10 家和 4 家，降幅都超过 10%。与去年同期相比，2023 年 1—8 月的 IPO 批文、企业首次公开发行和企业首次上市数量分别减少了 34 家、33 家和 34 家。2023 年 1—8 月的 IPO 融资金额为 2954 亿元，较去年同期下降了 29%。同时，2023 年 1—7 月上市公司再融资额也比去年同期减少了 574 亿元。

当时中国 A 股市场受到了巨大的压力，但市场表现不能仅仅以点位来评判，因为股市的点位有时存在失真的情况。对市场的评判还应关注融资额和融资量等指标。

在这期间，量化交易领域也受到监管关注。量化交易的助涨助跌效应也在一定程度上加剧了市场的波动。上海证监局对头部量化公司进行了处罚，并要求其进行整改。此外，一些私募机构向证监会和中国证券投资基金协会提交了关于违规行为的举报信。尽管监管方面存在一些挑战，但市场和监管机构对量化投资的态度变得更加明确。

然而，量化交易的风险并未因此减少。2023年12月，一家总资金规模约30亿元的杭州量化机构跑路事件引发了市场广泛关注。多家信托公司也被波及，其中包括北京华软新动力私募管理基金和云南信托等。事件爆发后，业内人士纷纷表达对量化投资的担忧，指出这类基金存在较高的风险。

根据《第一财经》的报道，该私募机构被指责在杭州跑路，多家信托公司因涉及相关产品而遭受损失。其中，云南信托在回应中表示针对这一事件及相关公司个别信托型组合投资产品（TOF产品）合作方涉嫌违约的传闻，公司进行了严格的排查，并声称将维护投资者权益。然而，市场对于量化机构的信任度受到重创，一些机构在量化投资中"踩雷"。

量化投资具有较强的复杂性。由于量化策略涉及高频快速的交易，其收益率容易受到市场波动的影响。量化投资存在作假的可能性和系统性风险。在国际上，量化投资被普遍认为是最高风险的基金之一。因为量化投资往往采用大量的对冲来套利，但两笔交易对冲时，一方多空单，另一方一个空单，价格变化过大就可能会遭受巨额损失。

一些投资者对风险缺乏足够的认知。实际上，投资者还要注意穿仓损失和对手盘破产等概念。穿仓是指投资者在交易过程中因为市场波动等原因导致账户资金不足以支付亏损的情况。在量化投资中，由于交易频率高、交易量大，一旦出现穿仓情况，投资者的损失就可能会迅速扩大。因此，投资者应具备多方面的风险意识。

在2008年的金融危机中，美国的城堡基金就因为量化投资而亏损了55%。这一突发事件对市场造成了巨大的冲击，引发了对量化投资策略的再次审视。无论是投资者还是机构都开始重新评估对高风险投资的态度。

关于股票市场与证券市场中的量化交易的监管处罚问题一直备受关注。2024年2月20日深圳证券交易所（简称"深交所"）和上海证券交易所（简称"沪交所")分别开出了股票证券市场高频交易的罚单。

据财联社报道，2024年2月19日，深交所在上午9:30:00至9:30:42交易监控中发现了宁波灵均投资管理合伙企业（有限合伙）（简称"宁波灵均"）异常交易行为。宁波灵均名下的多个证券账户，在仅42秒的时间内，通过计算机程序自动生成交易指令，集中大量下单，卖出了深市股票，合计金额高达13.72亿元。沪交所在上午9:30:00至9:31:00交易监控中也发现宁波灵均在1分钟内将多个产品大量卖出，合计金额高达11.95亿元。这一行为导致了深圳证券交易所成份股价指数和上海证券综合指数的快速下挫，严重干扰了市场的正常交易秩序。

深交所根据《深圳证券交易所交易规则》第6.2条第（六）项规定，沪交所根据《上海证券交易所交易规则》第7.2条第（六）项规定，认定这一行为为异常交易行为。为此，深交所和沪交所迅速做出了反应，决定从2024年2月20日起至2024年2月22日止，对宁波灵均名下相关证券账户采取限制交易措施，禁止其在上述期间内买卖本所上市交易的所有股票。同时也启动了公开谴责纪律处分程序。

如何加强对量化私募的监管和公正严肃地进行处罚来保护投资者利益是市场的热门话题。值得注意的是，此次异常交易涉及的金额巨大，严重影响了正常交易秩序。但对其处罚并未涉及罚款，而限制交易和公开谴责的处罚措施也仅为预防性处罚，与以往庄家高频交易个股的高额处罚相比，处罚显得相对较轻。可以看出，市场的监管制度还存在一些不足，监管机构对于打击违规违法交易行为的力度还不够强大，难以发挥强烈的警示作用，对维护市场秩序未产生积极影响。

我国股票市场的改革也体现出了令人欣喜的变化。2023年9月1日，沪深交易所发布了《关于股票程序化交易报告工作有关事项的通知》和《关于加强程序化交易管理有关事项的通知》，建立起针对量化交易的专门报告制度和相应监管安排，于2023年10月9日正式实施，并于2024年2月20日宣布该制度平稳落地。同时，沪深交易所表示，下一步，将坚持以投资者为本，把维护公平性作为工作出发点和落脚点，借鉴国际监管实践，趋利避害，建立健全量化交易监管安排，包括严格落实报告制度，明确"先报告、后交易"的准入安排；加强量化交易行情授权管理，健全差异化收费机制；完善异常交易监测监控标准，加强异常交易和异常报撤单行为监管；加强对杠杆类量化产品的监测与规制，强化期现货联动监管。

但是股票市场在本质上是复杂多样的，需要更加严格和更加细致的监管。监管机构应加强对异常交易行为的监控和处罚力度，维护市场的公平、公正和透明。此外，还要进一步完善相关的法律法规和监管制度，为市场的健康稳定发展提供有力保障。

在面对量化交易逐渐成熟的市场时，投资者需要保持清醒的头脑，认清市场的风险。创业容易守业难，这句话同样适用于股市投资。需要认识到财富的获取不容易，并保持风险意识。在如此不确定的市场中，保守的投资策略可能更为明智。监管部门应密切关注高频量化交易，制定更为严格和有效的监管措施，以确保市场的公平性和稳定性。

3. 我国量化投资：从天堂到震荡

量化投资作为一种先进的投资策略，在全球范围内得到了迅速发展。它依赖于复杂的数学模型和算法，通过对历史数据的分析，来预测市场走势并作出投资决策。

然而，近年来，中国对量化基金的交易进行了限制，尤其是在开盘几十秒内，交易量就可达到整个大盘的一半。这是由于量化基金采用高频、快速的交易策略，对大盘造成了巨大的压力。这种交易方式虽然在一定程度上提高了市场的效率，但也加剧了市场的波动性，甚至影响了市场的公平。

以前，在中国市场上，量化基金几乎被视为一种所谓的"只赚不赔"的投资神器。然而，2024年2月以来，量化投资却遭遇了前所未有的"巨震"。根据《中国基金报》的报道，市场上传闻量化巨头产品清盘、自营巨亏、

DMA[1]欠款等，这些传闻引发了市场的广泛关注和投资者的恐慌。业内人士分析，这样的传言并非空穴来风，而是源于节前量化私募产品遭遇集体的大幅回撤，尤其是 DMA 产品的波动更是加剧了市场的担忧。

在中国，量化投资曾一度被视为一种所谓的"无风险套利"的投资方式。然而，随着市场的发展和监管力度的加强，量化投资在中国也将面临越来越多的挑战和风险。

流动性危机被列为中国股市面临的真正问题之一。在中国金融市场上，流动性相对紧张是一个长期存在的问题。尽管央行不断向市场释放流动性，但由于严格限制银行资金进入股市，导致了股市和楼市的流动性紧张。这种流动性紧张的状况不仅影响了市场的整体走势，也对量化基金的交易造成了很大的困扰。由于融资和融券的成本不对等，量化投资更倾向于进行融券交易。然而，在 T+0 的交易制度下，这种交易方式虽然具有巨大的流动性优势，但也加剧了市场的波动性。

此外，量化投资的高频交易和交易策略趋同也是导致大额亏损的重要因素之一。在中国金融市场上，由于投资者结构和市场环境的特殊性，量化投资的高频交易策略经常伴随市场的跟风效应。当大量量化基金采用相似的交易策略时，市场的波动性就会加剧，从而导致投资亏损的风险增加。

除了市场环境和交易策略的因素，中国金融市场的制度性限制也是造成量化投资大额亏损的重要原因。与国外市场相比，中国严禁银行信贷资金违规进入股市，这在一定程度上使得中国股市的流动性更加紧张。同时，中国做市商制度尚处于起步阶段，使得量化机构在面对市场波动时缺乏足够的抵抗者，从而加剧了投资亏损的风险。

综上所述，量化投资在中国经历了从天堂到震荡的转变。这一转变是中国金融市场特定的制度环境和市场结构共同作用的结果。流动性紧张、融资融券成本不对等、高频交易和策略趋同以及制度性限制等因素共同作用，使得量化投资在中国面临着前所未有的挑战。未来，随着市场环境的不断变化

---

[1] DMA：一种私募基金通过券商获得的资金配置服务。

和监管政策的逐步完善，量化投资在中国的发展将需要更加谨慎和稳健的策略才能应对各种挑战和风险。

4. A股的价值投资猴市与量化波动率的牛市

许多投资者都渴望成为价值投资者。然而，他们逐渐发现，价值投资者很难做。这是因为股市的点位难以持续上涨，即便有所涨幅，涨幅也很有限，股市的波动性却异常剧烈。

首先，我们观察到 A 股市场的指数表现相对平稳，但涨幅有限且伴随着高频率的波动。这种市场特性使得投资者很难捉摸市场的整体趋势。在传统的股市中，通常会出现明显的牛市和熊市两种状态。然而，在当前的市场环境下，大盘的涨跌幅度均趋于平缓，这使我们很难简单地将市场界定为熊市。特别是像我国这样融资规模庞大的市场，尽管 IPO 融资遇到了一些挑战，但中国公司的融资规模在过去甚至曾经冠绝全球。因此，与传统的牛市和熊市相比，现在的市场更像是一个"猴市"和"鹿市"，上下波动频繁，让投资者难以判断市场的整体走势。

其中一个关键因素是量化交易的兴起。量化交易以其高频率的操作，像鹿一样快速来回奔跑，在市场中寻找短期的交易机会。与价值投资的长期持有策略形成了鲜明对比。量化交易的高频率交易量在市场中占据了重要地位，使得市场更倾向于牛市状态，尤其是在波动率上升的情况下，量化交易可以获得更多利润。

量化交易也称量化对冲，在西方，被称为期权对冲。期权对冲的核心在于波动率，通过买卖一对期权，投资者可以赚取市场波动带来的利润。这种策略使得投资者能够在市场波动中寻找机会，获得相对稳定的回报。

需要注意的是，融券为市场提供了流动性，如果进行对冲操作，就可能需要融券。在中国市场中，融资和融券的利率存在不对等的情况，融券的成本较低，而融资成本较高。这种利率不对等的情况导致了市场更倾向于缓慢下降的走势。因为融券的低成本和波动率的增加使得市场更适合量化交易。

其次，中国公司对分红的要求相对较高，这也影响了融券市场的发展。因为分红会提高融券的成本，而所有在意分红的股票通常都是用于市值融券的股票。当公司在高速增长阶段且无人融券时，它就不会选择分红；而当有人融券时，公司则更愿意选择分红。这种分红与融券的相互关系进一步影响了市场的走势和投资者的策略选择。

总而言之，当前 A 股市场呈现出"猴市"和"鹿市"的特点，市场波动频繁，量化交易日益盛行。对于价值投资者来说，这种市场环境无疑带来了巨大的挑战。因此，我们需要深入理解为什么波动率能成为市场的驱动力以及融券的优势所在。同时，我们也需要关注市场结构和制度性因素对投资者行为和市场走势的影响。只有这样，我们才能更好地应对市场的挑战，制定出适应当前市场环境的投资策略。

五、美国游戏驿站是散户碾轧空头？
——是交易所和平台的大佬博弈

2021 年，美国股市出现了一件大事，一直是被当作韭菜的散户在美国围剿了大空头。我经过仔细分析发现，这背后是金融大鳄、交易所与网络平台新势力的博弈，也就是幕后的大佬博弈。

为何能呈现出如此狂热之势？其背后究竟隐藏着何种深层次的原因？实际上，诸多内在的逻辑与因素仍需我们细致审视与剖析。美国散户已经只有 5% 了，是根本不能成为大鳄的对手盘的。大鳄做空的是谁？市场机制为何失效？真正的力量在哪里？未来走向如何？所有这些，都要透过现象看本质，要从理论的高度来理解。下面我们抽丝剥茧地来分析一下。

1. 大戏开锣，空方大鳄离场

首先看事情发展的大致过程，从事实出发，再到理论认识。

2021 年无疑是一个转折之年，游戏驿站（Gamestop，GME）的疯狂程度，让著名做空机构香橼（Citron）都缴械投降。2021 年 1 月 4 日游戏驿站股价尚为 17 美元，而到 1 月 27 日，竟以 347 美元的高价收盘，短短一个月内暴涨了近 20 倍！我们看到的现象是散户带头，1 月 22 日，以社交媒体红迪（Reddit）上一个名为"华尔街投注"（WallStreetBets）的子论坛为中心，实现了从"韭菜"到主角的华丽逆袭。载于《华尔街见闻》的文章中写到，香橼创始人安德鲁·莱福特（Andrew Left）声称一年不到股价涨了 30 倍的这只游戏股实际上只值 20 美元，相当于不到当前股价的三分之一，而被华尔街投注上的散户们群起而攻，甚至遭受了网络暴力的波及。香橼官方社交媒体账号也被黑客攻击，被迫另开新号。

这个现象让全球沸腾：

以往，被机构吊打、相互算计的散户，竟然团结了起来，他们互相打气，号召大家团结做多，只要他们一条心，就可以逼退空头。

于是，为了赚钱，更是为了尊严，散户们开始了第一次针对机构的报复行动。

1月22日（周五），游戏驿站开盘：

1小时，股价拉升了5%；

2小时，股价突破了10%；

3小时，股价爆拉，突破40%；

4小时，股价达到高潮，突破70%；股价突破70美元（图1-3）。

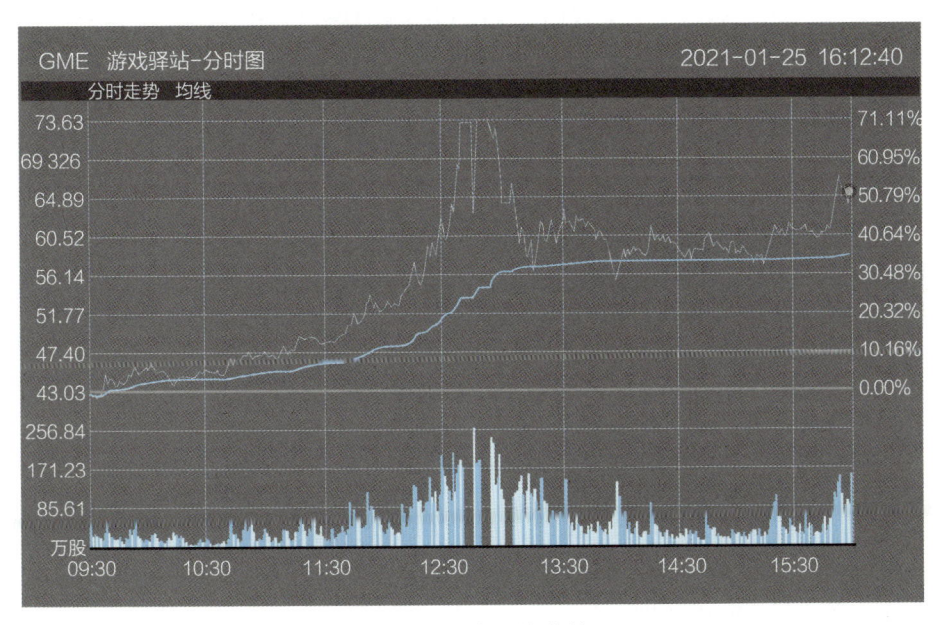

图 1-3　游戏驿站走势图

机构大佬不断爆仓，博弈的结果是让做空的机构损失了约70亿美元。几家基金被血洗。大名鼎鼎的香橼投降，黯然离场；Point72（对冲基金）7.5亿美元和Citadel（对冲基金）20亿美元，几乎殆尽；Melvin（千亿美元资产的明星对冲基金）直接爆仓，濒临破产。纽约证券交易所多次熔断。

如此损失，在这场博弈中，空方大鳄已经彻底失败出局。但事情的影响才刚刚开始，博弈还远未结束，下面的博弈更加激烈。

2. 交易所的风险与腾挪

很多人对于交易所一直有一个误区，即认为交易所只赚不赔，认为它们只是从交易中抽取佣金。然而，很多交易所因经营不善而破产，有的甚至沦为诈骗或卷款逃跑丑闻的主角。事实上，交易所的运营同样伴随着风险。

如果散户在游戏驿站股票上持续逼空，Citadel、Point72等机构的伤亡必然会更加惨重，甚至是破产和穿仓。这就意味着，你的期权和期货仓单，一旦亏损殆尽导致破产，虽然理论上你承担的是有限责任，但若资产耗尽，实际结果却与无限责任无异。但这些仓单继续下跌，后续的损失将由谁来承担？仓单的对手盘是不平仓，而要看涨赚钱，仓单的亏损，实际损失将最终落在经纪人和交易所的肩上。因为实际在交易所进行交易的是经纪人，继续损失，经纪人要给交易所或者与自己赢利的其他仓单对冲，经纪人给不起交易所，但交易所仍需要向赢利的经纪人和客户支付，而经纪人自己也需要为其经纪的其他赢利客户进行对冲。但对于已经亏损殆尽的仓单，这部分损失该由谁来承担呢？只能是经纪人和交易所来自掏腰包。所以下面的博弈，券商、经纪人和交易所就已经变成了对手方。

若交易所、券商、经纪人无法有效平仓止损，那么停止亏损的方法，就是让游戏驿站、AMC院线等股票停止上涨。所以交易所、券商和经纪人为了避免被席卷或破产，就必然要参与到限制交易等行为中。因此，华尔街采取了一种近乎无赖的策略。

游戏驿站以及相关股票交易被限制；各种平台的相关股票群也被禁止。

美国最大的券商，盈透证券对期权交易进行了清算，而且将做多保证金提高至100%，做空保证金提高至300%，远超中国2015年中金所的20%、

40%的幅度。更为关键的是，盈透证券此举旨在希望价格下行时，同时也通过增加做空与做多的仓位来保持市场的双向流动性。当年中金所的行为，是股价暴跌希望降低佣金鼓励做多，但增加做空仓位的幅度有限，为做空者找到了对手盘。对比美国券商的措施，可以看出中金所在股指期货市场上对做空行为的限制政策显得较为稚嫩。

盈透证券创始人声称限制交易和做空得到了美国证券监管和经纪人的同意。

我们可以看到，这一次爆仓的梅尔文资本、持有游戏驿站空头仓位的对冲基金Citadel、Point72都是券商罗宾汉的大客户，为其贡献了源源不断的收益。而Citadel还是罗宾汉的重要投资人，且承诺后续将继续增资入股。鉴于此，券商已经深陷其中，一旦发生穿仓事件，将对券商和交易所构成巨大压力，于是便有了罗宾汉、盈透证券等券商集体限制买入这些股票的戏码。其实，2021年以来，在做空的游戏中亏损的华尔街机构远不止上述3家。据多家主流媒体报道，罗宾汉正计划从现有投资者处筹集超过10亿美元，以确保能够继续允许用户交易游戏驿站和AMC等被严重做空的股票。这实际上也反映了券商在面对可能的穿仓损失时，急需进行紧急融资的迫切需求。

如图1-4所示，在券商、交易所限制游戏驿站等股票交易以后，股价出现明显下跌。这个能暂时地掉下来，其实非常关键。一次的下跌，就为交易所和券商提供了一次平仓爆仓金融衍生品的机会。即便以后股票价格上涨，但交易所的风险释放工作已经完成。

针对游戏驿站，前面做空的大机构爆仓，难以平仓的穿仓损失，是需要交易所承担的。所以后来交易所改变规则，不计公开交易，持有者只让卖不让买，那么到底是谁在买入呢？实际上买入的是交易所的平仓盘。这就意味着，交易所为自己保留了交易的通道，以便进行风险对冲。在这个时期，其他人都不能买入，只有交易所可以购入股票来平仓，从而降低风险。当交易再次放开时，其实不是散户的力量，而是交易所平仓完成。对于美国"散户"的"复仇"，交易所使用"删代码、拔网线"的手段，使得美国散户们只能卖出，不能买入，引发舆情沸腾。而后来市场全面开放，其背后就是给

图 1-4　游戏驿站当日股价

了交易所平仓的窗口期。

我们可以回顾一下保时捷公司试图收购大众汽车公司的案例。保时捷公司在那次交易中也涉及了期权操作，并引发了逼空，最后德国的著名富豪破产自杀。后来在各种压力协调之下，最后保时捷公司释放了一些期权，保证了穿仓下交易所不崩盘。否则，交易所势必要修改规则以应对此类危机。中国当年交易所改规则事件同样复杂多变。

2020年，在中国银行原油宝事件中，投资者不仅亏损了全部本金，原本还可能面临数倍于本金的损失赔偿。国家及时进行干预，最终这些损失均由中国银行承担。美国的金融机构多是分散的有限责任的小金融公司且需在各州注册并不许跨州经营，这样的设置有助于隔离和分散风险。而中国的银行通常在全国范围内运营，并且金融牌照相对集中。

回望2020年的原油宝事件，油价受疫情影响，出现了暴跌。在这一背景下，美国大量做多的投资者遭遇了爆仓，而穿仓难以平仓的损失最终都转嫁给了交易所。为了对冲这些损失，交易所本需要通过做空来平仓，但当

第一章
股票定价与股指期货理论

时做空的价格到零为止，还不足以弥补这个损失。于是，他们将价格改为了负值。

游戏驿站以及相关股票，在做空大鳄爆仓离场以后，股价继续上涨，交易所难以平仓，成为损失风险的承担者。因此，在多空博弈参与者中，实际上做空的一方已不是大鳄，而是交易所参与了其中。若交易所爆仓，美国的整个交易市场将面临崩溃的风险，美国的监管机构不会为了揽权的局部利益而出台类似"38号文"[1]的政策，将依据各州法律合法设立的交易所、交易市场定性为非法或欺诈性机构。因为一旦交易所和交易市场崩盘，美国在市场经济中的地位就会受到威胁。

3. 游戏驿站做空大鳄本元是针对谁

游戏驿站的多空大决战，做空的对手盘是谁？实际上仅仅是我们看见的散户吗？我们在舆论上看到的是各路散户的狂欢，比如某散户晒出来用自己5万美元，赚到了1000多万美元，引发了围观。

5万美元的看涨期权，变成了1117万美元，赢利22 240%！业内人士分析，此次散户的集体逼空行动空前绝后。他们除了买入大量股票推高股价外，还买入大量的看涨期权。同时，利用高杠杆期权获得的暴利，再反手买回股票，继续推动股价拉升。

看着这个账单非常惊艳，但在讨论统计数据和探讨概率的时候仅仅举出个别例子，这种做法实属不负责任。那么，到底比例是多少呢？根据金融数据分析公司奥泰克斯（Ortex）的数据，仅在2021年1月，对冲基金的空头头寸损失约为708.7亿美元。再加上看跌期权和其他衍生工具，实际损失无疑更大。所以在这场博弈中，即便是那位引领散户的"带头大哥"，实际的盈利也只不过是总盈亏的约万分之一。

我们其实还忽略了一点，如果所谓的"散户围殴做空大鳄"成立，那

---

[1]《国务院关于清理整顿各类交易场所切实防范金融风险的决定》（国发〔2011〕38号）。

么还有一个重要的逻辑前提，便是公司的董事会、大股东和一致行为人的支持。且不说他们是否会抛售股票，因为抛售股票可能会有所限制，他们还有另一项强有力的手段，那就是再融资。当散户把股价炒高后，公司若此时进行增发，后果会如何？增发的股票一旦发行，便可以立即行权。即便原有股东享有配售权，期权同步增加，但若增发价格被设定得极高，那又会是怎样的局面？这里我们忽略了大股东的角色，而且美国还存在合法的"庄家"做市商。

众所周知，美国的散户只有约5%，美国的散户较少，那些所谓著名的做空机构，若将做空对手锁定为散户，这区区5%的散户规模简直是杯水车薪。因此任何一个机构在美国市场策划他们的做空方案时，都不可能以散户为做空的对象。

审视数据不难发现，游戏驿站的空头持仓量确实不少，慧甚（FactSet）的数据显示游戏驿站的空头净额是股票流通量的138%。而在"散户"尚未集结成势之前，这些空头的对手盘究竟何在？实际上，这一情形与当年保时捷秘密收购大众期权类似。散户们在前冲锋陷阵，其背后必然隐藏着某些大佬的身影，他们才是这场游戏真正的幕后推手。

所以，当深入剖析美国金融市场的各方势力和参与者后，便知道，在美国，没有散户可作为"韭菜"供收割。他们做空所针对的对象，实际上是大股东和做市商。而一般的大股东和做市商也确实是没有做空的金融大鳄有实力，这一次做空资本显然是失算了，最终遭到了市场的反击。

仔细审视之下，游戏驿站迎来了新的控制人，其背后应当还有新的做市商和新的资本势力进入，与做空大鳄进行了博弈。根据公开的信息，游戏驿站换了首席执行官（CEO），新任CEO原为宠物用品网站Chewy的高层公司，财务状况也暂时得到了保障。这个公开消息有意低调，因此利好是不容易被挖掘的。新势力进入要抬高股价，而红迪网友们则在无形中为做市商和大股东提供了掩护，助力他们抬升股价。

现在我们普通的坐庄叫作恶庄，而美国的做市商制度，被叫作善庄。另外，大股东炒高股价，我们叫作妖股，而美国叫作市值管理。

游戏驿站从 3 美元多，用一年时间飙升至 20 多美元，实际已上涨 7 倍左右。2021 年 1 月 12 日，游戏驿站股价接近 20 美元，这时 DFV[1] 持有的游戏驿站股票在过去一年里已大幅增值，总价值达到了 300 万美元，并且他还持有价值 100 多万美元的 1 月 15 日到期、行权价为 20 美元的看涨期权。换一个角度，这样的涨幅确实堪称"妖股"，这也就是做空机构看上它的原因。

大股东和做市商的行为，实际上受到诸多限制；但能够发动所谓的"散户"，以"散户"行为作为掩护，便能在很大程度上遮蔽大股东的真实动作。散户的行为在某种意义上是不受限制的，是自由的。思考中国的坐庄，现在的一致行动人，不是由庄家直接控制，而是庄家通过平台间接控制。因此这个行为并非散户行动，而是做市商与大股东为一方，与另一方做空的大鳄之间的较量。在随后的局势变化中，大股东和做市商寻得网络平台的支持，导致做空大鳄出局，交易所风险因此无法释放，交易所也就成为参与博弈的一方。如今，这场博弈已升级为网络平台与交易所之间的对决。

4. 网络平台的统治力量

在华尔街的常规情形下，做空大鳄都要比单只股票的做市商和大股东有更强大的力量。原因在于，华尔街是大鳄的华尔街，大鳄是核心力量，对做市商和大股东而言，他们的统治地位无法与人鳄相比，且他们还受到诸多限制。因为美国金融市场，部分大股东和做市商的背景是海外资本，这使他们在操作上都面临着更多的复杂性和局限性。

这一次为何大股东和做市商能击败空方大鳄，同时又给交易带来了巨大的压力呢？这背后原因，除了如当年保时捷收购大众那样的在暗中进行了充分准备，还有一个关键，就是平台的力量！当前，我们正在立法以限制平台的无序扩张，因为平台的力量过于巨大，不仅可以提供公共服务，还能呈现

---

[1] DFV 为一名前金融分析师，以昵称在论坛上长期分享自己的投资逻辑和持仓动态，吸引了大量关注。

出网络政权、虚拟世界政权的性质。在信息爆炸的今天，这个信息世界、虚拟世界，实际上就已经具备了王者的力量。

彭博社数据显示，2021年1月初，除交易所外，罗宾汉（Robinhood）等券商App的散户交易量，为2008年来首次超过了纽交所和纳斯达克等地的机构交易量。这就意味着平台控制的"散户"力量，几乎能与机构并驾齐驱，在这些平台发挥力量，将参与者变成一致行动人，平台则成为虚拟世界的统治者。平台让散户成为比大鳄更大的巨鳄（图1-5）。

散户

平台控制的数户（巨鳄）

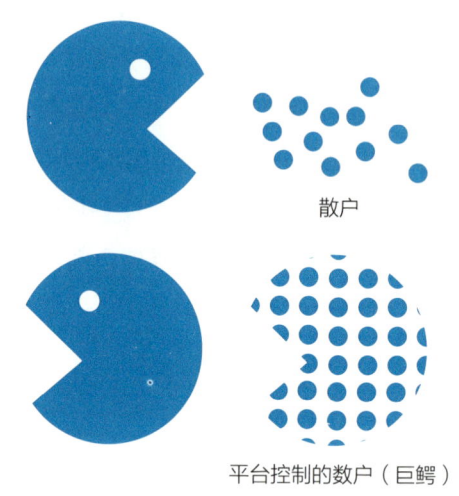

图 1-5 平台、散户与巨鳄的关系

在平台的巨大力量之下，我们同样需关注监管部门的表态。在美股盘中，美国证券交易委员会在一份声明中明确表示：正密切关注近期出现的极端市场波动性，将对限制交易能力的实体行为进行审查，一旦发现实体存在违法行为，将采取行动保护散户投资者，以维持市场的公平原则。这与之前盈透证券创始人所称的其限制交易行为已获监管部门同意的说法形成了鲜明对比。有分析认为，美国证券交易委员会的此番表态，可能会被WSB[1]成员和其他散户解读为利好消息，从而进一步做多游戏驿站等股票进行逼空。

---

[1] 美国知名散户论坛 WallStreeBets 的简称。

Ortex 数据显示，截至美国时间 2021 年 1 月 28 日，超过 5000 家美国投资公司存在亏损的空头头寸。

美国监管部门的态度显然受到了舆论压力的影响，同时，在前面限制交易的窗口期，交易所的风险已经得到了较大程度的释放。在一定程度上来说，美国需要灯塔，需要展现出更为文明和稳健的市场形象。

随着市场形势的变化，博弈格局也再度变化。交易所风险释放后，其角色又转变为中立方和交易的撮合者。经过本轮多空对决以后，该股票必然会被重新估值。为了新的估值，多空双方重新站队。原来做空的机构可能会更多，而原来看多者可能会获利了结，也可能判断很多人选择获利了结而转向看空。多空双方重新变化，重新组合，又形成了新的市场格局。

5. 价格曲线的扭曲和理论改变

为何会出现暴涨逼空的现象？金融现象背后的理论机制是什么呢？其实，背后是市场理论的失效。以往的市场理论，是价格越高，供给越多，而需求越小，所以市场可以很快达到价格均衡，有一个价格均衡点。

然而，对价值理论、供需曲线的均衡理论，在 20 世纪 70 年代的石油交易里面，就出现了供需曲线的后弯。在供需曲线的扭曲之下，交易机制、均衡理论都发生了改变，这一点在《定价权》一书中有所论述。

在股票和期权交易中，供需曲线往往极为扭曲。在股票逼空的时候，价格暴涨，供给的股票却很有限，供给曲线呈下跌走向；相反，需求却暴涨，产生了大量的投机性需求。因此供需曲线，不再是单调的上升或者下降曲线，而是一个复杂的曲线。

同时，我们也应当看到期权对供需曲线的影响。由于价格的暴涨，以前不会行权的期权开始行权，带来需求的暴增。尤其是在空头爆仓以后，平仓和行权会带来进一步的需求，也将进一步加剧扭曲的趋势。供需曲线的扭曲，意味着曲线不是一个交点，对应到经济模型，就是供需关系不再处于一个均衡点上。同时，以前的杠杆率有限，期权期指的杠杆率是巨大的，所以在期权期指的放大之下，价格的趋势性改变，就会变得特别剧烈。

在期权期指模式下，一旦股票的价格形成了某种均衡点，并且该股票足够热门，就会围绕这个均衡点出现大量的看多和看空的期权期指等金融衍生品，衍生品的交易成为主流和均衡以后，股票的涨跌相对于金融衍生品的损益就显得不那么重要了。例如，游戏驿站的散户会买入股票维持股价，从而使他们持有的大量金融衍生品能够赢利而不亏损。而期权的卖出者，更需要控制股价，以确保自己的利益。因此股价会稳定在均衡点附近，形成类似量子力学里面的能带。而股价一旦变化，就是衍生品的失衡和巨大的损益，价格会快速跃迁到另外的均衡点上，并再度通过金融衍生品的套期而稳定。这与量子的跃迁是类似的。因此我们将其称为量跃模型。

市场的机制，能够通过市场交易进行调节和平衡。当交易无法达成平衡时，实际上反映的是市场机制的失效，"看不见的手"已无法有效调节，此时就需要"看得见的手"来进行干预和调节。

在期权和做空的交易下，股票的交割不可或缺。前面提到石油结算价格出现负值，以及美国 QE 常态化之下，黄金未曾暴涨，其实都是市场限制交割的结果。在美国，即使是运送 1000 克黄金，也需要进行各种申报；入境携带黄金，也受到限制。而这种对黄金做出人为限制的，已经不再是市场的手。

如今，市场不仅引入了做空机制，关键是虚拟交易已经远远超过了实体交易。期权期指等金融衍生品虚拟交易主导着市场。面对这样的变化，我们该如何考虑市场供需模型？又有哪些新的发展值得我们关注呢？如果仍然坚持老思维，就算是美国的华尔街金融大鳄，也可能会遭遇失败。

6. 游戏驿站价值重估的蓝海逻辑

交易所平仓等风险获得释放之后，且在多空对决开始之前，交易所的行为也承受了来自平台舆论的巨大压力。平台的力量也由舆论掌握着，而舆论是无冕之王。因此，随后美国散户买入游戏驿站、AMC 等股票的限制基本都被解除。开盘前，WSB 社区的美股散户高呼：准备就绪，只待买入！美股开盘后，市场资金火力全开，强势扫货了游戏驿站、AMC 等个股，迅速收复了前一交易日的跌幅。盘中触发熔断，截至收盘，游戏驿站大涨 67.9%，AMC 涨超 53.6%。

我认为，这一次重新开盘的暴涨，游戏驿站已经脱胎换骨，完成了价值的重估。现在该股处于价值重估状态，尽管市场对它的价值存在巨大分歧，但我认为，其股票价值已实现了大幅增长。要认识这一价值增长，我们就必须在虚拟世界的新逻辑下进行分析。

此前，游戏驿站是一家游戏零售商。在科技发达、人人通网的情况下，越来越少的人会去实体店购买实体游戏，导致过去几年，大多数人对游戏驿站并不看好。其股价从 2016 年的 28 美元一路跌到 2019 年底的 3 美元多，并且一直没有起色。它的估值，完全呈现传统的走衰模式。而现在，游戏驿站则进入新的网络眼球经济估值模式，不同的模式下，它已从红海到了蓝海。

此前安德鲁·莱福特在其看空论述中，还提出了以下主要观点：

（1）虽然游戏驿站的放空利息高，但"没有出现轧空的情况"，因为仍有大量游戏驿站股票可供借来做空。

（2）虽然游戏驿站 2020 年 12 月实体销售同比增长 23%，但整体营收销售下降了 9%，表明游戏驿站的市场份额正在输给竞争者，比如沃尔玛和亚马逊等。

（3）游戏驿站估值太贵，股价是远期税息折旧及摊销前利润（EBITDA）的 40 倍。

（4）推特（Twitter）散户正在推动游戏驿站股价非理性上涨，导致股价的高估值。

（5）游戏驿站的债务超过 10 亿美元，可能会出售股票以减少债务，从而稀释了股东股权。

总体来看，这 5 个观点主要还是围绕游戏驿站估值过高，该股票处于传统模式的红海逻辑展开论述的。虽然有人提出，相比浑水公司（Muddy Waters Research）做空瑞幸咖啡时所指的"欺诈问题"，这些理由似乎略显薄弱。但这样的比较其实并不恰当，因为瑞幸当时的估值是基于蓝海模式进行的。

另有分析师对游戏驿站的估值表示：仅就短期而言似乎没什么因素能支撑游戏驿站当前的股价飙升。有分析指出，还没有看到足够的证据证明其"有理由"从 2020 年 9 月的 5 美元上涨到 2021 年 1 月 22 日的 60 多美元。

所有的看空者，对游戏驿站的看法，还似乎都仍然停留在过去的老观念上，这种刻舟求剑的态度显然已经跟不上市场的变化。

多方则认为，看涨游戏驿站主要是基于这样一个预期：宠物用品网站 Chewy 的联合创始人莱恩·科恩（Ryan Cohen）已被证实将担任游戏驿站的首席执行官，这将帮助公司从业绩下降的零售商，迅速转型为主要电子商务参与者。这种看法，将传统的红海逻辑，变成了高估值的蓝海逻辑。

对游戏驿站为何变成了蓝海逻辑，我在此简单说明：在网络时代，关注度和流量是问题的关键。经过这次的多空博弈，游戏驿站股票吸引了全世界关注，几乎所有投资者都将其纳入了自己的自选股收藏中。试想，一个股票能够让几乎所有的投资者放到自己的股票自选里面，那么这个股票应当值多少？在当前的网络投资环境中，尽管存在亏损与资金消耗的现象，也有可能通过上市实现天价估值。此外，近期新兴的逻辑也表明，所谓的"PPT 造车企业"，其股价也能飞速上涨。

"PPT 造车企业"能够在没有实际产品的情况下实现股价飞涨，关键在于它们得到了股民和投资者的关注。既然"PPT 造车企业"可以凭借关注度高企而获得高估值，那么拥有众多玩家粉丝基础，且在本次多空博弈中吸引了全球眼球的游戏驿站，其估值前景无疑也会更为乐观。

此外，还有一个关键，在交易所和量跃模型中，我们曾指出，对于股票的定价，不同的均衡点，会被大量的期权期指所固定。想要打破这个估值的平衡非常不容易。对游戏驿站这只股票而言，目前市场上存在大量的期权期指，它们很快就会将估值锁定在一个相对稳定的范围内。实体的股价会变得不重要，重要的是金融衍生品期权期指的损益。

我于 2015 年在和讯网中发表的《交易所风险与量跃模型》一文中，对期权锁定估值的模型以及交易所风险进行了分析。

7. 数字泡沫新玩法

很多人会质疑，高估值如何能转化为实际收益？游戏驿站若无利润，又何以赢利？其实这个说法并没有与时俱进。

面对如此的高估值，以传统的方式卖出股票和增发，均会造成股价的暴跌和估值模型的破裂，因此很多人将其称作泡沫。在中国的经济领域，普遍的认识是有泡沫，要戳破。

但我要指出，在当前的网络时代，泡沫的规则发生了改变，泡沫并非一定要破裂，而是可以"硬化"的。我们看到蓝海出现时，其高估值往往能够持续，并不破裂。而红海出现时，其估值则难以提升，即便是在 QE 常态化，大量的印钞 QE 和零利率甚至负利率的情况下，货币的数量激增，货币成本大幅降低，但红海市场的股票估值依然处于 10 倍市盈率及以下，与利率相比，原有的利率与股价的估值模型就会彻底失效。

如今，在数字泡沫的运作方式中虚拟经济交易学已成为核心。关键在于如何制造虚拟泡沫，制造虚拟价值，然后将虚拟价值与实体价值交换，把泡沫填实或者硬化，从而取得财富，而不是戳破泡沫。

游戏驿站的高估值，无疑会吸引那些寻求财富交换的人，他们可能会注入优良资产。试想一下，如果有一项可以赚钱的创新项目，他们会愿意把项目注入到哪里呢？显然，市盈率高，股票被关注，估值很高的公司是首选。注入这样的公司进行交易或合作，其价值是可以得到保障的。每个人都希望自己的项目能获得更高的估值。如果你将项目注入一个估值 10 倍的企业，那么你的项目估值就会提升至 10 倍；若你注入一个估值 100 倍的企业，即便你的估值不能完全达到 100 倍，但也可能达到三四十倍，选择自然也就发生了。

像游戏驿站这类股票，只要受到了关注和追捧，下面就会有人愿意把好项目注入其中，以此换取高估值。所以，我们就可以看到这样的报道：分析人士表示，游戏驿站将在未来 12~18 个月内投资数十亿美元，在此情形下，游戏驿站当前价值可能被严重低估。这正是我所说的数字泡沫的运作方法。通过演示文稿展示的高估值，让相关项目注入进来，即便现在没有实物，但未来泡沫被填实硬化，那么一切就都会有的。

因此，市场上红海和蓝海的分化，便是因为，红海是传统的估值逻辑，且正被网络创新打击，估值不高并存在损失市场的风险，与看空游戏驿站的金融大鳄逻辑相同；而蓝海逻辑，是数字泡沫换取资产财富再硬化逻辑，当前网络平台，网络资本皆是此逻辑，它们也是美国的核心势力。

对游戏驿站，新上任的首席执行官在网络领域具有优势，可能意味着新进入的势力已经储备了优质项目。游戏本身就处于传统和信息电商之间，因此完全可以从红海逻辑跳到蓝海逻辑。

所以，问题的核心在于：在虚拟经济下，新的理论和新的势力正在崛起。网络资本、网络平台等势力逐渐取代了传统金融、做空大鳄的势力。所谓的散户群殴大鳄，只不过是动用了大量的群众演员而已，在核心势力的较量当中，从来就不缺围观群众。

8. 后续

2021 年 2 月 8 日，游戏驿站的价格变为 60 多美元，仅是原价的五分之一，但也第一次得到了上涨。而这场运动的"带头大哥"凯斯·基尔（Keith Gill）则遭到了监管的调查。在美国，金融大鳄依然掌握着监管这把利剑，而网络平台在金融监管层面还没有足够的权力，所以获利了结就是必然的。

与此形成鲜明对比的是，《华尔街日报》（*The Wall Street Journal*）报道，Senvest Management[1] 旗下基金资管规模狂飙 7 亿美元。另外，摩根士丹利旗下基金持有游戏驿站股票市值暴涨逾 1 亿美元，值得一提的是，该基金在去

---

[1] Senvest Management：一家股权类对冲基金，由 Richard Mashaal 于 1997 年创立，总部位于纽约。

年就押中了游戏驿站。

浑水公司创始人卡森·布洛克（Carson Block）在接受彭博社采访时提到，游戏驿站等个股的股价抛物线走势显示，这并不像是美国散户大本营 WSB 社区上的散户所为，反而更像是部分对冲基金针对其他对冲基金的轧空，并且存在几家对冲基金联手的可能。

彭博社对此评论称，如果卡森·布洛克是对的，那么这场看起来像是散户创造了历史的行为，事实上只是各大对冲基金内部混战的烟幕弹。

不过即使是到 60 美元，或者以后站到 20 美元，相对原来的 3 美元，这样的价格对大股东来说依然是巨大的成功，体现了股票重新估值的逻辑。

美国为何要对逼空行为进行严格的监管？原因就在于，如果逼空成功，将会造成金融衍生品的杠杆塌陷。市场都以实物交易为主，那么在金融衍生品市场上的大量货币，就将需要释放到其他市场。美国一直推行的是"脱实向虚"的金融策略，以使更多的美元不引发通胀。如果多发行的美元大量流入实体经济领域，美元的通胀将难以控制，这将损害美国的根本利益！

无论如何，美国的这一次逼空对后续市场心态造成了巨大的影响。美国金融体系中充斥着高杠杆的金融衍生品，已经蕴藏了巨大的风险和危机，随时都可能爆发，而逼空事件仅仅是危机中的冰山一角。

CHAPTER 2

第二章

股市理性评论与思考 [1]

---

[1] 我将对 2021—2024 年股市、债市和楼市的相关评论进行分析整理，按评论的逻辑排序编辑，写成了本章。

一、反对融券、转融通与做空

1. 做多和做空是不对等的

2015年我们的股市经历了一场严重的下跌，公安部进场严查恶意做空的现象。很多人并不理解政府对做空的态度，做空与做多是不一样的，全球都是如此，并不是我们单方面妖魔化做空者，问题的关键在于，很多人对于做多和做空的理解有误。

我们设计期权交易的时候，在期权市场是在交割的时候通过空头和多头进行结算的，空头和多头的增减永远是对等的，因此很多人说期权市场是一种"零和博弈"，做多和做空是一样的，但这仅仅是将期权市场孤立来看的情况。事实上，期权的多方和空方的盈亏交割要依据现货市场指数的高低，它是与现货市场紧密相连的，是与现货市场交换利益的。我们的股票价格指数期货（股指期货）的主要作用就是套期保值，是与现货市场对冲的，因此考虑做多和做空是否对等，就必须把现货市场的情况加以考虑。

如果我们只考虑现货市场的财富，问题就完全不同了。就资本市场总体来看，我们做多股票，让市场的总市值增加了10万亿元，就意味着这多出来的财富是可以让每一个在市场当中的投资者得利的；反之如果做空，市场的总市值减少了10万亿元，则意味着大家在总计损失了10万亿元的基础上，还要有人从中赚钱，这一定是让市场价格更低，由没有进行套期保值的人买单的，会助长现货市场更低的价格。很多人说这个涨跌没有价值创造，是泡沫，但实际上如果大家能够认可你的市场价格高，则意味着这多出来的10万亿元是市场信用所创造的，按照现代货币理论，货币就是信用凭证。

对此我们可以观察一下数据就能得到验证，东方财富网截至2015年

7月3日的数据显示，在7619只被统计的私募产品中，处于亏损状态的达89%，处于赢利状态的只占11%，赢利收益在5%以下的多达522只。收益超过40%的仅有14只。2015年7月3日沪指是3912.77点，创业板是2605.26点，虽然我们称其为"股灾"，但它们还是远远高于2014年底收盘的3234.66点和1471点，并且停牌股的市值是按照现值和指数涨跌估算的。如此亏损不正常，这背后就是做空的期指额外带走了市场财富的缘故。因此考虑期货和现货市场间的操纵和渔利，多空就不是"零和博弈"，而是单向的掠夺。恶意做空是损害市场整体利益的，对此，证监会对恶意做空的解释还特别提到"跨市场、跨期现市场操纵就是恶意做空"。

我们还会讲客观价值论。价格是围绕价值波动的，似乎有这个波动就是做空和做多正常造成的。但我们还要知道，我们的股票是要对外交换资产或者货币的，这个情况就是换股收购和增发、股权融资等。股票价值高，换取的货币和资产就多，而且企业会热衷于进行这种交易。这个交换在股市处于牛、熊不同时期时，是严重不对等的，因此做多可以让股票换取更多财富。股票的信用能够支付和换取财富，就是前文所说的在市场信用与现代货币理论下，货币属于信用凭证的最好体现。在西方的体系里面，可支付证券被作为一种更广义的货币来看待，叫作M3[1]。

在经济全球化的今天，在全球市场是零和博弈的情况下，我们更常见到的却是市场局部非零和博弈的情况：每一个国家都是局部，都有自己的利益取向，国家立场下的股市绝对不是零和博弈，而是赤裸裸的国家间财富的再分配和掠夺。由于股市高涨的泡沫可以换取他国被低估的股票、资产、资源、货币，所以在考虑全球一体化的环境下，做多就是得利的，做空则是要被掠夺的。

对此，我们可以看一下美国面对股灾做空是怎么做的。

2008年9月15日，美国第四大投资银行雷曼兄弟破产，股市大跌。

2008年9月17日，星期三，美国证券交易委员会发布了禁止裸空卖出

---

[1] M3：一个广义货币的指标，用于衡量一个国家或地区货币供应量的一个更宽泛的层面。

(Nakes Short)的通告。所谓"裸空卖出",也被称为"裸卖空",是指投资者没有借入股票而直接在市场上卖出根本不存在的股票,期望在股价进一步下跌时再买回股票获得利润。这种交易方式由于卖出的是不存在的股票,且交易量可能非常大,因此会对股价造成剧烈冲击。

虽然明确不准在没有持有股票或融券的情况下进行卖空,但裸卖空市场规模毕竟较小,影响不大。在没有止跌的情况下,美国证监会终于发出了一记大招。2008年9月18日星期四收市后,美国证监会发布了一条惊人的通告:证监会决定停止797只金融股的卖空,为期10天。同时证监会宣布所有机构投资者必须每天汇报做空的头寸,并且宣布会严厉查处操纵市场的行为。

9月22日,星期一,三大证交所继续增加禁止做空股票清单。例如纽交所增加了32只股票,后一天又增加了44只。新增的已经不仅仅是金融股了,就算有金融子公司的大型企业也被增加了进来,比如通用汽车(General Motors,GM)和通用电气(General Electric,GE)。

到了10月2日,10天的禁令到期,证监会又把禁令延长了几天,直到10月8日。10月9日起,所有金融股都恢复了正常的卖空交易。10月12日又有消息传来,美国时任财长保尔森表示将尽力挽救银行等金融机构,避免雷曼事件再次上演。

综上所述,股票市场和期货市场不是零和博弈,做多和做空是不对等的。为了国家和全体人民的利益,严惩恶意做空是必须的。

2. 融券政策变化:做空交易与恶意收购

中国股市最怪异的不是现在股市有多熊,也不是十几年来 A 股极少次突破3000点难关,中国股市真正的特色是,在世界各国股市都有过大萧条大熊市的情况下,我国股市三十几年来一例恶意收购都没有。宝能集团对于万科企业股份有限公司(简称"万科")的恶意收购最接近首例。2015年12月18日,针对媒体对宝能系杠杆收购万科股权一事的关切,证监会新闻发言人张晓军表示,市场主体之间收购、被收购的行为属于市场化行为,只要符合相关法律法规的要求，监管部门不会干涉。但此后一周，对于宝能系资金来源的质疑不断出现，证监会开始不再保持旁观态度。最后，在监管部门的干预下，这一案例以失败告终。

我国股市还独创了约定以币代券的制度，变成大股东变相减持，因此股市的每一次利好都是为了下一次的做空而"诱多"。做空带有制度性的优势，因为做多是要有业绩支持的，做空则不会有恶意收购突袭。

所以，股市做空背后是制度性的设计问题。2023年2月17日，上海证券交易所和深圳证券交易所分别发布了关于全面实行股票注册制申报工作的通知，要求主板平移企业和新申报企业按照规定时间提交申请文件。同时，两所还分别修订、发布了《上海证券交易所转融通证券出借交易实施办法（试行）》和《深圳证券交易所转融通证券出借交易实施办法（试行）》，旨在规范证券发行上市受理工作，维护受理工作秩序。相关消息一经发布，融券政策修订成为股市焦点，并引发广泛讨论。该政策的实施有利于做空交易，对整个市场产生了深远影响。

其中，深交所的规定尤其引人注目。其第18条规定，战略投资者在承诺持有期限内，可以按照本办法规定向借入人出借获配股票，该部分股票出借后，按照无限售流通股进行管理。借出期限届满后，借入人应当将借入的股票返还给战略投资者。该部分股票归还后，继续按战略投资者配售获得的在承诺持有期限内的股票管理。这一规定意味着，现在通过融券的方式，可以让原本限售的股票进入市场流通，并在出借后按照无限售流通股进行管理。

然而，这也引发了关于市场操纵和股价炒作的担忧。

融券政策的变化对空头交易更加有利，为实际操作中的空头提供了诸多便利，尤其给予了量化投资很大的支持。投资者可以在"T+0"交易模式[1]下进行高频操作，即卖出股票后立即回购，且当天的融券余额不受影响。这使

---

[1] "T+0"交易模式是一种证券（或期货）交易制度，其中"T"代表交易当天，"+0"则表示交易后的即时结算。具体来说，这种交易模式允许投资者在当天买入的证券（或期货）在当天就可以卖出，同时，卖出证券（或期货）所获得的资金也可以在当天立即用于再次购买证券（或期货）。

投资者在短时间内能够对市场造成较大冲击。

该政策的变化给市场格局带来了显著差异。做空者相对于做多者更有政策优势，导致做空和做多之间的优势更加不平衡。大股东可以将限售股借给定向出借人，这为短线做空交易提供了更多机会，同时也增加了市场的复杂性。此外，由于定向出借人的身份未公开，市场无法追踪他们的行为，这也进一步增加了市场的不确定性。

而关于融券、融券转融通以及与恶意收购之间的关系，也一直存在着广泛热议。许多人开始思考这些金融工具对市场的影响，尤其是对于股市的稳定性和做空机制的限制。中国金融市场采用了融券转融通等制度，使其成为一个相对容易做空的市场。由于融券相较于融资成本更低、时效更快，背后就存在着极大的恶意收购风险。一旦融券被用于恶意收购，不仅会引发股价的大幅波动，还会对整个市场的稳定造成影响。

正如前文提到的，中国股市在其发展过程中尚无实质性的恶意收购案例发生，这反映了中国股市融券等金融工具的灵活性为市场提供了机会，且当前市场环境和监管机制也在一定程度上有效地保护了市场的稳定性和投资者信心。即便如此，我们也必须清楚地认识到，恶意收购的风险始终存在，市场可能面临着极大的风险和挑战。

恶意收购的存在对市场产生的威胁，使投资者不免担心，如果一家公司的股票被恶意收购，那么融出的股票可能很难被收回，从而导致巨大的亏损。同时，恶意收购中的投票权问题也备受关注。在恶意收购中，融券方持有的股票象征着投票权，可以使其在关键时刻影响股东的决策。如果投票权被用于恶意收购，将对公司产生巨大的负面影响。另外，由于没有恶意收购的发生，也就没有对融券做空机制的约束，所以做空行为很可能会肆意横行。为此，就需要对股市做空机制进行重新评估，以确保市场的稳定性。

融券政策的变化和恶意收购的潜在风险，都要求政策制定者和监管机构更加谨慎地考虑如何平衡市场的公平性、透明性和流动性。一方面，需要继续推动金融工具的创新和市场的发展；另一方面，需要加强对市场的监管，防止恶意操纵和股价炒作行为的发生。

中国股市的未来发展需要平衡金融工具的创新和市场风险的控制。我国股市将持续进行改革，其内容可能包括对恶意收购的规定更严格，加强监测和打击力度，以及对做空机制的更多限制。这些改革将继续成为股市发展的关键议题。

在融券政策变化和恶意收购风险的背景下，投资者也需要更加关注市场的动态和政策的发展。他们需要了解这些变化对自己的投资策略和风险的影响，以便做出更加明智的投资决策。同时，投资者也需要增强自己的风险意识，谨慎对待做空等高风险投资行为。

对于政策制定者和监管机构来说，他们需要更加关注市场的公平性和透明性，需要加强对融券市场的监管力度，防止市场操纵和股价炒作行为的发生。同时，他们也需要考虑如何平衡做空和做多之间的优势，以维护市场的稳定性和健康发展。

总的来说，融券政策的变化和恶意收购的潜在风险也给中国股市带来了挑战和机遇。一方面，这些变化提供了更多的市场机会和灵活性；另一方面，它们也带来了潜在的市场风险和不确定性。对于普通散户投资者来说，做空的机会有限且风险较大，因此他们更容易成为市场的"韭菜"。

在这个背景下，政策制定者、监管机构、投资者和市场参与者都需要更加谨慎地考虑自己的行为和决策，以维护市场的稳定性和健康发展。

未来，中国股市将继续进行改革和发展。政府和金融监管机构将发挥重要作用，通过加强市场监管、完善制度建设、推动股市改革等措施，以确保市场的稳定性和透明度。同时，市场参与者也需要不断增强自己的风险意识和投资能力，以适应市场的变化和挑战。

3. 做空融券与其制度挑战

融券操作，作为资本市场的一种重要交易方式，近年来备受关注。它允许大股东将股票融给他人，以此做空自己的股票，这种方式被普遍认为可能涉及大股东与他人串通，以从中获得利益。然而，这个问题远比看上去复杂，很难找到确凿的证据，证监会也一直在努力寻找相关证据以揭示真相。

除了可能的串通问题，我们还需要考虑到大股东融券背后的原因。通常情况下，大股东之所以愿意将股票融给他人，是因为他们面临一定的资金需求。股票质押贷款是一种常见的方式，但这种方式需要登记，且在质押期间，股票的所有权会发生变化，会带来一些特殊影响。因此，大股东更倾向于寻求更为稳妥的融资方式。融券操作既能为大股东提供资金，又能避免股票质押带来的风险。同时，当股价跌破市值和抵押设定值时，部分风险可以与融券方分担，从而降低了大股东的风险责任。

融券操作的另一个关键优势在于成本。融资和融券的成本差异显著。融资通常需要支付高额的利息和费用，而融券操作几乎没有成本，因为券本身并无持有成本。此外，券的持有者还可以获得股票的分红，这进一步提高了融券操作的吸引力。这种低成本、高灵活性的融资方式，使得融券操作在资本市场上具有独特的优势。

但与此同时，融券操作的不透明性也成了做多者的噩梦。在融资买股中，股票的交易是相对透明的，投资者能够清晰了解自己的持仓情况。然而，在融券卖空的过程中，券的融出却存在许多不透明的状态，甚至有非法利用的可能。例如，江淮汽车（600418）在2023年10月30日出现了4080万股融券卖出，相较于前一日的1.49万股，暴增了2737倍。巨额融券卖出后，江淮汽车止步4连板，10月31日和11月1日股价两天跌幅达3.77%。这种大手笔的融券卖出在市场上引发了一系列的质疑，投资者对这种不透明的操作表示了担忧。

此外，高瓴资本集团通过融券操作实现减持的行为也引发了市场关注。公开资料显示，高瓴资本在2023年一季度持股比例为5.85%，是持股比例在5%以上的股东。然而，到了二季度，高瓴资本参与转融通业务，导致持股比例下降至4.85%。而隆基绿能（601012）2023年三季度公告显示，高瓴资本旗下HHLR管理有限公司—中国价值基金在三季度通过转融通方式出借的股份已全部到期归还，公司持有股份回升至4.98%。作为持股超过5%的股东，减持必须按照监管规定进行预先披露。但高瓴资本通过转融通的方式减持股票，并未提前公告减持计划，而是通过融券操作规避了监管规定。这种行为的不透明性使得市场运作变得扑朔迷离，也引发了市场对高瓴资本是否借转融通减持的质疑。

一些基金公司可以通过融券操作将基金持仓的股票融出，并从中获取收益。然而，这些收益并没有进入基金的净值中，也就是说，基金的投资者（基民）并没有分享到这些收益。这种现象引发了人们对基金公司是否利用基民资金融券获利的质疑。

对于做空者来说，基金融券的影响很大。如果基金买入的股票没有融券或者不被融出去的话，做空者可能会面临融不到券的问题。这对做空者而言是一种担忧。因为他们可能无法融到足够的券来进行做空操作，而当他们需要归还券的时候，可能就会面临无法找到券的困境。虽然他们可以通过以币代券的方式来解决问题，但是这种方式可能会让他们吃亏。

并且，由于目前没有明确的法律禁止基金做空，造成了融券做空成了一个"法不禁止皆可为"的行为。在2023年9月15日，我乐家居（603326）发布了一则公告，宣布受到江苏证监局的行政处罚，这是对违规减持行为的处理。对于违规减持的股东，监管部门不仅没收了其1653.49万元的资产，还处以了3295万元的罚款。这一事件迅速引发了市场对于融券做空和投资者行为的争议。

回顾该事件，从2019年3月12日起，作为持有我乐家居股票的股东，于范易及其一致行动人通过集中竞价方式购买了我乐家居的股票，并一直持有到2023年9月4日。在这期间，他的持股比例逐渐上升，达到了7.1124%。然而，就在9月5日之后，他迅速通过集中竞价方式减持了这些股票。这一行为被监管部门认定为违规，最终获得严厉的处罚。这一事件不仅引发了关于融券做空和投资者行为的广泛讨论，还让人们开始质疑现有股市法规和监管的有效性。

此外，这一案例也引发了对法律专家和政策制定者的责任问题的关注。一些人认为，政策的制定需要更多地考虑市场的特殊情况，以避免不必要的争议和混乱。他们呼吁政策制定者在制定法规时要更加谨慎和周全，以确保法规的公平性和有效性。与此同时，也有一些人质疑法律专家在制定法规时是否能考虑周全。

除了法律漏洞和监管不力，中国股市中基金公司融券可能也存在着法律问题和责任划分问题。中国的股市在监管方面存在问题，使得一些行为在法理上难以追责，导致了股市中的一些乱象。一些基金公司在买入股票时，可能就已经计划好了要进行融券操作。这种行为不仅损害了其他投资者的利益，也破坏了市场的公平和透明。

股指期货持仓大增的部分信息无法面向投资者公开，这导致散户和机构所获得的信息不对称。因此，对于融券的监管和制止变得尤为重要。政府机构和市场需要采取更加透明的方式，例如，可以要求融券方提前公布融券计划，包括融券的对象、数量和期限等信息，以增加市场的透明度和公平性。

在融券政策变化和恶意收购风险的背景下，投资者也需要更加关注市场的动态和政策的发展；了解这些变化对自己的投资策略和风险的影响，以便做出更加明智的投资决策。同时，投资者也需要增强自己的风险意识，谨慎对待做空等高风险投资行为，避免因为盲目跟风造成不必要的损失。

对于监管机构来说，需要更加关注市场的公平性和透明性。相关部门需要加强对融券市场的监管力度。同时，还需要考虑如何平衡做空和做多之间的优势，以维护市场的稳定性和健康发展。

总体而言，融券操作作为资本市场中不可或缺的交易手段，既为市场注入了活力与机遇，也伴随着相应的风险与挑战。市场参与者及政府机构均需秉持审慎态度，深思熟虑自身行为与决策。展望未来，我国应持续致力于融资融券制度的优化与完善，加大监管力度，以进一步提升市场透明度与公平性。此外，强化投资者教育，提升投资者的风险认知与投资能力，亦是应对市场波动与挑战的关键举措。

4. 基金参与转融通：我国股市的机遇与挑战

转融通业务允许特定的定向介入人将一些原本受到销售限制和交易限制

的证券借给其他投资者。这一创新允许了更多的资本流动，扩大了市场的流动性。

当投资者出现融券需求时，他们需要一个中介平台来促成交易，转融通背后的证券公司，便充当了中介角色。投资者可以通过证券公司融出他们的证券，这在某种程度上也让证券公司参与了上市公司的融资过程。这一过程对证券公司构成了一项有利可图的业务，因为它们可以从中获得融券费用和利息收入。

转融通业务的推出对中国股市的发展也具有重要意义。2010年3月31日，融资融券业务试点启动；2010年6月25日，陆家嘴论坛提出将适时推出与证券公司融资融券业务相配套的转融通业务；2011年8月19日，证监会发布《转融通业务监督管理试行办法（草案）》，并向社会公开征求意见；2012年8月27日，经证监会批准，中国证券金融公司发布《转融通业务规则（试行）》《融资融券业务统计与监控规则（试行）》《转融通业务保证金管理实施细则（试行）》，标志着转融通试点的启动；2015年4月17日，中国证券投资基金业协会、中国证券业协会发布了《基金参与融资融券及转融通证券出借业务指引》，支持公募基金依法参与融资融券转融通业务。根据中国证券投资基金业协会发布的数据，截至2021年，已有193只公募基金参与转融通，证券出借业务总市场值达到了602.22亿元，同比增长47%。可见，它的推出让投资者和基金公司有了更多的投资选择，也提高了市场的流动性。公募基金参与转融通业务的规模也在不断扩大，为市场增加了更多的资金流入。

然而，转融通业务也显露出了一些弊端和风险。转融通业务造成融资和融券存在极大不平衡。其将限售转为不限售，企业大股东可以将公募基金进行融券操作，进行高频量化交易，融券做空，影响市场稳定运行，导致我国股市由牛市转向为熊市。同时，由于其操作的灵活性，投资风险增大，投资者在参与时需要更加谨慎地管理风险，以免在市场波动时受到较大损失。此外，一些机构和基金公司已经在这一领域获得了巨大的优势，在一定程度上可能会对市场格局产生影响。

总之，中国股市的转融通业务为投资者提供了更多的机会，同时也为证券公司带来了可观的收入。但也要警惕其中的风险。在市场波动加剧的背景下，投资者需要谨慎操作，充分了解风险和机会，不断提升自身的专业化水平和竞争力，以此来适应市场不断变化的环境。当然，这一领域的积极向好发展也需要监管部门和市场力量加强对转融通业务的监管。

5. 我国融券政策与外国卖空禁令

2023年9月，中国市场再次将融资融券的问题置于聚光灯下，这是一个长期备受关注且充满争议的话题。融资需要支付资金成本，而融券则本质上能够产生股息且成本相对较低。融券市场的参与者广泛，融券业务也更容易获得收益，相比之下，融资则受到更多限制。

融券和融资之间交易机制的差异，引发了市场对融券监管的担忧。人们关心融券是否会对中国市场的正常运作产生负面影响，关于融券的传言也在市场中传播。有传闻称所有融券在2023年10月1日必须归还，但《证券日报》2023年9月10日的报道中指出，多位券商人士表示暂未收到类似通知，因此此类传闻的准确性有待考证。

与此同时，部分上市公司股东的动态也受到了市场的密切关注。有上市公司的大股东发布公告称提前终止了证券出借行为，这加剧了市场关于融券传闻的猜测。然而，也有其他上市公司的股东表示将继续参与转融通证券出借，以提高存量股权的流动性。

对于融券和转融通等相关问题，中国市场一直存在监管和市场参与者之间的讨论。解决这些问题需要平衡市场流动性和风险管理之间的关系。一些人呼吁对融券业务进行更严格的监管，尤其是在多空交易方面，以减少市场的不透明性。

但从监管层已经采取的融券业务调整措施来看，市场对此的反应不尽如人意。2023年10月14日证监会发布消息称，根据当前市场情况，对融券及战略投资者出借配售股份的制度进行针对性调整优化，在保持制度相对稳定的前提下，阶段性收紧融券和战略投资者配售股份出借。简而言之，与融资融券相关的交易不再随意进行，并明令禁止许多限售股的融券交易。同日，沪交所和深交所分别发布了《关于优化融券交易和转融通证券出借交易相关安排的通知》，内容包括了提高融券保证金的比例。要求投资者融券卖出时，融券保证金比例不得低于 80%。其中，投资者为私募证券投资基金的，融券卖出时，融券保证金比例不得低于 100%。这意味着融券交易的杠杆将明显降低。

此外，2024 年 1 月 28 日，证监会发布消息称，加强对限售股出借的监管，进一步优化融券机制。具体包括：一是全面暂停限售股出借；二是将转融券市场化约定申报由实时可用调整为次日可用，对融券效率进行限制。第一项措施自 2024 年 1 月 29 日起实施，第二项措施自 2024 年 3 月 18 日起实施。

然而，市场反应始终较为冷淡，甚至呈现出下跌态势。

究其原因在于，证监会对于现有融资融券的存量并未给出明确规定。而全面限制的政策实质上更侧重于对员工和高管持股的长期性进行了限制，而对于大股东的限制相对较少，导致大股东在融券活动中依然存在可操作空间。对于股票的限制也仅限于刚上市时期的次新股，对于上市时间长的公司并无限制。另外，现在市场已不存在立刻融券的情况，因此对融券效率的限制就存在漏洞，导致其对市场的影响并不大。

这些政策的变动及市场效果，要求我们应当聚焦到融券的透明度问题。明确融券 T+0 交易和融资 T+1 交易之间存在着融券的余额不等于融资余额。同时，董事、监事、高管或大股东想要融券，他们也应该公开透明地披露融券的数量和相关信息。不难发现，我国资本市场需要增加更多的透明度，而政策方面还需要进一步完善。

纵观全球，韩国也采取了类似的举措，韩国金融监督院发布声明称，2023 年 11 月 6 日至 2024 年 6 月 30 日，全面禁止股票卖空交易。这一举措旨在为监管机构改进规则和系统提供时间。韩国金融监督院还宣布计划对全球投资银行的股票卖空交易展开全面调查。此限制引发了市场广泛的讨论和关注。韩国金融监督院认为这一措施旨在应对不透明的信息和不对等的市场条件。

对于韩国的举措，一些观察家认为该举措值得借鉴。然而，由于不同人对股市做空交易的观点存在分歧，所以该决策也引发了争议。后续，这一问题将被持续关注，并可能引发更多的国际讨论和政策调整。

综上所述，股市的做多与做空交易，确实存在多层面的不对等。首先，市场和经济规模的不对等使得做多与做空的机会和风险分布不平等。股市做多操作并非零和博弈，做多者可以受益于资产增值，而做空者在市场下跌时也可能面临更大的风险。其次，信息不透明是另一个问题。做多交易通常更透明，投资者可以了解股东、董事会和监管机构的行动。相比之下，做空操作的信息不透明，交易过程难以追踪，从而给机构投资者带来优势。最后，机构和散户之间的要求也不同。机构投资者有仓位要求，通常要保持满仓，而散户则不受此要求限制。这意味着机构投资者在市场中必须进行套保操作，从而可能对做多者造成不利影响。

因此，无论是国内还是国际市场，对于融券和做空交易的监管都面临着巨大的挑战。在制定相关政策时，需要充分考虑市场的实际情况和参与者的利益诉求，加强市场的透明度，确保政策的公平性和有效性。在应对这些挑战时，需要根据我国国情和市场，借鉴国际经验，进行创新和调整。只有这样，相关部门才能更好地监管和引导融券和做空交易，确保市场的稳定和公平。

6. 2023年末股市融券政策调整、回顾及展望

2023年末，受多种政策利好的推动，股市展现出了翘尾的态势。值得注意的是，在这些政策中，对于融券的限制成了一个重要的调整方向。

2023年10月14日，沪交所、深交所、北交所均发布了《关于优化融券交易和转融通证券出借交易相关安排的通知》，明确"投资者持有上市公司限售股份、战略配售股份，以及持有以大宗交易方式受让的大股东或者特定股东减持股份等有转让限制的股份的，在限制期内，投资者及其关联方不得融券卖出该上市公司股票"。同时，据财联社相关报道，券商也落地了"限

售股不得融券"的新规，要求客户修订合同或签署承诺书。

回顾 2023 年，中国资产普遍经历了下跌和缩水的困境。这除了与外资大量撤出有关外，还与市场上的大量做空行为密切相关。在缺乏做空限制的情况下，即便放松货币政策，也未必能促使股市的大幅上涨，相反，甚至还有可能出现转跌现象。特别是在各种虚拟交易盘巨大的情况下，虚拟市场所产生的盈亏高于实体市场。这表明，在虚拟市场博弈时，投资者可进行做空和做多两项选择，而其中做空的产品涨价同样被视为价格上涨的一种表现。

然而，随着限售股融券新规的实施，做空的门槛得到了提高，为股市的健康发展提供了一定的保障。

2023 年末，虽然有关部门发布了关于融券做空方面的好消息，一定程度上限制了市场的操纵行为。然而，随着新年的到来，市场似乎又开始感受到了一些压力。据《经济参考报》报道，截至 2023 年 12 月 29 日，中国 A 股市场共有 156 家上市公司或相关方被证监会立案调查，涉及上市公司的高管和控股股东等。其中七成涉及信息披露问题。相较于 2022 年同期 77 家的情况，这几乎是翻倍的增长。这一调查力度的加大，可能对市场存在短期的负面影响。但从长期来看，对于整体市场的健康发展无疑是利好的。过去证监会多次强调打击市场中的"妖精"，此次加码，肯定了对金融反腐的支持，表明了对市场秩序的维护态度。

除此之外，市场还面临中植系企业申请破产的情况。这一事件可能导致大量股票的卖出，从而对市场产生一定程度的冲击。特别是一些大股东抵押或质押的股票，可能会引发连锁反应，增加市场的不确定性。因此，当时市场面临着一系列的压力，投资者需要保持谨慎。

在融券交易方面，转融券交易实行 T+1 制度的政策调整值得关注。据《券商中国》报道，自 2024 年 3 月 18 日起，转融券交易实行 T+1 制度开始实施并引发了市场的广泛关注。由于业务变动，多家券商修订了转融通证券出借业务的合同条款，删除了涉及"实时成交""账户余额实时调整"等表述。这一调整使得交易更加透明，投资者能更清晰地了解市场动向。

在此之前，转融券交易采用的是 T+0 制度，即出借方和借入方进行实时清算，出借方的股票会被实时划走。然而，随着 T+1 新政的实施，出借方的股票将在当日收盘后进行清算。这一变化旨在提高市场的透明度并减少信息不对称的现象。分析人士指出，T+1 制度的实施将影响市场的交易策略。在以往的 T+0 制度下，快速交易占据优势，且可以进行多种融券操作。然而，随着制度的转变，这种优势将逐渐减弱。交易信息的透明度提高将使投资者能更好地掌握市场动态并提高投资决策的准确性。同时，投资者对市场的信心也会有所恢复。

对于市场的发展而言，业内人士表示政策调整只是小幅改变。随着市场透明度的提升和投资者对市场信心的增强，要实现更大程度的改革还需政策的进一步调整和市场的深化改革和完善，以应对市场复杂多变的情况和潜在危机。例如，可以进一步加强对融券交易的监管，提高融券交易的门槛和成本，以减少市场操纵和过度做空的行为。同时，也可以加强对上市公司的信息披露监管，提高市场的透明度和公正性，以保护投资者的合法权益。

在这一过程中，投资者需要保持谨慎态度并密切关注市场动态，充分了解市场的风险和机会，并根据自己的风险承受能力和投资目标来制定合理的投资策略，以做出明智的投资决策。同时，也应该关注政策的变化和市场的反应，以便及时调整自己的投资策略和风险控制措施。

总之，2023 年末的股市翘尾和政策调整给市场带来了一定的积极影响。展望 2024 年，相对于 2023 年，市场或许会更加乐观，市场机会或许较 2023 年更多，大资金可能更注重系统性机会，但整体风险依然存在。特别是个股风险的增大需要引起投资者的足够重视。市场的调整是一个持续的过程，投资者需要保持警惕，特别是在经济压力下，爆雷股增多的可能性较大。因此，投资者风险控制意识尤为重要，在操作时需要认清市场的实际情况。

7. 融券套保成焦点，市场投资需谨慎

股市，作为经济的晴雨表，一旦承受巨大压力，就会立即映射出市场的

各种波动。股市的波动极易引发市场对它的广泛关注，而融资融券、股指期货等金融工具便成了市场的焦点。

回顾股市历史，股指期货在 2015 年曾受到极大关注。据《证券时报》报道，长城汽车在 2015 年 8 月 28 日公布了其发行红股的建议，数量相当于其当时已发行股份的 200%。但索罗斯基金管理有限公司（SFM）因先前持有的 808 000 股长城股份而有权获配发 1 616 000 股红股。然而，SFM 的交易支援部在将红股入账时，没有按照内部政策将红股分隔至受限制账户内，导致系统显示可供买卖股份的数量有误。基于系统显示的错误资料，SFM 的一名投资组合经理在 2015 年 10 月 2 日发出了一项出售 2 424 000 股长城股份的指令，实际上卖空了 1 616 000 股长城股份，造成了裸空卖出。同时，市场上也传出了高盛、南方基金等机构通过 RQFII[1] 专户"裸空股指期货"的传闻。这些都使 2015 年市场引发了剧烈震荡。

由于"裸空卖出"的交易量过大，因此，在当时的市场环境下许多投资者认为，正是股指期货的裸空卖出加剧了股市的下跌趋势。为了稳定市场，相关监管政策对股指期货实施了限制。然而，随着市场的逐步好转，股指期货也再度恢复。如今，股指期货再次成为市场的关注点。与以往不同的是，有关方面表示，大多数股指期货交易是为了套保而非裸做空。

与股指期货一样，融资融券也是市场热议的话题。融资融券业务为投资者提供了更多的投资选择和风险控制手段。然而，在市场不景气的情况下，由于融券业务有允许投资者借入股票并卖出的特性，融券业务就可能会加剧市场的下跌趋势。市场经济情况对融券业务产生了巨大的影响，使得许多投资者对融券业务持谨慎态度。

此外，有关中信证券暂停部分客户融券业务的消息同样引发了市场的广泛关注。据报道，中信证券在接受监管窗口指导意见后，暂停了对部分客户的融券业务，并提高了机构客户的要求门槛。然而，中信证券客服在回应中表示并没有接到相关通知。但无论如何，整个市场对于融券业务已极度

---

[1] RQFII：RMB Qualified Foreign Institutional Investor，即人民币合格境外机构投资者。

敏感。

在 2015 年的市场波动中，中信证券的空单便十分惹人注目。然而，这些空单大多被解释为套保行为，而非裸做空。这意味着，即使在大型机构中，也存在利用融券和套保来规避风险的行为。大型机构在持仓比例等要求下不能保持空仓，促使它们通常利用融券和套保来规避风险。在市场下跌时，这种行为能够保护它们的持仓价值不受损失。然而，这种行为实际上是将风险转移给了没有能力进行套保的投资者。

对于融资融券业务的争议大家也各执己见。有人主张禁止融券业务，认为这样可以减少市场的波动性。然而，是否真正禁止融券业务还存在歧义。一方面，禁止融券业务可能会减少市场的投资选择和风险控制手段；另一方面，如果融券业务被滥用，就可能会加剧市场的波动性。

除了融资融券业务，中国的金融市场还在不断进行创新。然而，在创新的过程中，也需要关注不同国家政策之间的差异和国情的差异。例如，印度和韩国已经实行了禁止做空的政策。这些国家认为，禁止做空可以减少市场的波动性，保护投资者的利益。美国等发达国家，却将做空视为一种有效的市场调节机制。这些国家依据自身的经济能力对做空后所产生的影响进行了有效控制。因此，对于我国而言，是否应该允许做空、如何控制做空的风险等问题还需要进行深入的研究和探讨。

所以，在这种市场环境下，投资者对金融创新和相关政策持谨慎态度是理所当然的。股市的波动加大使得投资者们更加关注市场的风险和政策的变化。对于投资者而言，谨慎应对市场风险、关注相关政策和监管动向应该成为当前的重要任务。他们需要通过不断学习和了解市场的变化来制订更加合理的投资策略和风险控制方案。

同时，对于监管机构而言，它们也需要更加关注市场的变化和投资者的需求。在制定相关政策和监管措施时，需要充分考虑到市场的实际情况和投资者的利益，通过加强监管和风险防范来维护市场的稳定和公平。

总之，股市的波动和金融工具的使用是市场经济中的常态。然而，在面对市场风险和政策变化时，投资者务必秉持谨慎原则，密切关注相关政策与监管动态。同时，监管机构亦需强化监管力度与风险防范措施。只有这样，才能够为投资者提供一个更加安全、稳定的投资环境并促进市场经济的健康发展。

二、分红与回购，市场更需要哪个

1. 分红与回购在做多和做空上的差别

各国股市情况的差异不仅反映了市场表现的差异，更揭示了背后金融和市场环境的复杂性。因此，这个问题的理论性质是值得我们探讨的，尤其是与中国当前的金融政策相关的问题。

为了刺激经济，各种货币工具应运而生，如中期借贷便利（Medium-term Lending Facility，MLF）等释放了大量资金。然而，尽管有多方面的资金注入，市场仍然表现不佳，这不禁让人对"泡沫论"产生了怀疑。

中国的金融政策与西方有很大的不同，这也导致了一系列理论上的问题。在谈论股市的理论问题时，我们需要思考，为什么这么多的资金注入后，股价仍然可能下跌？我在《数字泡沫：虚拟经济交易学》一书中，详细讲解了虚拟经济和交易学的理论，并强调对于理论的创新需要考虑清楚"为什么发了钱，价格依然下跌"这一核心问题，这关乎着中国市场的股市走向。

进一步分析，中国股市的特殊性还体现在分红与回购的差异上。中国强调分红，而国外则更注重注销式回购。这两种形式对于做空和做多有着明显的差异。分红对于做空十分有利，因为在做空的状态下分红，会降低持有股票的成本，即同样的资金成本下，做空者可以赚取两份钱。此外，融券时持有股票者还会获得一定的保障金，这进一步增加了做空者的收益。

相比之下，回购与分红对于普通投资者而言效果是相同的，且回购股票减少了税收。然而，股票回购可能增加融券的风险，甚至可能会导致资不抵债的局面。这是因为回购会减少市场上的股票数量，从而推高股价，同时也有可能增加融券者做空的机会和收益。如果融券者大量做空并导致股价暴跌，那么回购者可能就会面临巨大的损失。

中国市场之所以出现回购和分红两种方式并存的现象，是因为做多与做空的不对等。

2. 我国回购政策的市场影响与 A 股走向

根据相关新闻报道，中国股市即将迎来一项重要创新——推出上证回购指数。这一指数旨在反映股市中回购比例较高股票的整体表现，引起了市场对股票回购的广泛关注。股票回购在中国被视为一种重要的手段，用以遏制融券做空的行为。

回购股票制度并非中国独有，在美国，许多大公司也采用自有资金不断回购自家股票。这种举措的重要意义在于，通过减少市场上流通的股票数量，有效降低融券做空的机会。当一家公司在积极回购自己的股票时，融券做空者将面临一个棘手的难题：如果他们做空的股票被公司回购并注销，那么他们将如何还清所融的券？这一机制对融券做空行为构成了有效制约。

除了遏制融券做空，回购股票还传递了一种市场信号：公司对自身的前景充满信心，并相信股价将持续上涨。这种信心对于提升公司竞争力至关重要，因为投资者更倾向于投资那些具备增长潜力的公司，而不是成为融券做空的目标。

2023 年 9 月 15 日，中证指数有限公司正式发布了公告，公告中明确指出，上证回购指数、中证回购指数、中证回购价值策略指数以及中证回购质量策略指数将于 2023 年 10 月 17 日正式对外发布。此公告标志着上述指数在经过充分准备与论证后，即将进入市场应用阶段。

具体而言，上证回购指数将精心筛选回购比例较高的前 50 只证券作为指数样本，旨在全面反映上海证券交易所中回购比例较高证券的整体市场表现。与此同时，中证回购指数则将视野拓展至沪深两市的广阔范围，选取回购比例同样较高的前 100 只证券作为样本，其目标同样在于展现高回购比例证券的整体市场态势。

此外，中证回购价值策略指数进一步细化筛选标准，专注于在已实施股票回购的上市公司中，挑选出估值相对较低且业绩预期表现良好的前50只证券作为样本，以期为投资者提供更具价值的投资选择。而中证回购质量策略指数则侧重于从已进行股票回购的上市公司群体中，筛选出赢利能力强劲、成长性优越且回购比例较高的前50只证券，旨在向市场呈现多样化的高质量投资标的。这一系列举措，旨在表彰并鼓励那些积极采取股票回购措施、展现良好企业治理与财务实力的公司。

因此，自回购指数实行以来到2023年10月28日，A股市场上的股票回购趋势愈发明显，逐渐取代了传统的分红方式，引起了市场的广泛关注。在股市中，回购被视为一种更有利的财务手段，有助于提振市场信心。据《证券日报》报道，2023年1月至10月25日，已有1116家上市公司实施回购，累计回购金额达到631.77亿元。这一数据充分展现了回购在A股市场中高度活跃。值得注意的是，其中有142家公司的回购金额超过亿元，牧原股份（002714）回购金额高达21.87亿元，盐湖股份（000792）、韦尔股份（603501）、海康威视（002415）、荣盛石化（002493）等公司的回购金额也均在10亿元以上。

然而，根据以上数据我们也可以看出，受股市市场环境影响，A股市场的回购金额相对较低，远低于融资规模。同时，只有少数公司实施了较大规模的回购，大多数公司的回购金额都在1亿元以下。这表明，尽管回购趋势明显，但在中国股市中，回购的规模还远远没有到位。

此外，我们还需要注意到，许多公司将回购资金主要用于员工股权激励，而不是注销股票。这种做法虽然在一定程度上激励了员工，但并未发挥出回购在市场方面的积极作用。

同时，股市分红需缴纳相关税款，而回购则不需要缴纳所得税。这也使得股票回购逐渐取代了分红成为公司的首选财务策略。相比于分红，回购股票更有利于公司股东，尤其是管理层。在中国A股市场，回购的规模相对有限，与分红金额不成比例。但回购的主要好处之一是避免了分红所需的所得税，这使得股票回购成为一种更具吸引力的选项。

然而，在肯定回购股票的积极作用的同时，我们也需要保持警惕，防范可能的合谋行为和市场复杂性。尽管回购在阻止融券做空方面发挥了积极作用，但并不能完全解决这一问题。在某些情况下，大股东可能与融券做空者合谋，通过操纵股价来获取不当利益。同时，面对不同的市场，回购行为的反应也存在着差异。在某些市场环境下，回购可能被视为利好消息，推动股价上涨；而在某些市场环境下，回购也可能被视为资金紧张的提醒信号。因此，回购只是防范融券做空的一种手段，需要综合考虑其他因素，才能确保市场的公平和透明。

当然，不可否认，回购作为一种金融工具，对中国股市具有积极影响。其不仅有助于遏制融券做空行为，还能提振市场信心，吸引更多投资者关注。但其影响也需在更广泛的市场环境下加以慎重分析。中国金融市场的独特特点和监管制度，以及与西方市场的差异，都需要在制定政策和投资决策时加以考虑。

由此观之，股票回购在中国股市中发挥着越来越重要的作用。它不仅有助于遏制融券做空行为，还提升了市场信心。然而，在推动回购发展的同时，我们也需要保持警惕，防范融券做空者根据市场变化进行策略调整。同时，还需要监管机构加强对融券做空行为的监测和打击，保障回购制度的平稳实施。

3. 我国股市分红现状及市场影响

对股市分红这一话题的讨论热度一直居高不下。尽管中国股市近年来在分红方面取得了巨大进展，但市场表现并不乐观。

面对这一现象，证监会积极应对，发布了一项新的规定，旨在强化上市公司分红机制，鼓励公司提高分红水平，规范分红行为，以促进市场的健康发展。证监会表示，新规的出台是为了引导上市公司进一步提高分红水平，增加分红频次，强化披露要求，健全常态化分红机制，并据此修订了《现金分红指引》。

《现金分红指引》的修订内容，核心在于明确现金分红的导向性、简化中期分红的操作流程，并强化对超能力分红企业的监管约束。这一新规定的发布，立即引起了市场的广泛瞩目，尤其是关于如何在分红与企业发展之间找到恰当平衡点的讨论。

部分分析指出，过度的分红可能会削弱公司的资金储备，进而制约其用于未来发展的投入，最终可能影响到公司的长远增长潜力。因此，分红应当被看作是回报投资者的一种方式，而非唯一途径。企业应当更加重视投资策略的制定与创新活动的开展，以此作为推动公司持续、稳健增长的关键动力。

此外，新规的发布也是对以往一些恶意分红行为的回应。一些公司曾通过大额分红来迅速获得资金，但这种行为可能损害公司的长期利益，特别是对于股东权益的影响。证监会希望通过新规的实施，规范市场行为，维护投资者的权益。

事实上，近年来我国股市分红方面虽然取得了显著成绩，但市场的表现不尽如人意也引发了对分红与市场关系的深入思考。2023年8月27日，证监会出台并落实了分红与减持"挂钩"政策，规定控股股东或实际控制人不得在公司最近三年未进行现金分红或分红比例低于三年平均净利润的30%的情况下减持公司股份。2023年12月15日，证监会发布了《上市公司监管指引第3号——上市公司现金分红》，更是彰显了其在规范上市公司现金分红行为方面的决心。

数据显示，2018年至2022年，A股上市公司累计分红8.2万亿元，年度分红金额已开始超过当年股权融资额。其中，2022年共有3291家沪深上市公司进行了现金分红，分红金额2.1万亿元，其中面向境内投资者分红1.6万亿元，同比增长22.7%，分红家数占比67.1%，股利支付率（32.5%）和股息率（1.97%）与全球主要资本市场相比处于中上游水平。

中国A股市场的上市公司分红金额和家数占比均在全球范围内居于前列。国际比较显示，中国市场上的分红上市公司数量在全球主要证券市场中名列第一，现金分红总额位居全球第二，分红家数占比也位居全球第二。此外，有163家上市公司已公布了2023年上半年年报的现金分红预案，预计分红金额将达到2030.1亿元。

然而，分红并非越多越好。以美国苹果公司为例，之所以其不愿意进行分红，是因为其本身拥有良好的投资项目。投资者看重的是投资潜力，即长期的利益回报。企业需要通过好的投资项目推动资金的运行和赢利，而非依赖分红来吸引投资者。

同时，需要明确的是，分红就是将现金资金拿出市场，大量分红可能导致市场资金流出，加大市场波动。特别是在市场不稳定时期，过度分红可能加剧投资者的恐慌情绪，这会对市场平稳运行造成威胁。加之融资和融券本身也存在差别，如果融券分红越高，持有券的成本越低，价格就越低。这对于融券做空者来说是一个可利用的漏洞，进而可能加剧市场的波动。因此，在制定和实行分红政策时，就需要全面考虑市场实情和投资者的利益，以减少其对市场所带来的风险和影响。

再者，还有部分公司可能通过大额分红来转移资产或套现，这种行为不仅损害了中小股东和投资者利益，也扰乱了市场秩序。

根据财联社报道：2023年11月27日，上海证券交易所发布消息称，化工企业南高峰及其保荐机构财通证券已向本所提交撤回其上市申请材料的请求，经审核确认，该企业的IPO进程已终止。当下"清仓式分红"正位于舆情的风口浪尖，这家公司分红超过4亿元，拟募资金额中将3亿元用于补充流动性的公司，自然也就引发了市场的关注。

据统计，2023年1月至11月初，已有24家公司涉及前脚大额分红，后脚募资补充流动性或还债情形。其中，中信建投（601066）、国泰君安（601211）、民生证券保荐的家数居于前列。据东方财富数据，2023年1月至11月初，共有508家拟IPO企业向交易所递交或更新了招股说明书，在IPO前夕突击分红的公司多达345家，占比67.91%，其中24家存在前脚大额分红，后脚募资补流还债这一情况。

一些评论者认为，这种分红可能是一种"掏空式分红"，即通过先分红再募资的方式，实际上是对公司的一种掠夺。特别是当分红成为大股东套现的方式时，更是对中小股东利益的严重侵害。这种行为可能会对投资者产生负面影响，尤其是对公司长期发展的看法可能受到影响。一些公司在上市前进行了分红，这种情况占比较高。针对这一问题需要有更深入的认识，并提醒监管层在提振市场和增加分红方面要慎重，以免引起不良影响。

众所周知，上市公司现金分红是一个复杂而重要的话题。新规的出台旨在规范上市公司现金分红行为，促进市场健康发展。然而，在实施过程中需要注意分红对市场产生的各方面影响。在维护市场稳定发展的同时还要兼顾各类投资者的利益保护。

三、解读注册制与交易所

1. 我国股票发行注册制改革带来的市场变化

股票发行注册制（简称"注册制"），以美国和日本为代表，是一种市场化程度较高的股票发行制度。其主要是发行人依法将与证券发行相关的各种资料公开披露，并向证券监管机构申报。我国于 2016 年 3 月起正式施行股票发行注册制。经过多年的筹备与试点，2023 年 2 月 1 日，证监会发布了《中国证监会就全面实行股票发行注册制主要制度规则向社会公开征求意见》，标志着我国全面实行股票发行注册制改革正式启动。2023 年 2 月 17 日，证监会发布全面实行股票发行注册制相关制度规则，并自公布之日起施行。

2023 年 4 月 10 日，沪深交易所主板注册制首批企业上市仪式在北京、上海、深圳三地连线举行。这一标志性事件不仅意味着中国注册制改革的全面落地，更是中国资本市场改革发展的重要里程碑。本次改革的实施正值证监会换届之际，高层领导的高效决策有效消除了各种障碍和分歧，显著加快了制度改革的步伐，使得改革进程比预想的更为迅速。

本次仪式参与人员表示："注册制改革的本质是将选择权交给市场，通过强化市场约束和法治约束，提高投融资的便利性。"以往，中国资本市场建立了一套相对完整的上市模式，但上市门槛较高，审批制度严格，导致利益主要集中在一级市场，形成了独特的"闭眼打新"热潮。然而，在注册制下，上市门槛被放低，流程得到简化，资本流通性增强，各级市场的价值也得到了更好的发挥。

为了给注册制的实行保驾护航，并充分发挥市场的决定性作用，大型股票的上市难度被提升。目前，全球资本市场普遍实行注册制，这一改革不仅对中国整体上市模式产生了根本性的影响和改变,更标志着中国资本市场逐渐与国际接轨,显著提升了国际竞争力。

这一转变也对市场中介服务机构产生了深远影响。保荐机构需要承担更多责任,提升专业能力,以应对更高的执业要求与风险。同时,注册制强化了信息披露的重要性,为投资者提供了更为全面、准确的信息,促进了市场的公平、公正与透明。

随着注册制的落实,中国股市与国际资本市场接轨后,其上市企业股票发行的承销方式和赔损也都将与国际接轨。目前我国仍以包销为主,因为包销形式的承销方式相对更安全。但随着注册制的落实和市场的扩大,承销业务将上涨,承销方式也可能会更加多样化。同时,对于上市企业所造成的损失赔付额也逐步提高。

从西方资本市场的经验来看,当资本市场对股票的好坏进行判断时,就意味着市场中新股的质量参差不齐,投资风险增加。投资者将更加依赖专业知识与经验进行投资决策,专业化水平提高,散户投资者将越来越少,而"闭眼打新"的投资方式也会越来越难以实行。

注册制下,新股发行市场正经历着深刻的变革,新股发行同样呈现出了新的趋势。在证券发行核准制下,我国主板新股发行存在23倍市盈率(Price Earning Ratio)的红线。然而,注册制将股票发行定价权交给市场,使得大量新股的市盈率突破了23倍的传统界限。由此可见,即使在我国股市整体表现难称牛市,且全球股市普遍低迷的宏观背景下,当前,新股申购的市盈率仍处于较高水平,显示出市场对新股发行与估价的热情依然高涨。

但值得注意的是,注册制的到来预示着新股破发的风险显著增加,破发逐步常态化。以往,由于主板新股23倍市盈率上限的规则,投资者能够通过发行价较低的二级市场的溢价空间进行"闭眼打新,无脑赚钱",从而在新股发行市场中轻松获利。但在注册制下,企业上市的门槛降低,更多的企业进入资本市场,市场竞争态势愈发激烈。主板新股定价"市场化",新股发行定价更加符合上市公司的价值,一二级市场的差价也越来越小,"打新"不再是一个稳赚不赔的投资方式。

此外，新股发行过程中的"突击入股"现象也值得探讨。"打新"与"突击入股"之间有一套较为完整的模式，两者之间存在连锁反应。部分企业在上市前，利用低价市盈率进行突击入股，并在企业上市后通过市场溢价获得高额回报。这种现象对市场的健康稳定发展产生了极大的危害。注册制之下，一方面，企业上市前后估值差异减小，市场溢价空间压缩，"打新"获利降低，从而"打新"的动力减少；另一方面，国家加大了对"突击入股"的监管力度。2023年8月27日，证监会发布《证监会统筹一二级市场平衡优化IPO、再融资监管安排》，要求监管部门对业务持续性、上市融资目的性及上市前突击分红等违规行为重点关注。2024年4月12日国务院发布《国务院关于加强监管防范风险推动资本市场高质量发展的若干意见》（国发〔2024〕10号）中包含：将上市前突击"清仓式"分红等情形纳入发行上市负面清单；依法规范和引导资本健康发展，加强穿透式监管和监管协同，严厉打击违规代持、以异常价格突击入股、利益输送等行为。"突击入股"得到有效控制，"打新"思维也不再无往不利。

再者，我国市场格局应当发生改变。注册制实行前，由于新股发行时信息公开不透明、市场供需失衡，导致我国一二级市场呈现出了"一级市场赚钱，二级市场冷清"的明显差异。然而，注册制落实初期虽然存在一定的压力，很多企业为了上市而降低股票定价，但随着新股发行数量的增长和信息披露的完善，企业在完成上市后，股票指数会出现明显向好的态势，形成了先跌后涨的趋势。

在全球货币"注水"的大背景下，注册制的实施使得"闭眼打新"的赚钱方式愈发困难。投资者需要具备更为敏锐的洞察力与判断力，加强对上市新股理性专业的评估。只有这样，才能在复杂多变的市场环境中收获稳健的投资回报，提升风险控制能力。

我们知道，注册制改革的本质是将选择权交给市场，强化市场约束和法制约束，提高直接融资比重，提升资本市场服务实体经济水平、助力国家战略能力。由此可见，注册制的实施对我国未来资本市场有着积极的向好作用。

首先，注册制降低了企业上市门槛，提高了企业上市率。最初，市场上市门槛高、上市企业少，证券主要集中在一级市场的大型机构投资者手中。注册制改革后，上市企业增多、投资者大众化，资本从一级市场下沉至二级市场，证券的流动性提高，增加了二级市场收益。

其次，市场监督制度更加完善。证监会职能发生转变，由发审转化为监管力量，加强对证券交易所（简称"交易所"）审核工作的监管力度。在交易所审核过程中抽取在审项目，关注执行情况；督促交易所建立健全"防火墙"，加强内部制衡机制；对交易所发行上市审核工作开展定期或不定期检查。同时，强化市场约束和法律约束，打击违规企业，推进"应退尽退"的退市改革。

再次，注册制突破了"退市难"的问题，使常态化退市机制更加健全。注册制的实施压缩了"壳价值"，有效地改善了借壳、炒壳等现象，强迫壳公司退市，在宏观经济领域形成了有效的淘汰机制。与美国相比，之前我国股市存在"只进不退"的现象，上市公司质量参差不齐。注册制实施并发展至某阶段后，将会出现与以往不同的牛市。股票议价规则也会随股票的安全度和关注度的分化而产生较大的改变。

最后，投资者投资应更加谨慎。随着注册制的实施和市场走势的变化、发展，可能会有越来越多的新股破发。投资者应关注股票流动性，避免新股炒差、炒退，通过价值投资防范市场风险。

全面实行注册制，是贯彻落实党的二十大报告提出的全面深化资本市场改革，健全资本市场功能，提高直接融资比的重大举措。由此，在未来数年内实现并进一步完善注册制也是可预期的。这一改革不仅将重塑中国资本市场的格局，还将为投资者带来新的挑战与机遇。在注册制的新时代下，只有那些能够适应市场变化、具备专业投资能力的投资者，才能在资本市场中立于不败之地。

2. 注册制与从严财会审计

注册制的全面实行对于券商、会计师事务所、律师事务所等市场中介服务机构产生了重要影响。注册制的实施使中介服务机构的业务量不断上升，同时对其专业服务的要求有所提高，中介机构的责任也随之增强。

注册制能有效运行的核心在于上市公司的信息披露。上市公司的年报、财报等信息应面向公众，要求其信息公开透明，杜绝任何形式的造假。因此，关于上市公司财会责任的话题值得深入探讨。

2023 年 2 月 17 日证监会正式发布的《首次公开发行股票注册管理办法》等文件对全面注册制实施中会计师事务所监管提出了明确要求，其中包括：①诚信为本，确保文件真实、准确、完整，杜绝虚假、误导或遗漏；②合规为先，严格遵守法律法规、监管和业务规则；③质控为重，建立质量控制体系，执行内部控制，审慎发表专业意见；④核查为责，依法核查发行人信息披露，及时报告或及时披露重大事项。这就需要财会审计工作者加强对 IPO 的监管，承担更多的责任，真正做到对公众负责。

目前我国部分企业在信息披露和财会审计方面存在较多问题。2023 年 3 月 17 日证监会发布的《关于 2022 年首发企业现场检查有关情况的通报》显示，一家企业因涉嫌违规违法被移送调查，九家企业的信息披露存在重大问题，五家保障机构执业质量有严重缺陷，其余企业和中介机构存在一般性问题。这表明了财会审计工作需要提升审计质量，加强检查。

随着注册制的实行，更要加强财会审计违法违规的处罚力度。但自 2021 年起，从中华人民共和国财政部对中国华融资产管理股份有限公司（简称"华融"）会计信息质量及其审计机构德勤华永会计师事务所（简称"德勤"）执业质量开展检查的相关处理结果来看，对财会审计违规违法的处罚力度无法达到"严"的标准。虽然对华融和德勤的罚款金额已达到《中华人民共和国会计法》的上限，但对大型企业而言，无论是其财务负责人还是会计师，这样的处罚都稍显较轻。如此便导致财会审计人员容易忽略自己所应承担的责任，资本市场存在的问题始终无法得到妥善解决。

最初发行审批委员会制度（简称"审批制"），作为市场的把关人角色，审批人员有着重要责任。全面注册制取消了审批制，进一步开放资本市场，放权给市场，那么财会审计机构的责任被进一步强化，财会审计人员就是信息披露的把关人。为了能确保资本市场的正常健康运行，需要对财会审计人员从严管理。为此，我们需要进一步完善相关会计法律法规，减少行业专业人员参与法律法规的制定，加大对违规行为的处罚力度，明确财会审计人员责任，为资本市场的健康发展保驾护航。

3. 注册制下股市退市成为主流

随着注册制的实施，股市的入口变得日益宽广，为更多优质企业提供了上市的机会。然而，股市的出口也同样需要拓宽，并进行相应改革，以适应这一新的市场环境。注册制的配套机制之一就是退市机制，它对于维护市场的健康和稳定发展具有重要意义。

近年来，有关方面已经展开了对上市公司退市的相关行动。据2023年6月第一财经网的报道，一场史无前例的上市公司"清退"计划正在A股市场悄然展开。自2020年底沪深交易所发布一系列退市新规以来，A股市场退市节奏正日渐加快。根据第一财经网统计，2021年有17家上市公司被强制退市，2022年有42家被强制退市，"僵尸空壳"企业集中被出清。这一趋势表明，退市已经成了股市的常见现象，对于清除"僵尸空壳"企业、净化市场环境起到了积极作用。

在过去，中国股市存在一批"打不死的小强"，即使情况再糟糕的公司，其壳资源也具有一定的价值，重组完上市后市值还能涨。一些投资者，如所谓的"ST敢死队"[1]，专门利用资金进行高风险投机，他们往往将资金押在存在退市风险的股票上，试图通过短期内的股价波动获取高额利润。还有一些有问题的公司则通过借壳重组的方式以寻求生存。然而，在注册制下，这种局面将会发生改变。

过去，企业上市除了需要满足一定的资格条件、指标、年限的限制，还

---

[1] ST敢死队：股市中一种特殊的投资群体，专注于投资被特别处理的ST（Special Treatment）股票。

需经过严格的审批流程。注册制落实后，拥有优质资源项目的企业可以自行上市，而劣质的壳公司则将被清退。这一变革对股市产生了深远的影响。进一步而言，注册制对于股市的影响不仅仅局限于退市机制，它还会对大盘指数造成影响。对于大盘指数而言，"坏孩子"的退出将为"好孩子"的上涨腾出空间。因此，有关的退市举措对于指数基金是有好处的。

在中国，上市公司的数量并不少于美国，但过去由于只进不出，大盘指数的表现一直不尽如人意。相比之下，美国的大盘指数（如道琼斯指数）之所以能够持续上涨，一个重要原因就是其成分股一直在调整和优化。道琼斯指数始终选择最好的股票作为成分股，因此其指数表现自然更加出色。

目前，市场价值到底如何走、退市如何走，也到了一个攻坚阶段。只有让不好的企业退市，才能为优秀的企业寻得发展空间。同时，全面放开注册并落实规则透明化，对于民营企业来说也是有利的。这将有助于提升股市的整体质量，吸引更多的优质企业上市，推动股市的长期稳定发展。

可见，注册制的实施不仅需要拓宽股市的入口，为更多优质企业提供上市机会，同时也要求股市的出口进行相应改革和完善。退市机制的建立和完善是注册制配套机制的重要组成部分，它帮助股市去其糟粕、推优去劣，维护市场的平稳运行。

4. 北交所转板改革与股市震荡

2023年10月8日，北交所发布了修订后的《北京证券交易所上市公司持续监管指引第7号——转板》（简称《转板指引》）。这一举措标志着北交所在推进上市公司转板机制上向前迈出了重要一步。此次《转板指引》的修订，高度重视投资者权益保护，着力于形成有序化、规范化、常态化的转板安排，旨在引导上市公司稳妥启动转板，并压实中介机构"看门人"的职责，进一步理顺转板程序安排。

修订后的《转板指引》重点加强了对"关键少数"的监管，要求控股股东、实际控制人、董监高❶在公司转板期间承诺"不减持",以防范主体利用"忽悠式"转板牟利,侵害投资者权益。同时,北交所还加强了异常交易监管,严厉打击利用转板内幕交易、操纵市场等违法行为,并希望相关部门重点关注转板后期的执行力度和效果。以此来遏制非法牟利,保护投资者权益。这一系列举措表明,国家正加大对北交所的改革支持力度,提升市场监管效能,预示着转板工作的步伐或将加快。

在当前市场环境复杂多变,IPO申请减少和通过率显著下降的背景下,北交所希望通过这一改革,为上市公司稳妥启动转板提供更明确的政策指引,压实中介机构的监管责任,并进一步规范转板程序,提升股票流动性和透明度。这不仅有助于提升北交所的市场吸引力,也为上市公司提供了更多的发展机遇。

转板改革被视为一项期待已久的举措,旨在加快转板步伐,同时严厉打击滥用转板非法牟利的行为,以确保市场的健康和透明。然而,转板也给市场带来了新的考验。一方面,转板后可能会引发大股东减持行为,给市场带来资金压力;另一方面,转板过程中存在的监管问题也不容忽视。尽管转板改革将在市场上引发一些不确定性因素,但国家的大力支持将有望加速这一进程,推动北交所乃至整个金融市场的发展。

对于整个国内金融市场和经济发展来说,北交所的转板改革承载了重要的区域平衡和经济发展任务。北交所转板改革的成功实施将有望为中国的金融体系带来更多均衡和发展机会,推动京津冀地区的经济腾飞,提高全国金融市场的活力。虽然市场预计短期内不会出现大幅涨幅,但长期来看,转板改革有望为北方地区注入新的经济活力,推动整体市场的稳定增长。

然而,就在北交所积极推进转板改革的同时,2023年12月5日,A股市场出现了大幅震荡,沪指跌破3000点的关键点位,迅速引起了市场的广泛关注与深刻反思。此前,我有幸与投资界的杰出代表刘央女士进行了一次深入的会客对话。当时,刘央女士曾表示中国股市没有底。尽管后期市场出

---

❶ 董监高是对上市公司董事、监事和高级管理人员的简称。——编者注

现了反弹，使这一观点遭到了质疑，但2023年12月的股市震荡下探，又重新验证了该观点。这表明，中国股市的波动性和不确定性从未消失。尽管当时市场走势存在一些压力，但也存在一些机遇。但需要明确的是，在股市中，风险大于机会。在市场整体环境尚未明朗之前，任何利好消息都可能存在引诱投资的风险。因此，投资者需要保持清醒的头脑与审慎的态度，密切关注市场动态和经济形势的变化。

值得注意的是，市场内部的分化现象也不容忽视。在整体市场陷入低迷之际，北交所却展现出了强劲的增长势头，整体涨幅高达7%。这一亮眼表现，主要归因于北交所相对较小的市场规模，使得投资者倾向于采取"消费降级式"的投资策略，将资金涌入这一领域。加之其正在进行扩容政策，使得股市一直呈现上涨趋势。随着大公司股票投资门槛的不断提高与风险的日益加剧，越来越多的投资者开始将目光投向小公司股票，寻求新的投资机会。

北交所的发展态势还得益于其扩容政策的实施与做市商制度的引入。实际上，量化操作速度极快，本质上与庄家相似，特别是与善庄有许多共通之处。随着市场的深入发展，其名声逐渐好转。如今，北交所以做市商、量化投资等形式出现在投资者视野中。

然而，北交所的股票波动也很显著。在经历了大幅上涨后，又迅速回落。这一跌势的根源在于有关部门透露出北交所大股东计划减持的信息。据了解，自2023年11月初至11月27日，志晟信息（832171）的股价涨幅超过260%，并在11月21日至24日期间连续出现多个涨停板。在此过程中，志晟信息的主要股东廊坊冀财新毅创业引导股权投资基金（有限合伙）（简称"冀财新毅"）开始减持其持有的股份，并于2023年11月23日至27日累计减持公司股票100.23万股，占公司总股本的1.00%。减持完成后，冀财新毅的持股比例从7.48%降至6.48%。该计划一公布立即引发了市场的负面反应。大股东减持往往意味着其对公司前景的谨慎态度，同时也为市场中的其他力量如善庄提供了更多的控盘空间。因此，从某种程度上说，大股东的减持反而可能为市场带来一定的上涨动力，但这种上涨动力具有极高的风险性和不稳定性。

为此，面对当前复杂多变的市场环境，投资者应保持警惕的态度。在风险大于机会的市场背景下，尤其是经济形势不佳时，投资者应倾向于保守、关注风险、争取少亏。同时，投资者需要密切关注市场动态、政策变化等多方面因素，以便做出更为明智的投资决策。

北交所的转板改革举措为市场注入了新的活力与变革，既带来了前所未有的发展机遇，也伴随着相应的挑战与考验。在此背景下，投资者应当保持清醒的头脑与审慎的决策态度，紧密跟踪市场动态，深入分析经济形势的微妙变化，以便及时应对市场波动。

同时，投资者还需积极挖掘并把握市场中涌现的各类投资机会，通过精准的投资布局，实现个人或机构资产的保值与增值目标。在这一过程中，既要注重风险控制，确保投资决策的稳健性，又要勇于探索创新，追求投资回报的最大化。

5. IPO 市场动态及一二级市场的博弈

2023 年的中国股市，尤其是 IPO 市场，经历了一系列显著的变化。2023 年 7 月，IPO 市场呈现出不同寻常的态势：申报数量显著下滑，甚至沪深市场似乎也没有新的 IPO 申请，北交所仅有金苑种业 家企业提交了申请。同时，7 月份 IPO 审核的速度也明显放缓。

据统计，当月 A 股 IPO 共审核 25 家，相较于 6 月的 54 家，数量下降了 53.7%。实际上，自核准制转向注册制以来，市场许多规则都发生了改变。以往市场不景气时，大家要求暂停 IPO，希望通过政策手段停止审批。但现在，情况有所不同。政策无法停止审批，市场的自我调节机制开始发挥作用，由市场进行停止审批。因此，上市企业在市场不景气时，需要考虑招股是否会亏损，甚至可能出现破发的情况。

注册制的实施，对保荐机构提出了更高的要求。在中国，许多新股发行都采用的是包销制而非代销制，这意味着如果新股无法顺利发行，保荐机构需要承担兜底责任。一旦新股破发或无法顺利发行，保荐机构将面临巨大的经济损失和声誉风险。恰巧现在有不少新股买完之后处于跌价状态，因为现政策下，"闭眼打新"赚钱得不到保障，"打新"过重就是亏本，卖不出去的股票需要上市机构自行承担。因此，保荐机构在保荐企业上市时，需要更加慎重地评估企业和市场前景，以此降低风险。

当然注册制还对新股发行模式产生了巨大影响。以往新股上市通过"打新"往往能带来丰厚收益，投资者对新股的热情高涨。但如今，破发等不利情况频发，使得投资者在"打新"时更加谨慎，因为新股破发风险有增加的趋势。

然而，从另一个角度看，新股发行模式的改变对于中国股票 A 股的二级市场来说存在益处。因为当新股发行不再那么吃香时，更多的资金可能会流向二级市场，从而推动二级市场发展，为二级市场的发展提供了一定的空间。

A 股市场遇冷，反映了市场需要承受压力。股市的牛熊态势，并非简单地由二级市场涨跌来决定，还得观察一级市场。然而，当前阶段，我们更应关注的是，中国股市的主导力量何时能从一级市场转向二级市场。我们支持民营经济的同时也要支持股市的融资，除了上市公司，还有民营经济的IPO，这就要依靠政策做好各方之间的平衡和协调。我们需要认识到的是，IPO 市场的遇冷既有历史原因也有市场逻辑调整的原因。

中国股市一直以来都强调一级市场和二级市场的博弈。为什么要关注这一点呢？原因在于一级市场的融资情况会直接影响二级市场的表现。在股市中，投资者不仅需要关注股价的高低，还需要关注公司的融资情况。中国股市一直以来都是全球融资额排名前列的市场，融资规模庞大。然而，这些融资资金并非都流入了市场，而是有一部分流出了市场。这主要体现在公司的分红行为上。分红是企业向股东返还利润的一种方式，但实际上也是一种资金流出市场的表现。这一现象对股市有着直接影响。

股市的变化表明人们对一级市场的关注仍然存在。在 2023 年的一段时间里，IPO 市场曾实质性地进入暂停状态，但近期的数据显示，IPO 市场重新活跃。据财联社 2023 年 11 月 29 日的报道，截至 2023 年 11 月 28 日，沪深北三大交易所在审项目高达 728 家，其中沪深 IPO 在审项目 617 家，深市主板 104 家、创业板 264 家、沪市主板 139 家、科创板 110 家。北交所 IPO 在审项目有 111 家。这一数据显示，IPO 市场逐渐回暖。

面对市场的变化与挑战，监管层也在不断完善相关政策与市场调节机制。2023 年 8 月，证监会对当前市场形势进行充分考虑，并完善了一二级市场逆周期调节机制，围绕合理把握 IPO、再融资节奏，提出了阶段性收紧 IPO 节奏这一政策。这一政策的出台，有助于提高市场的动态平衡。尽管 IPO 市场的注册批文数量有所放缓，但市场并未完全停滞。2023 年 11 月以来仍有 8 家沪深项目获得批文，表明 IPO 市场的步伐并未停滞。

同时，市场对于北交所的态度也格外关注。北交所上市公司在股价暴涨后，部分董监高发布减持股份公告，引发市场热议。但北交所明确表示，禁止大股东减持的说法并不准确，相关指引精神没有改变。北交所发布的指引中规定，相关股东可以根据规定进行减持，这与其他交易所的规定有所不同。

展望未来，中国股市的一级市场与二级市场将继续保持博弈态势。但总体而言，当前有关方面对一级市场仍然持较为关照的态度。当然，随着中国经济逐渐走出低谷，对一级市场的支持也将显得尤为重要。许多公司希望通过股市融资来解决自身困难，尤其是在债务融资日益困难的情况下，这种想法更甚。政府政策扶持、资金支持等方式，可以有效推动一级市场的繁荣发展，并为二级市场提供更多的投资机会，促进股市的健康发展。

6. 做市商制度推进与北交所股票大涨

观察 2023 年 11 月 20 日至 11 月 22 日北交所股市的动态，不难发现多只股票市值迅速上涨，11 月 22 日整体大盘涨幅更是高达 8%。这一连续上涨态势引起了市场的广泛关注，人们普遍猜测这可能与即将实施的做市商扩容政策有密切关系。而针对北交所市场的扩容，由于其本身体量小，资金进入会引发较大的股市市值波动。然而，出于对牛市的期望，相关部门并未对此采取直接行动，而是更加倾向于维护善庄和做市商机构的利益。

根据界面新闻的报道，北交所已向多家券商发送了首批做市商评估测试通过函，包括方正证券（601901）、海通证券（600837）、国元证券（000728）等知名券商。这被认为北交所做市扩容在即，多家券商已准备就绪，申请证监会批准做市资质的材料已基本准备完毕，将抓紧向证监会提交申请。

2023年9月1日，证监会发布了《证券公司北京证券交易所股票做市交易业务特别规定》，在原科创板做市特别规定的基础上，根据北交所针对做市商资质要求，进行了调整。将净资本要求放宽至不低于50亿元，分类评级放宽至近3年分类评级有1年为A类A级（含）以上且近一年为B类BB级（含）以上。同时，要求相关券商技术系统具备开展业务的条件并通过北交所评估测试。业内人士普遍认为，这一调整对保障北交所做市商制度改革取得积极效果将发挥重要作用。

自2023年2月20日北交所股票做市商交易制度正式上线以来，原有的15家做市商即将迎来扩容。专家表示，证监会依据北交所市场特点，对做市商准入条件进行适应性调整，对保障北交所做市制度改革，取得积极效果有重要作用。

实际上，做市商又被称为"善庄"，他们通过高抛低吸的操作将来股票维持在一个相对稳定且较高的市值水平，这有助于防止股价被过度打压。与熔断机制相比，当前中国正在进行的做市商制度改革能够提供更多的市场流动性，使做市商在市场中发挥更加重要的作用。另外，过去做市商常因被误认为是在"坐庄"而遭到质疑，但如今这一概念已经发生了变化。善庄与企业大股东合作，共同进行市值管理，既维护市值的稳定，又对市场信息进行管理。从市场的角度来看，这对市场机构非常有利，因为它确保了市场的流动性。然而，对于散户而言，他们则处于相对弱势的地位。

尽管市场对股票市值连续上涨的缘由进行了剖析，但分析家们同时提醒投资者应保持警觉，紧密跟踪市场的后续发展。做市商规模扩大的影响在股市中尚存在不确定性，因此，投资者需以更加审慎的态度来评估市场趋势，从而更精确地把握做市商扩容对股市的潜在影响，确保能够做出明智的投资选择。

7. 市值管理与市场动向

在 2023 年末经历了一轮探底后，市场各方积极表态，给人一种"V 形反转"的印象。然而，对于 V 形反转，一直存在一种观点，即 2024 年前市场状况或许并不乐观。这主要是因为，在年末前夕，市场往往会承受较大的压力。

通常情况下，股市在 2 月的市场表现通常在年后到"两会"前相对较好，但随后市场往往呈现下跌趋势。其中一个重要原因是"银根紧"，简单来说，就是年前资金面的紧张状况。过去，我们可以通过银行间同业拆借利率来清晰看出"银根紧"的状况。然而，如今央行利用了各种短期和中期的操作工具，如常备借贷便利（Standing Lending Facility，SLF）、中期借贷便利（MLF），使得银根状况并不容易从同业拆借利率中直接观察到，但民间的资金压力依然巨大。

在此期间，股市曾暴涨。《经济日报》指出，市值管理不同于简单的股价管理，更不能简单地等同于股价上涨。市值管理的内容涉及方方面面，不能一蹴而就。企业要通过稳扎稳打的经营来实现市值的提升。

值得注意的是，《经济日报》在过去的一系列报道中，也展现了对市场现象的特别关注。在 2023 年 4 月 10 日，该报发表关于《热捧人工智能需防泡沫，投资者勿跟风炒作》的报道；2023 年 8 月 3 日，又发表文章呼吁让居民通过股票基金赚到钱；而在 2023 年 8 月 17 日，该报发表文章指出，以暂停新股发行来救市不可取。

市值管理是一个复杂的概念。它既要关注股价的涨跌，还要注重企业的长期发展。这不是简单的股价炒作，而是通过提升企业的内在价值来实现市值的可持续增长。同时，还需要关注市场动态和投资者需求，加强与投资者的沟通和互动。除了企业自身外，市场也需要提供公平、透明、有序的投资环境。这要求监管部门加强市场监管，打击市场操纵和内幕交易等违法行为，保护投资者的合法权益。

在这个过程中，《经济日报》等权威媒体的声音无疑具有重要的引导作用。通过它们的报道和深入分析，为投资者提供有价值的信息和观点。同时，它们也通过发表权威的声音和观点，影响着市场的走势和投资者的预期。

在做市商和央企市值管理等方面，市场也存在一些争议和讨论。有些人认为做市商能够提供市场流动性并稳定股价，而有些人则认为央企的市值管理可能会引发股价炒作和泡沫。实际上，做市商和央企市值管理都是市场中的重要组成部分。

在当前市场环境下，政策变化对市场走势具有重要影响。政策的变化不仅影响着市场的资金流向，还影响着投资者的预期和信心。因此，投资者需要密切关注政策动向，了解政策背后的目的和可能产生的市场影响。同时，投资者也需要保持清醒的头脑，理性分析市场现象，避免被短期的市场波动所迷惑。

总之，我们需要密切关注政策动向和市场动态以便更好地把握市场的机遇和风险。同时，我们也需要保持理性和冷静的心态来面对市场的波动和挑战。只有这样，我们才能在复杂多变的市场环境中实现长期的稳健回报。

8. 陆金所大崩溃与线上金融中介危机

2023 年 11 月 24 日，在美国上市的中国金融服务企业陆金所市值仅剩 20.7 亿美元（约合 148 亿元人民币），与之前在美国上市时的意气风发不同，其市值遭遇巨大崩溃，濒临退市的边缘。

陆金所，全称上海陆金所信息科技股份有限公司，自 2011 年 9 月成立以来，一直是中国平安集团的得力子公司。其注册资本高达 8.37 亿元，总部位于上海陆家嘴金融区，地理位置显著。公司的主营业务是为金融资产交易提供信息服务平台，旗下的网络投融资平台在 2012 年 3 月正式上线，迅速在金融市场中崭露头角。截至2021年9月底，其注册用户数量突破4870万人，显示出其庞大的用户基础和广泛的市场影响力。

然而，2023年陆金所在美国的上市表现堪忧。据报道，该公司的市值在美国蒸发了高达2550亿美元，同时裁员2.7万人，高管持股平台做空套现，这一系列负面消息使得公司面临巨大的退市风险。为了维持上市地位，陆金所不得不宣布计划将其美国存托股票（American Depositary Shares，ADS）与普通股的比例从2∶1调整为1∶2，该变更将于2023年12月15日生效。根据纽约交易所规定，如果上市公司平均收盘价连续30个交易日低于1美元，则将触发退市机制。自2023年10月以来，陆金所的股价已多次跌破1美元，尤其在11月14日三季报发布后更是暴跌19.12%，此后便长期在1美元下方徘徊。这一调整实际上是对公司股票进行缩股，目的是避免触发纽约交易所的退市机制。

陆金所的市值暴跌不是一个个案，它反映了中国整体金融服务业所面临的困境。陆金所在2019年上市时，其市值最高超过2700亿元人民币，但到2023年11月24日，市值仅剩下20.7亿美元，较最高位下跌了95%，创下中国金融科技上市公司股价缩水的最惨纪录。

该事件引起了人们对中国金融企业在美国上市的可行性和风险的广泛关注。一些观察人士指出，陆金所的困境不仅源于其自身经营问题，更与中国金融企业在美国上市所面临的复杂环境息息相关。随着中国企业在美国上市数量的增加，美国对中国中概股一直存在打压态势，有严格审计等要求，而中国企业在上市时是否向美国透露了关键金融数据也成为讨论焦点。

9. 中俄熔断机制的差异：以莫斯科股市暂停为例

2024年2月，俄罗斯发生的股市断网事件引起了广泛关注。根据《上海证券报》的报道，莫斯科交易所于当地时间2024年2月13日暂停了股票交易，暂停时股票市场出现剧烈波动。据交易所官网显示，股票交易在13∶58暂停，恢复时间稍后公布。在随后的公告中，交易所宣布将于15∶45

恢复股票交易。而在 2024 年 2 月 12 日，莫斯科交易所曾发布公告，表示将在 2 月 13 日至 14 日更新证券和外汇市场的 T1 测试环境，其间交易系统和部分服务可能暂停。

这并不是俄罗斯首次在面临市场异常波动时采取终止交易的措施。在 2022 年 2 月 24 日，由于俄乌战争引起的股票抛售，莫斯科交易所曾经宣布暂停股票交易。当时的市场情绪也出现了明显的波动。

与此同时，值得注意的是，俄罗斯经济在 2023 年呈现出相对稳定的迹象。其国内生产总值增长 3.6%，高于全球平均增长幅度。这或许表明，莫斯科交易所终止交易的做法在一定程度上起到了稳定市场的效果。

与中国过去实施的股市熔断机制相比，俄罗斯采取的是一种暂停交易的方式。中国的股市熔断机制曾在 2016 年引起广泛争议，当时市场出现大幅下跌，导致连续熔断。中国的熔断机制被批评为缺乏及时有效的救市措施，而且一旦熔断，市场就陷入停滞状态。

对于俄罗斯而言，其采取的措施似乎更侧重于暂时终止交易，为市场提供喘息之机。此外，俄罗斯对于金融危机的处理手段也与中国有所不同。在俄罗斯，相关安全部门会直接对涉及国家安全的做空行为介入调查。而中国，在此方面的监管还不够严格，导致一些做空行为得不到有效的遏制。

因此，对于中国股市熔断机制的完善，首先，我们需要完善熔断机制的配套法律和严惩体系。只有这样，才能确保熔断机制在触发后能够有效地稳定市场。其次，需要加强监管力度，对于恶意做空等违法违规行为进行严厉打击，维护市场的公平和公正。同时，我们可以借鉴美国的做市商制度，引入更多的市场机制来提高股市的稳定性和效率。最后，还需要加强对投资者的保护。

10. 熔断机制、期权与做市商体系

熔断暂停了，其引发的思考却不能停止。中国在 2016 年实行了股市涨跌熔断政策，结果新年开市第一天就有两次熔断，到 1 月 7 日，市场再次两

次熔断，总计交易不到 15 分钟，接着就是周四晚上紧急通知暂停，一个新政策出来不到一周就夭折了。

这熔断机制是从西方市场学来的，西方市场比较成功的做法，这是因为西方市场有完善的期权市场和做市商机制，这二者与熔断有机的结合是稳定市场的关键。

我们要注意到西方的市场是 T+0 和没有涨跌停板的，中国是 T+1 和有涨跌停板的，有了涨跌停板以后为何还要熔断？这可以通过期权来解释。

其实涨跌停板和 T+1 的制度与期权是可以联系起来的，涨跌停板制度也可以从期权层面上来看。涨跌停板在某种程度上类似期权，应该大力发展期权市场。中国每天买卖的股票，由于涨跌停板，类似于股民在做一个当天的 10% 的期权交易。买入股票，其实相当于卖出一个当天涨停板的认购期权，同时买入一个当天跌停的认沽期权；卖出股票，相当于卖出一个当天跌停的认沽期权，同时买入一个当天涨停的认购期权。而且涨停板上的这个期权，行权需要 1 天，行权一天与 T+1 交易锁定你的股票 1 天是等价的，原来的 T+0 就与 T+1 对等了；而卖出股票等于买入一个当天跌停板的认购期权，也是行权一天，买入股票是一天后可以卖。如果选择不行权，当天的钱就可以买其他股票了，就是 T+0 不变；而对于 T+1 的交易，可以当天卖出一个期权来对冲。

有了期权的概念，其实涨跌停板和 T+1 是可以对冲的。在西方发达市场，通过期权的存在很好地实现了涨跌停板和 T+1 的功能，甚至通过不同的行权期限，可以对冲多日的风险。这些期权的存在，也可以抑制市场暴涨暴跌。

在西方市场中，市商角色类似于我们常说的"善庄"。在特定市场环境下，做市商需承担特殊义务，即向市场提供流动性。这意味着，在市场流动性紧张之际，做市商有责任释放流动性，以缓解市场压力。特别是在期权市场，做市商更需积极提供期权产品，为市场投资者提供买入期权以避险的机会，从而防止恶意投机者利用市场波动进行不当渔利。

西方证券市场引入做市商制度的初衷，正是为了明确市场并非总能自动出清，需要特定主体来承担这一重要任务，以确保市场的稳定与健康发展。

我们认识了西方市场的做市商制度和期权市场后，就可以知道西方市场在熔断期间，期权交易是继续的。尤其是西方很多期权交易还是场外交易，场外交易远远大于场内交易，大量的期权出现，有利于稳定市场，同时在此期间，做市商调集资金、释放期权，起到了主导市场的作用。西方市场的熔断，绝不是系统的熄火，而是一个危机系统的启动。西方资本市场是在市场不能出清的时候熔断，然后利用熔断的时间，让期权市场和做市商机制发挥特殊作用，让市场实现出清。等到开市后，市场已经出清，可以正常运转了，那么这个市场必然会在熔断恢复运转后表现出良好的态势，熔断起到了切实的效果。

熔断还带来了市场的齐步走效果。齐步走会引发共振，带来巨大的力量。西方市场熔断带来的是市场暴跌，是期权卖出方和做市商的重大损失。在这个损失压力面前，他们需要团结起来步调一致，而且不同的股票有不同的做市商，彼此操作的证券不同，还没有囚徒效应的问题，结果就是他们可以利用这个熔断的时间步调一致起来面对市场的非理性恐慌，实现市场出清。西方的熔断期间是期权、掉期、场外协议密集交易的时间，而不是市场的停摆。对市场而言，最大的恐慌就是没有交易的机会。西方的熔断也是要与场外市场、期权市场结合起来看的。

熔断机制引发恐慌的一个关键性原因是，熔断后的机构赎回是基于两日后的估值来计算的。这种计算方式使得机构在熔断临近时，为了避免基于未来更低估值的赎回损失，可能会选择提前赎回，从而成为诱发熔断临近时市场暴跌的重要原因之一。在熔断的威胁下，机构赎回大增，但熔断机制本应是保护市场的，而非仅仅保护机构。熔断使得原本股灾后出现的收盘前现象提前至熔断前出现。机构应对赎回压力所需的并非是熔断，而是期权和做市商的支持。依靠期权和做市商，可以更快地实现市场出清，从而缓解赎回压力。

所以，我们要认清熔断背后的各种规律。认清之后进一步完善资本市场机制，引入广泛的期权和做市商制度，完善期权市场、增加做市商机构，认清三者当中的规律和相互作用关系。通过掌握期权市场的规律和做市商的主动参与，配合熔断机制来促进市场稳定发展。

（2016-01-11）

四、股市与楼市、债市的关系

1. 股市逻辑与市场环境变化：以中植系危机为例

中植系❶的危机，不仅仅是单一企业面临的挑战，更是当前市场环境变化的一个深刻缩影。这种危机的根源在于市场逻辑的变化，传统的市场思维在新的市场环境下可能已经不再适用。

过去，中国股市中的许多资本系并不是直接持股的上市企业，而是扮演着放贷人的角色。它们巧妙地利用"上市企业+PE（私募股权）"的模式进行运作，甚至在上市前就为企业提供资金支持，帮助其达到上市的要求。一旦企业上市，大股东们又会通过股权质押等方式进行资金交换，用于维持市值或业绩，从而继续融资。在这个过程中，资本系不仅从股市放贷中获取资金，还因为它们的股票可以随时卖出，而拥有了一定的安全边际。

但是，因为各种因素的影响，现在的市场已经发生了变化，这种模式的生存空间也逐渐被压缩。首先，维持市值的压力越来越大，而注册制的实施又降低了企业上市的门槛。这意味着企业一旦上市就能迅速实现收益变现，并且可以立即归还资金，这使得资本系获利的空间被大大压缩。在这样的市场环境下，像中植系这样依赖大规模借贷理财的资本系面临着巨大的压力。

其次，市场利率的大幅降低也使得资本系的融资获利进一步缩小。再者，随着股市从散户市向机构市的转变，散户越来越少，机构不断增加，以及从核准制向注册制的转变，使得中植系等资本系原本的玩法行不通了。现在的机构投资者更加理性，不容易被操控，这使得资本系的影响力大大减

---

❶ 中植系，指由已故企业家解直锟控制的数十家上市公司、金融平台的总称。

弱，也使得它们的生存空间越来越小。

面对这样的市场环境变化，中植系的危机实际上是对当前股市逻辑和市场环境变化的一个警示。它告诉我们，过去那种依赖高杠杆、高息融资、市值操控等手段来获利的模式可能已经不再适应新的市场环境。为了解决这个问题并推动市场的健康发展，我们需要从多个方面入手。

对于监管部门，应该加强对市场的监管力度，打击各种违规行为，保护投资者的合法权益；对于上市企业和资本系，也需要进行自我调整和创新，以适应新的市场环境；对于投资者来说需要增强风险意识，提高投资能力；同时，也应该加强企业内部管理和风险控制，提高自身的抗风险能力。

综上所述，中植系所面临的困境，深刻反映了当前股市逻辑与市场环境的变化。为有效化解此危机并促进市场的稳健前行，亟须监管部门、上市企业、资本体系以及广大投资者等各方力量的协同努力与紧密合作。唯有如此，方能携手应对市场的种种挑战与变革。

2. 金融政策对楼市的影响

2023年下半年，中央对楼市的调控政策有所调整，在楼市调控上做出了新的决策，进一步支持房地产市场的发展。这一决策的出台，被视为市场的拐点，标志着政府从限制性措施转向支持房地产市场，这就意味着对政策取向的重大调整。在此背景下，一些楼盘的销售表现突出，呈现出繁荣景象。

要深入理解当前楼市的变化，我们首先需要认识到楼市的分化现象。在分化的过程中，天价楼盘与"鬼城"并存，市场供应量巨大，但真正值钱的却是如百年前修建的北京四合院那样的存量房。相比之下，新建的三四线城市因人口拐点不足而沦落为"鬼城"。因此，在谈论楼市售价时，我们必须要注意统计数据的偏差。例如，交易价格可能因避税而做低，政府设定的最低限价也对实际成交价产生了重要影响。

楼市与经济发展的关系一直备受关注。过去，政府实行了多轮楼市调控政策，其中不乏限购、限售等措施。而此次决策的变化显示，政府旨在强调楼市的重要性，并明确表示支持房地产市场的进一步发展。这一转变反映了楼市在经济发展中的重要作用。

楼市好转的原因之一还在于其巨大的存量房价值。当楼市价格上涨时，存量房作为资产，其价值也随之增加。之所以将楼市与股市结合来分析，是因为楼市的存量价值和股市的存量价值都是中国资产的重要组成部分。房屋的存量价值与股票的存量价值息息相关。当房价上涨时，房屋的存量价值增加，这也会传导到股市，提升股票的存量价值。因此，房价的涨跌不仅影响楼市，也影响股市。它不仅会影响个人资产价值和消费能力，也会对企业融资和全社会融资贷款产生影响。

有些人存在着一些买房误区。他们可能认为房价低就能买得起房，但实际上房价过低可能是由于失业人数变多导致的，反而会导致更买不起房的情况出现。实际上，房价的涨跌反映了整个国家资产的价值。压低房价实际上是在压低整个国家的资产价值。

中国的资产价值背后对应的是金融和中国经济。我曾在《房势：解析房地迷局》中讲过，改革开放以来，我们在土地和基础设施建设上投入了大量资金，这些资金都会转化为土地价值。我国的基建投入巨大，因此中国的基建价值就是房屋价值。政府的基础设施建设投入如果不能转化为土地价值，就等于把这些钱"打了水漂"。因此，我们不能简单地将中国的房价视为泡沫。

房价的上涨可以提升个人和企业的资产价值，进而提升消费和投资能力。而房价的下跌则可能导致个人和企业资产缩水，进而影响经济活力。这种影响不仅局限于楼市本身，还会通过金融系统传导到整个经济体系。因此，我们不能简单地认为房价低就是好事，而应该全面地看待其对经济的影响。

除此之外，我们还需要理顺金融和房地产的关系。2023年10月24日，中央金融工作会议再度受到关注，我们特别聚焦于其对建设金融强国的政策解读。对于金融和房地产的紧密关系，会议有一系列重要表述。在会议报告中，特别提到了房地产，释放了三个关键信号。《新京报》报道指出，会议着重强调了促进金融与房地产的良性循环，健全房地产企业主体监管制度和资金监管，完善房地产金融宏观审慎管理。这一表述显示出政府对金融与房地产关系的深刻理解和明确态度。

会议强调要一视同仁，满足不同所有制房地产企业的合理融资需求。这一表述意味着，银行对各种所有制的房地产一视同仁，其融资需求得到正式认可。不再对开发商贷款持谨慎态度，而是可以满足各种主体的融资需求。这一变化对于房地产市场来说无疑是一个重大的利好消息。它将有助于缓解房地产企业的资金压力，推动其更好地发展。同时，会议还强调了要加快保障房建设等"三大工程"，构建房地产发展新模式。这一表述说明政府对房地产市场的长远规划和战略考虑。通过加快保障房建设，更好地满足人民群众的住房需求，推动房地产市场的健康发展。

金融与房地产关系的重要性在会议上得到了明确强调。房地产不再被简单地与金融划清界限，而是被认为是金融市场信用的重要来源。房地产作为不动产，为金融市场提供了可靠的担保。这一表述深刻地揭示了房地产与金融之间的内在联系。房地产市场的稳定发展对于金融市场的稳健运行具有重要意义。而金融市场的支持也将进一步推动房地产市场的繁荣发展。

对于房地产企业资金的使用，会议中重点强调了监管。此次会议对期房问题的提及，表明国家对资金管理的监管将更加严格，以避免类似的金融风险。这一表述意味着政府将加强对房地产企业资金使用的监管力度，确保其合规、透明地运用资金。这将有助于降低房地产市场的金融风险，保护投资者的合法权益。

楼市调控新决策与市场拐点的出现，标志着政府对房地产市场认识的深化和政策的调整。在金融与房地产紧密关联的背景下，这一决策将对楼市和股市产生深远影响。而在市场和政策的相互作用下，楼市和股市之间的联系也将变得更加紧密。政府对于房地产市场的政策调整，将直接或间接地影响到股市的表现。例如，当政府放松楼市调控政策时，楼市活跃度提升，房价上涨，这往往会带动股市中相关板块的表现。同时，房地产市场的走势也反映了中国经济的整体状况。当房地产市场繁荣时，往往也意味着经济整体也在向好发展，这对全球投资者具有重要意义。

3. 融资现象与国债增发的影响

2021 年起，许多人认为中国股市不景气，但深入分析 A 股市场的长处与短处后，我们会发现其融资额和市场规模持续增长，这使得简单地将其定义为熊市就显得过于片面。

值得注意的是，即使在大家对 A 股缺乏信心的时候，我们可以看到 A 股的融资业绩仍然相当可观。2024 年上半年直接融资额达到 3.13 万亿元，其中科创板、创业板和北交所的 IPO 占比接近 80%。这一数字同比增长了 15.47%，显示出市场融资活动的活跃。

然而，这些融资资金的具体流向是一个值得深思的问题。市场融资的去向是关键。中国的上市公司在分红方面已经位居全球市场榜首，但与此同时，我们也常听到"铁公鸡"的说法。上市公司通过融资获得资金来使股价上涨，但它们的支出又是什么呢？公司的分红并非重新注入市场，而是从市场中抽走一部分资金。在中国股市中，分红成了一种资金流出的途径。对于散户而言，分红更像是一种额外收入，他们往往会将分红与股票一起交易。但对于大股东来说，分红后的资金往往成为国家财政收入的一部分，国有股减持的资金也是如此流向。

在当前的市场环境中，上市公司的分红现象呈现出一种稍显异常状态。过去，一些公司几乎不分红，主要是因为分红后可能会面临再融资的困难。然而，现在再融资变得相对容易，同时分红也达到了新的高度。这种情况导致公司通过再融资和分红的方式将市场中的资金大量吸收，而公司在融资后虽然规模扩大，但"长胖不长高"，其实力并未真正增强，因为一部分融资得到的资金被通过分红的方式抽走了。这样一来，尽管市场在融资额上不断增长，在点位上却难以有所突破。这种股东集体的抽款行为，虽然不能说是在侵占上市公司的利益，但确实也对公司未来的发展和做大做强产生了不良影响。

国家增发国债同样对税收政策和 A 股产生了影响。2023 年 10 月 24 日，我国政府宣布将增发国债和地方债，这一决策引起了市场的广泛关注，并对金融市场产生了重大影响。根据《上海证券报》的报道，中国政府增发 1 万亿元的国债，以支持积极的财政政策。时任财政部副部长表示，这有助于建立健全地方政府债务限额管理制度，加快新增地方债的发行和使用，从而保障重点项目建设的进度。

在国债方面，2024 年新增地方债务限额为 4.52 万亿元，其中 60% 的额度有望顶格下达，规模预计将达到 2.71 万亿元。这一决策给金融市场带来了重大变化，因为国债和地方债是重要的金融工具，其发行量的增加将影响市场供应与需求的平衡。

国债和地方债的增发也引发了市场对于股市和债市之间相互影响的讨论。通常来说，证券是股票和债券的总称，两者也都是公开市场操作的证券。国债的发行将意味着更多的资金离开股市，投入债市中。债券市场通常被视为较为稳定的投资选择，尤其在中国实际利率下降的情况下，债券的吸引力进一步增加。

债券还具有一定的杠杆特性，可以用作银行抵押物，这进一步提高了其吸引力。具体而言，投资者可以将所持有的债券作为抵押物，从银行获取资金，进而进行更多的投资操作。国债的发行之所以受到关注，是因为银行存款的利率相对较低，同时存款人还担心银行有倒闭的风险。不仅在国外，国内也有部分高息的小银行最终无法兑现存款的问题。虽然当前政策环境相对和谐，但潜在的风险依然存在。

当然，当前环境与过去已有所不同。国债的发行意味着从市场上抽取现金，这部分现金的来源是一个重要问题。在中国，央行并不直接购买国债，这些资金是从市场上筹集的。过去，老百姓会用储蓄购买国债，但现在这种情况正在减少。如今，很多理财产品已经出现了风险，导致用户资金受损。典型案例是我国 2007 年发行了 15 000 亿元特别国债，并从央行换取了 2000 亿美元，用于设立中投等公司。然而，这一行为引发了市场的剧烈波动。

在当前金融环境下，尽管国债发行可能会对股市产生负面影响，但投资者仍然可能将更多的资金流向债券市场，来寻求更稳定的回报。这一决策需要深入研究和思考，以了解其可能带来的各种影响。对于投资者而言，国债的增发可能意味着股市资金的分流，但同时也为债券市场带来了新的投资机会。投资者需要审慎对待不同金融资产之间的风险和回报关系，根据自身的投资目标和风险承受能力作出合理的资产配置。

此外，政府也需要密切关注国债发行对金融市场的影响，并采取相应的政策措施来平衡股市和债市的发展。例如，可以通过调整货币政策和财政政策来影响市场利率和资金流向，从而维护金融市场的稳定和发展。

中国股市与债市、融资是一个复杂而重要的问题，相关决策将对金融市场产生重大影响。在未来的发展中，我们需要进一步深入研究它们之间的关系，以及政策因素对市场的影响机制，为金融市场的稳定和发展提供更有力的支持。

4. 金融服务实体改革期望

2023 年 10 月 30 日至 31 日，中央金融工作会议再次吸引了广泛的社会关注。会议持续深入地探讨了金融支持实体经济的议题，这一话题长久以来都备受社会各界瞩目。本次金融工作会议明确提出，要疏通资金进入实体经济的渠道，强调服务实体经济是金融业的天职和根本宗旨。为实现这一目标，会议要求金融机构提供高质量的服务，并提出了一系列具体的措施，包括改善货币金融环境，加强对重大战略、重点领域和薄弱环节的金融服务，以及保持货币政策的稳健性等。

然而，与这一宏伟目标相对应的实际行动却引发了人们的一些质疑。尽管会议强调了金融支持实体经济的重要性，但在实际执行过程中却遇到了一些难以忽视的困难。在会议进行的同时，银行间拆借利率的异常波动成了一个突出的现象，其利率一度暴涨超过 50%。这一不寻常的现象让人不禁质疑金融政策的实际效果，尤其是在逆周期和跨周期调节方面是否真正取得了预期的成果。

金融支持实体经济的问题并不仅仅局限于政策层面，更牵涉到深层次的人和制度问题。在中国，对于金融这一概念的理解存在广义和狭义之分。广义的金融涵盖了与世界接轨的各类金融服务，而狭义的金融则主要指代传统的银行业务。这种概念上的偷换和模糊使得金融政策在执行过程中难以准确地对准实体经济的需求，进而影响了政策的有效性和针对性。

对比西方国家，尤其是美国，其金融体系在支持实体经济方面展现出了更好的多元化和灵活性。在美国，金融不仅仅局限于银行业务，还包括投资、信用等多个领域，形成了一个相对完善且高效的金融资本体系。这一体系在支持实体经济方面表现出色，不仅体现在对国内企业的资金支持上，还体现在对国外市场的投资和国际合作上。相比之下，中国的金融体系在支持实体经济方面还需要更进一步。

比较遗憾的是，在中国的金融政策制定过程中，实业界代表的发声显得过于微小。特别是中国的货币委员会成员主要由银行业人士组成，而实业界的代表则相对较少。这种构成使得其在制定金融政策时，更容易倾向于保障银行的利益，而非真正从实体经济的需求出发。这不仅削弱了金融政策对实体经济的支持力度，还可能会导致政策与实体经济实际需求之间的脱节。

因此，改革中国的金融体系，让国有企业等实业界代表更多地参与到金融政策的制定中来，是更好地支持实体经济的重要途径。只有让实业界的声音在金融政策制定中得到充分的体现和尊重，才能确保金融政策更加贴近实体经济的实际需求，进而实现金融与实体经济的良性互动和共同发展。否则，即便口号再美好、目标再宏伟，也难以真正落地生根、开花结果。这些制度性和人的问题，恐怕是金融支持实体经济所面临的真正挑战和考验。

5. 对于转债板块的认识

企业发行转债，谁购买呢？论利率和风险，其均比不上国债，吸引人的就只能是转股了。当初定的转股价格，如果没有转股的可能，那么也就没有人会持有了。

太古股份公司B（简称"太古B"）（00087）这只股发行转债时股价16元左右，转股价格12元左右，大盘在1600点附近，转债发行后就开始了争夺，控股股东是希望把股价做下来，这样一来就有人不会转股了，但是实际情况发生了变化，即使是股价低于转股价格，还是一样有人去转股，这是为什么呢？原因有二：

一是有些投资者只能买债券不能直接买股票，所以要买转债过桥，例如社保基金。

二是太古B的股票的收益高于债券，早转和晚转早晚都要转。

太古B的转债从成交量来分析，已经没有散户了，所以现在持有这些转债的主要是机构了，这些机构的分析应当是很准确的，当时能够买，就是看股票不会是滥股。2007年1月时大盘比当时要上涨近1倍，滥股都有翻倍的，而太古B控股股东控制股价没有涨上去，机会巨大。

（2007-01-20）

6. 土地增值税清算对于地产股的影响究竟有多大

中央要求房地产开发企业对于土地增值税进行清算的政策一出台，就对地产股造成了巨大打击，并且延及股市，但是以我对地产业的了解看来，这个影响并没有想象的那样大，更多的是历次房地产调控的影响和对于继续调整的预期所造成影响的集中释放。

我们做一个简单的计算就可以发现，土地增值税对于利润的影响，关键在于开发项目的成本结构，如果这个项目是以土地成本为主的项目，例如，土地成本8000元，建安成本2000元，那么它取得30%的利润，土地价值的增值率只有37.5%，土地增值税就很少了，只有不到10%；而对于土地成本200元，建安成本800元的项目，它同样取得30%的利润，土地增值率就达到150%，土地增值税就是天价，所以这个税收主要是针对低收入人群的。

而房地产项目的利润高主要是高在项目的金融杠杆，由于建安可以垫资、土地购买可以分期付款、房子可以预售、大项目还可以滚动开发，所以开发一个项目，实际的投资只有项目总销售额的 30%，那么取得 30% 的销售利润率，相对投资就是 100% 的投资回报率，而这其中还可以依靠银行贷款继续放大投资杠杆，这样投资回报率就能够达到 200% 以上，而在房地产业的早期，甚至可以完全靠融资进行开发，所以房地产的暴利是相对投资而言的。房屋项目的销售价格从开始到收盘涨价 50% 以上非常常见，但是房地产企业为了在初期快速以预售进行融资，开始时的销售利润率不到 10%，甚至亏本，所以项目的销售利润率平均下来就不像最后涨价后看到的那么高。

对于房地产上市公司，一般都是在大城市开发高端项目，土地成本是主要成本，而且上市公司的严格审计和对财务报告公开的要求，使上市公司的很多支出不能下账，所以上市房地产公司更多的是进行二级开发购买熟地[1]，而熟地本身价格就已经不低，土地增值率也就比较低，应纳税的额度并不高。按照当时（2007 年）的税务政策，税务局是按照销售额的 15% 税率进行预征的，后来加强调控，很多地方均是按照 30% 的税率进行预征的，预征的比例非常高，按照我前面举例的计算，清算土地增值税，甚至还要退钱回来。

（2007-03-13）

---

[1] 指可以直接进场进行项目施工建设的建设用地。——编者注

五、国际股市评述

1. 亚洲股市背后的挑战与中国股市未来走势

深入分析亚洲股市的繁荣景象，我们不难发现其背后也隐藏着一些问题。以日本股市为例，虽然其股价指数创下了 30 年来的新高，但如果我们将货币因素纳入考量范围，就会发现其实际的涨幅还是不尽如人意。同样，亚洲其他国家的股市在表现强劲的同时，也面临着汇率波动的挑战。这些汇率波动可能会对市场造成不小的冲击，影响股市的长期稳定性。

相比之下，中国股市的表现确实稍显逊色。这与中国股市与外国市场的紧密联系有关。然而，从历史规律来看，中国股市往往在五六月表现不佳，甚至出现青黄不接的局面。但值得注意的是，到了 7 月，中国股市往往会迎来一个转折点。这与注册制的落实有密切关系，注册制的实施使得中国股市不再是单方面"长胖不长高"，而是开始呈现出更加健康的"长高"态势。

另外，近年来亚洲股市在西方的影响下呈现出一种相对撕裂的状态，形成了"中国"与"非中国"双产业链的格局。这一策略要求包括中国企业在内的众多企业，在接收外贸订单时必须在境外也拥有生产基地。这意味着，一旦这些企业与中国的合作关系出现裂痕，它们在境外的生产基地仍能保持生产。这一策略不仅影响了中国企业的全球布局，也对亚洲其他国家的股市产生了积极影响。然而，随着亚洲国家股市的上涨，中国企业在境外的收购成本也在不断增加。同时，西方国家在经济危机时期采取的策略也可能对亚洲国家造成巨大冲击。

那么，为什么亚洲其他国家市场变好后会出现与亚洲金融危机相似的情况呢？观察亚洲国家的股市，我们发现其上涨与房地产市场的崩盘并存。房价的下跌意味着国家资产的缩水，这将对股市产生负面影响。因为房价决定着金融货币的来源，房价下跌将影响股市的资金供应。而在国外，没有像中国那样限制银行资金进入股市的规定，因此房价下跌对股市的影响可能更加显著。

在这种复杂背景下，对于普通投资者而言，股市投资的风险大幅增加。因此，买下一套房子对于许多人来说可能是一个更加切实可行的选择。与炒股等投资方式相比，买房似乎更加稳妥，至少能为自己提供一个稳定的居住环境。

看事情需要看本质，亚洲股市繁荣的背后确实隐藏着一些需要关注的问题，而中国股市的未来走势也充满了挑战和不确定性。作为投资者，我们需要更加注重风险管理，理性看待股市的波动和风险。在投资决策时，要充分考虑各种因素的综合影响，从而制定更加稳健的投资策略。

2. 美股进入新时代的防御策略阶段

2023年，中国股市的动向引起了广泛关注。在2023年7月，市场普遍预测中国股市将迎来一波上涨，然而实际情况却出现了反转。有分析指出，不仅中国股市，全球股市在2023年8月都可能面临相当大的压力。

在市场动荡之际，人们关注的焦点逐渐转向美国股市，而美股明显进入了防御状态，这一态势为我们提供了重要的投资信号。美股的代表人物巴菲特，被誉为"股神"，也一直是市场关注的对象。据相关媒体报道，巴菲特在2023年前三个季度一直在抛售股票，总计卖出股票达330亿美元，并增加了380亿美元的现金储备。至2023年8月底，巴菲特持有的股票金额约为3530亿美元，而现金持有量则高达1470亿美元。粗略计算，巴菲特的股票持仓约占其总资产的70%，剩余30%为现金，可见一仓位水平处于较低状态。

不仅是巴菲特，一些知名投资者也在做出类似的调整。据报道，著名的做空人物迈克尔·伯利（Michael Burry）就已经满仓做空美股指数，购买了美股指数看跌期权。这种举动被视为防御策略的一部分，预示着投资者应对市场走势保持警惕。从美股市场的表现可以推断，许多大投资者应该都已经进入了防御状态，这表明证券市场的风险已经大于机会。

为何这些著名投资者会选择防御策略呢？首先，机构投资者不能空仓。无论是公募基金还是私募基金，都有最低的仓位要求。即使私募基金没有明确的仓位规定，但实际上也很难空仓，因为投资人不会希望自己的资金没有任何收益。其次，投资者不仅关注股票的持有量，还关注看跌期权的持有情况。而看跌期权属于一种套保状态，这就意味着期权弃止，许多大投资者会将此作为对冲市场下跌的手段。而弃止期权会影响股票的波动率，给整体市场的波动率造成压力。

为此，美联储对加息政策做出了坚决表态，表示将继续加息，且只要通胀就进行计息。这在一定程度上对人民币汇率构成了压力。如果美联储暗示将降息或停止加息，那么人民币汇率就可能会立即反转。这种中美之间的政策博弈，进一步加剧了市场的波动性。

这种环境，致使全球股市都面临着较大的压力。美国股票市场可以依靠其机构主导的市场、对做市商机制的支持、股票价格及关联的大量金融衍生品来支撑，其他国家的压力却在不断增大。

另外，许多国人对金融衍生品的关注相对较少，我们更倾向于关注实体的股票和证券市场。实际上，金融衍生品市场才是金融市场的主战场。所以，美联储已不再对金融衍生品市场进行监管，也不公布相关数据，这就使得市场的透明度和可预测性大大降低。

总体而言，市场观望情绪浓厚，投资者更加关注风险。在金融市场中，虚拟交易数量巨大，其产生的盈亏比实体交易更大。市场的波动性增加，让投资者转向防御策略，着重关注金融衍生品市场。然而，专家同时强调，投资行为需谨慎，因为金融市场仍存在较大风险。

3. 中国资产：泡沫还是被低估

在中国股市与美国股市的对比中，一个显著的现象是，我国在股市这一金融资产上存在着与国内生产总值（GDP）的脱节。这不仅局限于股市，还广泛涉及债券等金融市场中的其他资产。

美国能成功地将国家债务转化为资产，换言之，它将庞大的国家债务转化为了具有市场价值的资产。相比之下，中国的股市资产总额与GDP之间存在明显的脱节。据日经中文网报道和统计，美国企业的总市值已接近全球的一半，达到51万亿美元，占全球总市值的48.1%，创下20年来的最高水平。而中国在全球总市值中的份额，虽然在2015年6月曾一度接近20%，但2024年已降至10%左右。这种变化引起了人们对中国股市在全球影响力减弱的担忧。

实际上，中国的GDP在过去几年里取得了显著增长，但与此同时，中国股市的总市值并未同步增长。相较于2015年，中国的股市总市值仅为当时的一半，导致中国在全球市值中的占比大幅下降。这种趋势表明，中国金融市场在全球范围内的影响力出现了显著的减弱。

值得注意的是，全球各国的金融市场并非都在扩张，除了金融资产，还有其他类型的资产存在，中国亦是如此。但目前，我们的股市越来越无法反映GDP的增长。正常来说，中国上市企业的收入和利润与GDP的变化是相吻合的，市值却走向了另一个方向。

这引发了投资者对股市"泡沫"的担忧。当股市上涨时，总有人称为泡沫。然而，这种观点可能过于简单化，尤其在全球化之后。泡沫论实际上表现了一系列问题：认识的问题、外部渗透问题和金融鹦鹉（指那些盲目模仿西方金融理论的人）的问题。我们应当认识到，其实每个市场都有泡沫的存在。但在全球金融市场上，资产是流动交换的，有泡沫的资产可以与无泡沫的资产进行交换，并且这些有泡沫的证券还可以进行抵押和金融衍生，每一次抵押都会带来广义货币的增长，同时它又能反作用于股市，刺激股市的增长。

股市与现金和资产之间的转换实际上是一个资产置换的过程。在资产中，货币作为一个交换媒介，其占有量实际上是很小的。最后的投资都是资产在进行交换，通过泡沫资产置换优良资产，形成财富再分配。

我曾在《数字泡沫：虚拟经济交易学》一书中探讨过虚拟经济交易学这一逻辑。之所以称为虚拟，是因为它可以虚拟出各种泡沫资产，但由于其产生了巨大收益，便不再叫作泡沫，而叫作虚拟经济，且能与实体财产进行交换。因此，中国部分海外留学归来人士强调要消除泡沫，然而，他们可能没有意识到，消除泡沫的过程实际上可能就是用有泡沫的资产来换取无泡沫的资产的过程。

以日本为例，尽管日元贬值，日本股市却创下了新高，这主要是因为日本吸引了大量的海外投资，这就是日本外贸走下坡后仍能支撑的原因。当年日本的泡沫经济时期，他们将钱换成了海外资产，而当国内泡沫破裂时，实际上是外国人购买了大量日本资产。

同样，美国也有类似案例。比如将中概股的泡沫戳破，以及中国人在硅谷银行的存款泡沫被戳破等。这些不仅仅是国内金融市场的涨跌，更是全球财富博弈的一部分。

因此，国家在制定金融市场政策时需要看得更远。全球财富博弈的结果不仅影响金融市场本身，还会影响到与金融市场相关的各个行业。整个金融市场之间，股市和楼市之间的估值是相互传导的。如果股市表现不佳，楼市的估值也会受到很大影响，进而引发政府的土地收入和财政收入受到影响等一系列连锁反应。

在中国，资产价格上涨总被称为泡沫，却没有人认为其被低估。以中国中车为例，其股价上涨幅度并不大，却被质疑存在泡沫。无独有偶，我国高铁市值占据全球高位，而其估值却被认为是"天价"。但如果美国的英伟达公司市值奔向 2 万亿美元，却无人质疑其估值过高。

据财联社报道，2024 年 2 月 26 日，韩国金融部门决定引进实施企业价值提升政策，以消除韩股被低估的现象。该政策主要包括安排上市公司从 2024 年 7 月起自行制订并公布企业价值提升计划，并于年内以优良企业为样本，构建相关指数和基金组合。金融委员会还与有关机构举行了研讨会，就帮助企业提升、推动韩国股市发展进行讨论。这表明韩国政府正积极采取措施，试图消除韩股被低估的现象。

观之中国，我国目前在做空工具方面全面放开，虽然随着中国证券监督管理委员会新主席上任后对其有所限制，但做空工具及做空者并未完全得到约束。中国资产稍一增多就被扣上"泡沫"的帽子，而且我们注意到"慢牛"现象并不适用于所有的场景。那些西方所谓的"慢牛"市场，并非始终保持缓慢稳定的上涨态势，其中个股的涨幅飘忽不定，涨跌幅度并不统一。

此外，股神巴菲特的动态也值得关注。根据澎湃新闻报道，股神巴菲特旗下的伯克希尔·哈撒韦公司公布了2023年四季度及全年财报，同时发布了巴菲特年度股东信。财报数据显示，该公司在第四季度的净利润达到了375.74亿美元，同比增长了107%，表现出色。进一步观察可以发现，2023年全年，伯克希尔·哈撒韦公司的营收为3644亿美元，这一数字明显高于市场预期的3140亿美元。同时，2023年全年净利润更是达到了962.23亿美元，大幅度超过了市场的预期。另外，伯克希尔·哈撒韦公司的现金储备升至创纪录的1676亿美元，折合人民币约为1.2万亿元。这一现金持有量不仅创下了历史新高，也表明巴菲特将其持有的股票进行了抛售套现，并开始大量持有美国的国债和其他国家的国债。这一举动也是巴菲特对美国资产高估的回避。

美国的股市看似高涨，但主要利润和上涨都集中在数个科技巨头身上，其他公司的涨幅相对有限。与此同时，美国的房价也远高于历史水平，却无人提及泡沫。相较于中国房地产市场存在一些泡沫的观点，美国的资产中也包含了许多虚拟价值，且往往被高估，而中国的资产则普遍被低估。这种低估显现在中国市场对外开放、吸引外资进入购买房产的过程中。例如，在中国购买房产时，本地无户口居民受到限制，而外籍人士却能在核心城市等地购买房产，其限制条件甚至比本地无户籍居民还要宽松。

原因在于资产估值在国际经济博弈中具有重要地位，因为资产价值的低估直接影响到国内生产总值。中国对劳务的估值也一直偏低，实际上，中国在人力资源方面的估值远低于美国。

因此，对于中国而言，最重要的是要改变思维方式，摒弃泡沫论。我们要充分认识，实际上所谓的泡沫是国际财富再分配带动的全球财富再分配的过程。中国资产的估值问题也不应被简单地归结为泡沫，而应全面认识金融战的复杂性，更加客观和全面地看待市场定价问题。在全球化的金融市场中，中国需要更加积极地参与国际财富博弈，提高金融市场的国际化水平，吸引更多的外资进入中国市场。

4. 特朗普选情与股市波动

2024年1月18日，股市再次陷入紧张，特别是在沪指跌破2800点的情况下，市场情绪更加焦虑。分析人士指出，股市的下跌与特朗普的选情密切相关，这一关联引发了投资者对两者逻辑关系的深切关注。

从技术层面来看，市场近期出现的红盘仅是表面现象，实际上压力仍然巨大。股市急速下跌，特别是跌破2800点之前，市场整体处于盘整震荡状态，压力较大。投资者纷纷涌入市场，但发现市场并未迅速反弹。市场在未能迅速反弹的情况下，多方力量逐渐耗竭，空方迅速发力，导致股市加速下跌，连续出现大阴线，表现出空方力竭，多方反攻的迹象。

特朗普选情成为影响股市短期表现的关键因素，投资者需密切关注其动态。

特朗普的选情对中国有何影响？首先，许多人认为特朗普是美国对华敌视的"提醒者"，特朗普上台后对中国采取了贸易战等措施，使得中国在面对美国时更为警惕，在某些时候他对中国市场也起到了积极的作用。然而，特朗普的选情占上风也可能导致他进一步妖魔化中国，将中美关系放在更加紧张的状态。投资者还需要留意特朗普对中国政策的变化，因为在短期内这可能会对股市产生重大影响。

美国选情也使股市产生了一些波动。最近的民意调查显示，特朗普的选情呈现出较为正面的态势，这引起了市场关注。特朗普的选情反映了美国内部的政治动向和利益格局。如果特朗普的选情占上风，他可能会采取更加激进的政策来与中国对峙，这将对中美关系和经济产生巨大影响，进而影响股市的走势。此外，内部矛盾和舆论转向也是当前股市波动的原因之一。

总体而言，股市面临较大的不确定性和风险，投资者需谨慎选择投资策略。投资者应根据自身承受能力选择更为稳妥的投资方式。

5. 中日股市对比：日本股市新高的逻辑策略

近年来，中国股市一直处于低迷状态，3500点成了一个难以突破的关卡。早在十多年前就有人指出，突破3500点后再涨10%就约等于上万点。而如今，中国股市在低位徘徊，与此同时，日本的股市却悄然复活，日经指数[1]33 000点左右，奔向30年来股市新高。

在人口拐点和贸易逆差的影响下，日本经济发展并不好，大家不禁思考，在这样的背景下，为什么日本股市能够走高？

首先，日本财团做了大量海外投资，拥有很多海外资产，在日元贬值以后这些资产有了重新定价，从而推高了股市指数。也就是说外部资产以美元计价，再按照日元计价就多了1倍，按照日元计算的股市指数就上涨了。这是一个价值重估过程，因为日元贬值使得以美元计价的海外资产在换算成日元时价值倍增，进而推高了股市的指数。

其次，中日货币现状不同。中国的股市为什么不能涨？因为中国汇率承受不了。一旦股市上涨，中国股市可能会导致汇率不稳定，进而影响经济的整体稳定。

最后，日本央行采取了不加息的政策，这种政策使得投资者可以利用杠杆资金进入日本股市。当然，这种杠杆操作存在一定风险，一旦市场波动导致杠杆破裂，投资者可能就会遭受重大损失。但这也是日本的一种策略。

另外，日本要把股市炒起来，还要解决国内的一个重要问题——外贸逆

---

[1] 日本经济新闻社编制的股票价格指数。——编者注

差。近年来，日本的外贸已经出现了逆差，日本股市的走高也是其吸引国际资本、解决外贸逆差问题，形成国际金融项目顺差的手段。

然而，尽管日本股市走高，但其 GDP 却在下降。相反，中国虽然 GDP 总量庞大，但积累还不够深厚。而金融博弈是多样的，历年的积累也应放在博弈舞台上。我们既不能盲目自大，也要充满信心。

中日股市的对比以及日元的走势都反映了各自国家的经济状况和金融策略。虽然日本股市目前走高，但其背后的挑战也值得重视。而对于中国来说，我们更需要保持清醒的头脑，不断学习和提升自己的实力，以在未来的金融博弈中取得更大的成功。

6. 印度股市新高与印度投资陷阱

众所周知，印度投资存在一系列陷阱，许多中国企业也在印度遭遇了各种困难。小米公司及其创始人雷军在印度市场因资产被冻结与没收、专利费支付争议等问题遭遇重大挑战，就曾引发广泛关注。这暴露了外企在印度面临的税收和经营困难。

据《新民周刊》报道，外企在印度的经商环境日益艰难，甚至出现外企大规模撤离的情况。据央视引印度官方数据显示，截至 2023 年，过去 7 年中，共有 2783 家跨国公司关闭了在印度的业务，其中包括福特、富士康等知名企业，约占跨国公司总数的六分之一。

以亚马逊为例，2022 年 6 月，亚马逊在一项零售集团的投资交易中被指控隐瞒事实，被罚款 20 亿卢比（1 卢比 =0.0845 元人民币）。而在 2023 年 3 月，因亚马逊支付未遵守预付支付工具规则，印度储备银行又以不遵守预付支付工具规则为由，对其处以 37.5 万美元罚款。这些罚款案例表明，印度对外资企业的监管态度非常严厉。

再者，印度税收政策也是外企的一大困扰。印度的所得税率高达 40%，增值税则因联邦和地方之间不一致而更加复杂。外资企业面临各种高昂的税费，给经营带来了巨大挑战。

值得注意的是，印度的股市却呈现出创新高的态势。这是否意味着外资企业在面临种种困境后选择了投资股市，而非撤离印度市场呢？印度股市对散户的友好政策可能是其吸引外资的一大因素。

然而，印度一直面临着贸易逆差的问题，为了平衡外汇，印度不得不采取各种手段来留住外资企业的资金。因为外资企业在印度的资金无法自由流动，所以它们只能选择在印度股市上进行投资。印度对外资的限制和高税收政策使得外资企业在印度市场无法自由进出，可能成为印度股市创新高的背后原因之一。而这对于中国企业来说，是极具风险性的。因为相较于其他国际企业，中国企业在印度的运营经验相对较少，对当地的各类政策不太了解，信息获取方式也较少。这使得其在面对印度政府的各种政策时更加无能为力。

除此之外，我们也应反思我国的税收制度，要坚持深化改革。但同时也要清醒地认识到其中可能存在的问题和挑战。在深化改革的过程中，也要防止一些不合规的"私货"混入其中。

在这一系列事件中，中国企业在印度市场的遭遇令人深思。投资者需认清印度经商环境的复杂性和潜在的风险。我国在深化改革的同时，也应慎重对待可能存在的私货和陷阱。

7. QFII 进入中国 20 年对股市的影响

合格境外投资者（Qualified Foreign Institutional Investor，QFII）进入中国已 20 年，其规模不断扩大。

据《证券日报》的报道，2003 年 7 月 9 日瑞银通过 QFII 机制完成了外资购买 A 股股票第一单，意味着 QFII 正式在我国证券市场上参与投资，资本市场对外开放的大幕由此拉开。20 年来随着中国资本市场对外开放的深入推进，QFII/RQFII[1] 规则不断优化，额度上限逐步提高直至取消，可参与的

---

[1] RQFII 指人民币合格境外机构投资者。

品种逐渐放宽，准入流程进一步简化，QFII 制度逐步完善。与此同时 QFII/RQFII 逐步成为资本市场重要参与者，目前在我国，合格境外投资者数量达到了 770 家，持股市值约万亿元，成为 A 股增量资金的稳定来源之一。

QFII 在中国股市中的表现一直备受关注。他们有着比境内公司更为灵通的消息来源。作为境外投资者，他们可能通过其国际网络获取更为丰富的信息，从而在投资上获得巨大收益。但是，QFII 进入中国市场上赚钱后，需将外汇带走，这也对中国汇率造成了压力。

当然，投资的目的就是赚钱，而 QFII 作为国际投资大鳄，他们的投资状态显然远超普通的散户投资者。因此，他们的进入更像是拿着镰刀来收割。问题的关键在于，我们是否应该允许他们进入中国市场呢？在人民币国际化的背景下，想要投资国际化就需要放开。比如，曾经我们为离岸人民币提供了投资渠道，允许他们购买中国的国债。但是后来发现，中国的国债被大量抛售，而美元国债的抛售量却相对较少。这反映出了一些投资者对中国市场表现的不确定性和担忧。由于抵抗汇率贬值是加息的重要手段之一，而投资者正是在等待中国加息。

当然，在人民币国际化形势大好的情况下，对于 QFII 应该限制的方面还是需要采取一定的限制措施。根据蒙代尔不可能三角理论，即固定汇率、资本自由流动和独立货币政策三者之间不可兼得，因此，我们无法完全控制汇率。

然而，针对人民币的海外扩张，我们应当为海外持有人民币的投资者提供更多的投资机会，也就是适当放宽 RQFII 的准入条件。个人认为，随着人民币在海外的接受度提升，越来越多国家接受人民币作为交易货币，这将使得海外人民币数量增多。若海外人民币没有相应的投资渠道，持有者可能会选择将其兑换成美元，从而对我国汇率造成冲击。放宽 RQFII 的准入条件有助于投资资金以人民币的方式进入，再以人民币的方式离开。这对于中国外汇管制的影响相较于 QFII 也更小。

总之，QFII 制度在中国资本市场上已经发挥了重要作用，但也面临着一些挑战。在未来的发展中，我们需要审慎地对待这一制度，既要吸引国际化投资，又要维护汇率稳定和市场安全。

CHAPTER 3

第三章

散户的体会、感悟与呼吁 [1]

---

[1] 本章是我在炒股过程当中的感悟,有时间历史的背景,放在这里作为实例和历史记忆分析,供读者参考。

一、炒股感悟与佛系心态

1. 为什么我不做短线投资

进行短线操作时，要么拥有足够资金进行主控（坐庄）；要么要把资金控制在较小规模，建议资金总金额不要超过 100 万元，理想情况下不超过 50 万元，以便于灵活调整策略，快速进退。如果一定要操作短线，就要分成几只股票操作，当小散户，这是很费精力的。

短线操作本质上是一种投机行为，涉及与庄家的心理博弈。投机不创造实际价值，一方赢利必然就意味着另一方亏损。考虑到庄家通常赢利及交易费用问题，散户往往处于不利地位。如果有人认为短线总能赚钱，则意味着这个人自认为比大多数人更聪明，这是我不敢自诩的。当前短线操作可能会带来账面盈利，但这并不等同于实际收益。还需考虑股票内在价值的变化及市场涨幅，你的短线账户是否真正反映了这些增长。若在市场拉升时被迫退出，潜在的损失可能会远远大于表面所见，所以我一般不做短线投资。

（2007-01-20）

2. 以出世的心态来入市

我年轻的时候，非常喜欢兵法，把各种各样的兵法书都拿来读了个遍，自己也是被兵法书中的各种妙计所吸引。长大成人以后，发现兵法书中的机巧太多了，才最终体会到什么叫作兵法书中的"机不可设"；知道了只依靠兵法书中的计谋是不行的，个人的计算力是算不过来所有事情的；知道了兵法书只能是当作治世的"药"来使用，不能当作"粮食"来吃。现在市面上流行大量的把兵法书的思想用于商战，在我看来是走火入魔的表现。股市亦复如是，散户们常常潜心钻研庄家动向，力图琢磨出跟庄的良策；而庄家亦在暗中揣测散户心思，每一只股票背后都隐藏着庄家的身影。然而，在这番尔虞我诈之下，市场上真正优质的好股往往被过度炒作的劣股掩盖，即便算计得再周密，也难免会陷入被套的境地。在这个市场中，几乎没有真正的"傻人"，被套的往往都是那些自以为研究透彻、聪明过人的投资者。处处可见的是那些机关算尽，却最终聪明反被聪明误的例子。

把境界提高一些，就知道了什么是"中庸"，知道了如何去大而化之，如何去把握大局，如何去求得和谐，儒家的思想还是可以当作"粮食"吃的。儒家把握宏观和大局的方法很重要，"中庸"讲的就是这个方法，要求和为贵。把事物置于宏观和大局中，一定是相对平均和谐的状态，也就能立于不败之地。所以把握了宏观和大局，就有了战略上的胜利，至于战术上的事情，就好把握了。在股市中，首先是把握大局，选择好股票，在操作上不追求获得所有的利润，不忌人人生财，不得红眼病，能够知足，当一个中庸的散户，就不容易亏本了。如果再做到格物致知，就更好了。

把境界再提高一些，就到了把握心态的问题上了，高手的对决，成败不在技术，而在心态。炒股的成败在于和庄家打心理战，和整体股东打心理战，很多时候是算不清楚想不明白的，对于庄家也是一样的，信息不可能是全面的，要把握和较量的正是彼此的心思与策略。戒贪容易理解，但是做起来不容易，能够不被诱惑是很难的。

除了戒贪，还要戒除急躁、浮躁、暴躁以及其他不良情绪。好多股友操作不当后就心态失常，不是气急败坏就是急于想赚回损失，结果是祸不单行，越陷越深。或者是取得成功后不能保持清醒，赚到的钱就又赔了回去。

同时还不能过于痴迷，不仅不能过于痴迷于股市，更加重要的是不能痴迷于自己的判断，及时地调整和认错回头是非常不容易的，在股市上尤其要有及时止损的勇气。对于自己投资的股票，要不断地调整自己目标，不要坚持一个目标一成不变。

按以上思想调整心态虽然好，但是又太消极了，炒股毕竟是要赢利的，所以还是要入世。这时候如果能用一下黄帝和老子的思想就很好了。散户炒股应当是无为而治，每天看似无为，不做什么事，但是你要是能够在无为中体会到无不为的精髓，庄家就拿你没有办法了。我记得有一个操盘手说过，庄家最害怕的就是你不看他，但是完全不看盘的逃避也是有危险的，如果出现重大股灾，还是要随时看盘逃跑避险的。如果你能够无为而无不为，庄家就成为在你面前演戏的"小丑"了，所以胜利就是赢在心态。

现在有一些股票长时间盘整，就是庄家在与散户打心理战。散户一看见股价不动，各种各样的谣言、猜测、恐惧全都来了，散户一动，庄家因势利导，就有机会赢利。而实际情况是庄家比我们散户更加耗不起，庄家的资金成本远远比我们的高，一般能够达到月息3%，在此情况下庄家的压力是非常大的，我们只要耐得住寂寞，庄家往往就会先耐不住寂寞，有所行动。

（2007-03-10）

3. 炒股如人生，关键在认错

在我炒股获取巨大收益以后，很多人问我炒股取得成功的关键是什么？其中的道理其实非常简单，就是要很快地认错。

我们总说市场上的股评家是"黑嘴"，老百姓也看到这些人的评论与事实经常是驴唇不对马嘴。有人统计了经济学者的各种预测，长期的且不说，就是短期的，如一年前的，能够准确预测的也不多，有百分之五十就很不错了。因此，很多人认为这些经济学者没有水平。

但是我认为他们能够预测准确20%~30%就很不错了，达到50%就更了不起了。因为对于我们当今的世界，正确的东西是隐藏在一大堆错误里面的，十个答案中可能只有一个是正确的，而科学探索中更可能是几百个做法中只有一个是正确的，因此你要是能找到那个正确的就很难了。

股票有几十个板块、几千只股票，好板块也就是其中之一二，好股票也就是其中的百分之几，让你从这么多的板块中说出明天可能会上涨的几个板块和大涨的几十只股票，是很困难的。如果你的预测能够有百分之二三十的准确率，实际上你已经把成功的概率提高了10倍，而如果你有50%以上的准确率的话，就已经是"股神"了。

在这样的情况下炒股，预测的正确率应当是不到三分之一的。炒股能赚钱的关键是不能让错误带来重大损失，所以我们需要的是及时认错和纠正，在每次犯错的时候及时止损，这是成功的根本。

上学时的考试预先设问，答案唯一且标准，及格需达到60%的准确率；而现实生活中，问题需自行提出，答案往往不唯一甚至无解，此时，在低准确率下找到正确路径，减少错误引起的损失，方显个人素质。

就如我们所知道的风险投资，这些风险投资经理都是金融界的龙凤，但是100个有前景的项目可能只有10个获得风险投资，在这些获得投资的公司里面经常只有一两个能够成功，对于风险投资经理来说就是其90%的判断都是错误的，但是谁也不会说这些经理人是傻子、骗子，大家还都愿意给他们投资。就算是顶尖的投资人，在投资时也是错误居多，但是他们的成功就在于能够及时地认错。同时他们对于其客户的价值，也就在于把只有1%的机会给扩大到了10%，这就是提高10倍的成功率，是巨大的价值。

在纷繁的信息中把本来很低的准确率能够提高到20%~30%，已经是很了不起的水平了，因此这些经济学者和股评家还是很有价值的。我们不能以事后诸葛亮的方式来简单地以他们的准确率来说事，关键的问题在于对他们所提出的建议要有自己的判断，根据自己实践的结果在他们意见的基础上再进行总结，对自己的行为进行修正，来争取更高的准确率。希望依靠这些经济学者和股评家的预测来代替自己的判断，是永远不能成功的。

股票市场是瞬息万变的，每一个交易达成以后、每一个曲线的变化，都可以给你带来新的信息，而你所知道的经济学者和股评家的评论却是旧信息了，因此你就需要不断根据情况进行修正。

认错是很难的，因为人的思维惯性是非常强的。而我们坚持正确与及时认错也是辩证统一的，外人看你在坚定不移地坚持的时候，实际上你的内心正在不停摇摆，只不过摇摆这个错误的想法被及时地得到了修正而没有表现出来。因此人们对于正确的坚持，实际上是通过不断修正摇摆的错误来实现的。

中国的社会传统就是不能容忍错误,对于犯的错误肯定是要秋后算账的,对于股评家和经济学者的错误,只要发现就会被公众痛骂。而通过我们上面的分析可以看到,这个世界犯错的时候远远比正确的时候要多。因为不犯错的是神不是人,人为造神的结果就是错误得不到纠正,最后损失到成为灾难,社会承受不了,最终就会被客观规律限制。

我们为了不认错,经常用一个借口:如果认错就会造成重大的损失。但是大家要认识到,这个损失是错误造成的,不是改正错误造成的。我最有切身体会的莫过于炒股,因为一切都是数字化的和可明确衡量的,一旦操作失误就会让你付出代价,但是你要是不认错,损失只能越来越大。

所以炒股的成功也与做人的道理一样。只要炒股就没有只赢不输,而那些神乎其神的不犯错的股神是不存在的,反而是错误不断的评论家比较真实。我们最关键的是要提升自己的判断力,能够认错和改错。

(2010-01-24)

4. 相对论与测不准原理下,股神必然倒台

当今的中国股市出现了一个又一个的"股神",但是这些"股神"也一个又一个地倒下了,其中有什么必然原因吗?对于股神必然倒台的分析,我从市场博弈和市场影响的逻辑角度给大家分析一下。

现代物理学家爱因斯坦的一个重大贡献就是提出了相对论,他发现这个相对论的动因完全是从纯粹的逻辑出发,从因果关系不能倒置建立起来的。相对论谈到了时空的扭曲,其主要的思想就是一个物体的质量进入了这个世界,就要给世界的场带来变化,原来的场就要扭曲。后来的物理学家发现了测不准原理,测不准的背后是探测必然会带来影响,这个影响足以改变整个物理场的运行情况,使得原来的探测失准。

对于股市而言,我们把它叫作资本市场,为什么叫场,市场的模型在逻辑上与物理学的场的概念是没有什么本质区别的,因此我有很多专门研究

数学和物理的同学进入了经济领域。华尔街的金融模型也是物理学、数学博士们在构建，在我们的股市中，一样存在着相对论与测不准效应。因为每个个体进入股市，就会对股市带来场的改变，一笔资金进来，哪怕不做任何操作，但由于有了可操作的选择，市场的运行就会发生变化。我们的股票解禁了，哪怕不准备抛售，市场也会因为解禁的事件进行博弈，给市场的走向带来变化。

可能你不认同，认为小小散户作用不大，但是如果我们放一个 QFII 或者多发行一个基金呢？为什么大家重视股市开户数的增减呢？开户和账户上的资金都是对市场判断的统计数据上的贡献，只不过这样的贡献有大小之分。同样的，如果你预测股市，对股市有了一个判断，即使你不按照这样的判断来操作，你的判断也已经影响了这个市场。我们不是有很多关于市场变化的调查吗？我们对于调查的回答就是给这个统计的贡献，这个统计的数据变化会影响市场，会因为你的回答不同给市场造成影响，但是这个影响可能非常小，在统计当中被淹没了，但是如果你成了"股神"就不同了。

所谓"股神"，都是对市场变化有话语权的人，他的话会被众多的信徒奉为圭臬，会有大量的人按照他的预测进行操作。就算他当时对于市场的分析是完全准确的，但是因为他做出了这样的预测，在市场上大家都按照他的预测进行操作，必然就会对市场造成巨大的影响。这些影响反而会成就其对手大资金反向操作渔利。没有股神在，没有股神的跟风盘，大资金是难以抓住对手盘的，就如股神预测是底部，大家都在这里买入，大资金和庄家就买不进来了，但他们不会给大众抬轿子，就会继续做空，而此时大众的跟风盘也让他们可以抛出筹码，以后这个位置的筹码多了，涨到这个位置甚至会形成底部。就如我们总喊某个点位是钻石底，大家都认为是底，等跌破以后这里的筹码大量被套牢，以后涨到这个位置就要有解套盘涌出，钻石底就有了钻石顶的样子了。

所以市场就是这样，一定要把自身与市场相互作用导致的相对性和测不准效应计算进去，这样的测不准和相对性决定了你越接近于"股神"，你的影响力与市场的相互作用就越强烈，则出现测不准的概率也就越高，这样的结果也就决定了股神最终都是要倒下的，谁要是成了"神"，谁就可能失败得更快，大家都是要回归凡间的。

（2012-11-27）

二、股市逻辑与分析思考

1. 危机不等同熊市，要严防市盈率和市净率陷阱

无论市面上的舆论怎样说，我们都应当明白很多事情都要有经济危机思维。这里我们不能把危机思维等同于熊市思维，经济危机时，一定是熊市，但是熊市却不一定有经济危机。

对于熊市时期，价值投资是一个寻机买入的时期，大家都在挖掘市盈率和市净率好的股票，以期下一次牛市到来的时候有良好的收益。但是在危机的时候是不同的，大家要特别关注的是市场中的市盈率和市净率的陷阱。

对于一个公司来讲，市净率是可以有假象的，因为我们在危机中要淘汰大量的过剩产能，就如我们小时候课本上讲的资本主义世界经济危机的浪费等。这些被淘汰的产能等资产，实际上就是垃圾，你处理它还要有额外的费用呢！但是它们可是一个上市公司账面上的很大一笔资产。

而对于公司的盈利能力，我们也要另外看待。很多人认为危机中公司不赚钱，但是危机过去了，公司的盈利能力就会恢复，这样的想法也是有问题的。原因就是经济危机是一个经济模式的调整过程，平时会被束之高阁的新技术，很多都是在经济危机的情况下实施的；而要淘汰落后的产能，也会有很多更加严厉的政策，比如环保、节能、卫生、安全、劳动保障，等等，这些也会极大地增加产品的成本，使应有的市盈率不再。这样的情况对于中国的现状有特别的意义，我们太多的企业的盈利都没有计算包括环境、能源、社会这样的软成本，所以在计算了这些因素后，这些企业的竞争力也就没有了。所以每一次的危机，都会促使市场发生巨大的变化，对这样的变化我们是不能以惯性思维来看待的，这就是危机与一般熊市的不同。

对于此种情况，历史上有很多例子。汽车是 20 世纪上半叶最重大的发明，它对人们的生活产生了巨大的影响。当初美国有两千家汽车公司，但是，在两千多家汽车公司中，只有三家公司活了下来。而且，曾几何时，这三家公司的出售价格都低于其账面价值，即低于当初投入公司并折旧后留存下来的资金数额。因此，虽然汽车业对美国产生了巨大的正面影响，却对投资者产生了相反的冲击。再来看看 21 世纪另一项伟大的发明：飞机。从 1919 年到 1939 年，美国约有两百多家航空公司。想象一下，当你处在小鹰号（莱特兄弟发明的飞机名）时代，你是否能预见航空业的未来发展？历史上，对航空公司的所有股票投资都赚不到钱。在这样的例子中，大家投资不对，一定是陷入了市盈率和市净率的陷阱里面。

中国也是一样的，我们的钢铁业早已经产能巨额过剩，而我们的金融业开放了外资，而且随着危机的发展，各国的金融合作加深，这样的开放只会越来越深入；而我们的电信业，电话和手机已经普及，新增用户有限，而新技术要求淘汰老的产品，所以大家一定要用发展的眼光来看待问题。

还有一点就是上市公司投资的其他公司的不良资产，会在价值上反映滞后。我们是实行成本制的会计核算，这些子公司的问题，这些参股公司的问题，能够反映在企业报表上，也是需要时间的。因为财务报告出来后，公司是在下一次的报告周期进行财务调整的。这一点对于金融和保险公司特别明显，它们的贷款损失和保险的投资损失是后来反映的，就如次贷危机后，国际上因此遭受的损失要到现在才反映出来，并且造成了本次金融危机，所以我们投资这类股票就要特别注意。

为什么会产生这样的结果，我们要知道更深层次的原因，我们评价一个公司的依据是公司的财务报告，而公司的财会体系实际上就是一个反映公司情况的数学模型，这个模型是一个近似的模型，是有其特别的假设的，出现这样的问题，就在于其假设的条件与实际情况不符。

懂得财会的人，都知道财务是永续经营的假设，所有的财产和报表是基于公司在持续的经营和经营情况不变的假设下进行的。如果这个假设不存在了，财务系统这个数学模型也就不准确了，我们的产能淘汰、企业市场变化等，都改变了这个永续经营的假设，因此会在财务数据上产生陷阱。而这些造成财务假设变化的问题，在一般熊市的情况下是没有的，因此我们要认清里面的内在原因区别。

我们做价值投资，价值的挖掘和陷阱的规避，实际上就是发现我们评价体系的问题。摆在桌面上的数据谁都知道，市场一定会有所反映，这是挖掘不到价值的，反而非常容易遇到陷阱。我们对于危机造成的熊市，一定要特别注意陷阱，而最容易使人上当的就是数据市盈率、市净率等价值投资者最迷信的数据。因为基于这些数据，很多人认为买入相关股票非常安全，它们的收益可以超过银行利息，它们的资产如果进行清算会超过自己投资的本金，殊不知这里也是会有陷阱的。

（2008-11-20）

2. 股指期货仓单持仓量增加，大盘必然走熊

股指期货越来越成为人们关注的焦点。2012年7月12日，股指期货的成交额突破4000亿元，股指期货仓单的持仓量不断增加，大盘也一再走低，我们注意一下可以看到股指期货的仓单持仓量每一次的增加，基本上在其后不久都是伴随大盘指数的走跌，这个情况仅仅是巧合吗？

很多人把这样的状况当作巧合，他们的理由是大盘本身不好。中国这几年股市是不断下跌的，而股指期货本身也是助涨助跌的。很多人认为如果大盘走势良好是牛市，同样的持仓量的增加就要表现为其后的股市大涨了。

但是我并不这样认为，因为在熊市和牛市用股指期货进行投机的人数是差不多的。在牛市和熊市期货价格升水和贴水的不同，是要对冲投机者的购买欲望的，也就是说，对于这样的期货投机者而言，当市场有固定走势方向的时候，反而没有增加持仓的理由；反而是股市多空、方向不明的时候，最有投机的必要，既然是多空、方向不明，怎么就造成持仓量巨大，大盘的未来反而是走空的呢？

对于持仓量的变化，投机者的持仓如果在各种情况下都差不多，那么即

使是方向不明，因为风险较大，投机者持仓也是有顾忌的。真正能够造成持仓量增加的是什么因素呢？只有认识到了这些因素，才可能知道为什么持仓量增加大盘未来会走熊。

在股指期货里面，还有一大批是机构的套保，而且对于股指期货的套期保值机构还不受持仓量的限制，这些套保机构的持仓量的变化，才是问题的关键。在建立股指期货的时候我们就明确说了这个衍生品的建立是为了给机构套保的，因此套保的数量才是问题的关键，对于整个市场持仓量的增加的背后，最主要的是套保机构的套保数量的增加。

套保对于股指期货和股市大盘有什么影响呢？这里的关键就是套保的时候套保机构持有股指多单的情况远远要少于持有空单的情况。机构一般只有在股指期货贴水过高，持有多单成为无风险套利的情况下才会持有较大的多单。那么为什么套保的数量增加就一定是空单多于多单呢？这里我们必须要说的就是股指期货与股票是不对称的。

我们可以看到按照国家现行法规，基金最低的仓位也要有60%，很多时候是要高于80%的，机构是不能空仓的，即使是私募基金等没有这样的规定，但是如果你空仓的话，客户就要赎回了。因此要进行套保的机构基本上都持有股票而不是持有现金，而且在持有现金的情况下，现金是不会有损失的，也没有套保的必要啊！

对于持有股票的机构投资者而言，套期保值是一种重要的风险管理工具。在中国市场，融券业务规模相对较小，且融券数量难以与股票持仓数量相匹配。因此，目前机构投资者进行套期保值时，主要通过持有股指期货空单来对冲股票持仓风险。

即使未来融券业务规模大幅增长，融券数量也难以与股票持仓数量相等。这是因为融券业务的开展受到市场机制、投资者需求和监管政策的多重限制。此外，融券业务的规模与股市总市值并无直接关系。股市总市值是一个正数，即使在熊市中，其规模依然庞大，这并不影响说融券业务的开展。因此，套期保值的核心仍然是通过股指期货空单来对冲股票持仓风险的。

认识到套保基本上是机构持有股票以后进行的套保，这样市场上的持仓量增加就是套保数量增加，就是机构套保的意愿增强。我们要知道的是，套保是以损害机构的利润来完成的，因此只有在机构认为持有的股票存在巨大的下跌风险的时候，才会套保进行对冲，因此不论在熊市还是牛市，只要套保数量增加，必然意味着机构认为股市下跌的风险是巨大的，是值得套保的！这里不论这些机构在公开场合是怎样说的，它们对于持有的股票进行套保的操作，是最真实的它们对于未来看空的一个具体表现，而我们的股市大势是机构控制的，如果看空的机构多了，未来当然是要下跌的了。

我们还需特别留意的是，股指期货与股票在流动性及杠杆效应上存在显著差异。即便股票能作为抵押物进一步购买新股，形成一定的杠杆，这种杠杆力度也远不及股指期货的保证金交易机制。当前，股市期货的保证金已降至最低12%，相比之下，股票融资的抵押率通常为50%，两者间的杠杆比例悬殊。

再来看流动性方面，沪深300的日常交易额与股指期货主力合约的交易额相差极大。对于机构投资者而言，大资金在股指期货与股票之间的流动性体验截然不同。尤为关键的是，股指期货到期时可进行实物交割，不存在难以出手的问题；反观股票，则可能面临流动性困境，难以迅速变现。

因此，在进行套期保值操作时，所需持有的股指期货与股票的资金量绝非等同。临近交割日，股指期货可顺利交割，无须过多顾虑；而用于套期保值的股票则需平仓，这一过程高度依赖市场流动性，需要有买家接盘。然而，对于套保机构来说，即便低价抛售股票也不会造成损失，因为股票的低价将使得股指期货的空头仓位获利，从而实现对冲和弥补。正因如此，机构在低价抛售股票时毫无顾忌，众多套保机构纷纷效仿，股市大盘又岂能不承压下跌呢？

进一步来说，在这一轮下跌过程中，套保机构得以保持不亏损的状态。那么，在股指期货这一零和游戏中，大盘下跌所造成的损失究竟由谁来承担呢？答案是，这将由持股者以及做多股指期货的投资者来共同买单。随着多头不断被挤出市场，大盘往往会经历更深的跌幅。

这样一来，套保操作便面临一个问题：缺乏对手盘。为了吸引买家，套保机构不得不降低价格，甚至以贴水的方式出售。只有当大盘出现大幅度贴水，使得持有空单进行套保变得不再划算；或者贴水空间足够大，能够吸引新资金进场套利时，市场才有可能重新达到平衡状态。

通过上述的分析，我们就可以知道股指期货的仓单增加就是大盘走熊的重要前兆，即使是在牛市仓单增加也是市场要进行阶段性调整的信号。平时多思考，认识其中的市场规律，我们就可以超越那些总把损失当作偶然的失败者。

（2012-07-14）

3. 成交量与牛市、熊市的理论分析

对于股市，很多人都知道成交量对于股市是牛市还是熊市具有关键性意义，但是成交量对于股市到底有什么样的影响，很多人说成交量大说明市场活跃度高，市场活力大，因此是牛市，反之则是熊市。然而这样的分析并不是理性的分析，更不是一个定量分析，现在我就要从理论的深度来分析一下这个问题。

成交量所体现的是每一次交易行为中货币与股票之间的交换，高成交量意味着货币流通速度的显著提升。事实上，货币流通速度的加快对价格产生的影响，早已有成熟的理论模型对其进行阐述。

这里我就要说一下经济学理论中的经典货币供应方程式——费雪方程式，这是传统货币数量论的方程式之一。20世纪初美国经济学家欧文·费雪在《货币的购买力》(The Purchasing Power of Money) 一书中提出了交易方程式，也被称为费雪方程式。费雪方程式为：$MV=PT$（其中：M——货币的数量，V——货币流通速度，P——物价水平，T——各类商品的交易总量）。通过费雪方程式我们就可以看到在原先的货币环境不变的情况下，商品数量的增加与价格下降成反比，而货币流通速度的增加与价格成正比，股市的增发和再融资就是股市的商品 T 的增加，而成交量的增加就是股市的货币流通速度 V 的增加。

相对市场的总市值而言，商品数量（在股市中体现为股票增发）的增加，即便规模颇为可观，其在总市值中所占的比例仍然是有限的。举例来说，当股市融资额达到万亿级别时，相较于 20 多万亿元的股市总市值，其影响仅构成约 5% 的变动。在此背景下，在货币总量的适度增长理论上足以吸纳因商品数量增加所带来的影响。

然而，需指出的是，货币数量的增长同样受到制约，尤其是在政府为防控通胀而严格控制货币总量的情境下。现实中，每年货币总量增长十几个百分点已属高位，并常引发广泛争议。

因此，问题的核心聚焦于市场的成交量。股市成交量的增长速度有可能远超货币总量的增速。以 2010 年 10 月为例，沪市成交量峰值可达 3000 亿元，而今却徘徊在 1000 亿元左右，两者间存在 3 倍的显著差距。相比之下，货币总量若非遭遇恶性通货膨胀，几乎不可能出现如此幅度的变化。

由此可见，成交量的倍增直接意味着货币流通速度的相应倍增，而这对股价的提升作用是最为显著的。

对于股市的走熊，市场的缩量阴跌，很多人认为是市场拒绝再跌的原因，因为很多人已经不愿意抛售股票了。但是这样的成交量萎缩恰恰意味着股市货币流通速度的减缓。成交量低实际上反映了两方面的问题，既反映了很多人不愿意卖出，也反映了没有人愿意买入，否则股价就要涨上去了。针对这类主观因素，我们不应忽视西方主观价值论的深远影响。在这一理论框架下，价值的衡量不再单纯依赖于必要劳动时间的客观标准，而是转向主观意愿驱动下的市场行为，具体体现为供给曲线与需求曲线交汇所达到的均衡状态。西方主观价值论强调，人们支付货币的动机在于寻求交易中的"划算"感，尤其在股市中，投资者购买股票主要是为了获取利润，而非股票本身的使用价值；若无赢利空间，交易便不会发生。

在这样的交易环境下，每一次货币的流通都承载着赢利的目的或强烈的赢利预期。在此背景下，成交量的活跃不仅反映了市场交易的频繁，也更深层次地揭示了人们对价值主观认知的不断提升与调整。这一动态过程构成了西方经济学的基础，包括其理论公式的推导与应用，均植根于此。因此，要深刻理解经济现象的本质，还需站在哲学的高度，进行全面而深入的剖析。

因此在股市当中的成交量实际上是直接决定股市的总市值的，也直接影响着每一只股票的价值。这是一条统计规律，对于越大越完善的市场，统计规律所能够起到的作用和准确性也越好。我们认识股市是牛市还是熊市的关键也就不再是股市的价格指数，而是股市一段时间的平均成交量水平。突然的短线成交量增多可能是因为恐慌和政策影响所造成的波动，长期的成交量趋势肯定是有内在的规律性影响，股市要发生牛市还是熊市的根本性转变，一定是成交量发生了根本性的变化。对于成交量萎缩，即使是在大盘指数上涨的情况下，也一定是到了顶部；而成交量持续增多，即使股价还没有动，也必然是一个底部的形成，而如果没有成交量的上涨必然是一个短线的反弹，放量下跌的资金恐慌出逃，却可能是诱空的最后一跌。

因此对于股市的短线走势可以看股市指数的 K 线，长期的牛市或熊市对于市值的支撑就要有成交量所带来的货币理论模型的规律性影响，股市的成交量与股市的长期走势是一个客观规律所决定的必然。

（2011-05-23）

4. 股指做空机制下，不能按 K 线刻舟求剑

对于当前股市的暴跌，很多根据历史数据进行分析的文章都出来了，但是我们必须要注意到的是，2010 年以来中国的股市有了股指期货和融资融券，有了做空的机制。这样的机制对于股市数据的影响是巨大的，在这种情况下，再依据没有股指期货时积累下来的数据和经验，只能是一次刻舟求剑式的错误之再现。

此外，考虑到股指期货实行 T+0 交易制度，而股票则采用 T+1 制度，股指期货的日均换手率难以突破 10 倍这一阈值。因此，自股指期货开通以来，股市的技术指标在股指期货的影响下，无疑与历史时期相比已经发生了根本性的变化。

我们说股票的估值已经接近于历史低点 1664 时的水平，但是在当时的

历史低点是没有股指期货和融资融券的。在做空的机制下，人们对趋势的预期和透支要强烈很多。在接近历史低位的今天，股指期货多空的博弈也达到了异常激烈的程度，不仅成交量持续扩大，股指期货的持仓量在这几个交易日也达到了平均 4 万单以上，接近平时 2 万多单的 2 倍。

在这里我们且不说投机资金在市场看空的情况下对于股指期货投机的推波助澜，基本的套期保值操作也会加剧市场的变化。对于股市的看空，由于机构持有巨大的股票仓位难以抛售，他们能够做的就是持有股票的同时做空股指期货；而对于在熊市高风险下抄底的机构，也需要做空股指期货对冲风险，这样的结果就必然导致股指期货大幅度的下跌，这也会对股市的大盘起到指示性的作用，让大盘进一步下跌。同时做多了股指进行套保的机构会融券做空股票，做空股票更会导致大盘的下跌，所有这些都将加剧大盘下跌的趋势。

在恐慌性的下跌趋势中，股指期货的超前透支特性往往导致其偏离大盘走势。这种偏离不仅为市场带来了不确定性，还催生了一群寻找套利机会的交易者。

回顾 2010 年 10 月前后的股市，股指与期货之间曾出现上百点的偏离。此时，进行反向套利操作，投资者有机会在一个月内获得约 6% 的收益。在牛市中，这样的收益率或许并不起眼；但在市场低迷时，即便一个月能套利 1%，也显得尤为珍贵。这 1% 的差距，往往对应于二者间 20 点的空间。在熊市时期，对于追求资金安全的投资者而言，能跑赢银行存款利率已经是非常不错了，因此，即便是 10 点以内的差距，也值得尝试套利。

以 IF1106❶ 为例，2011 年 5 月 31 日，其价格低于沪深 300 指数 5.56 点；而到了 27 日，情况逆转，IF1106 的价格（2981 点）高于沪深 300 指数（2963.31 点）17.69 点。这明显存在套利空间，其年化收益率可达 12% 左右。再来看 2011 年 6 月 2 日开盘时的情况，股市期货在股市开盘时约为 2985 点，而沪深 300 开盘仅为 2970 点，套利机会再次显现。这导致沪深 300 早盘迅

---

❶ IF1106：中国金融期货交易所（CFFEX）推出的沪深 300 指数期货合约。

速出现买盘涌入，至 10 点时，指数已拉升至 2983 点，而股指期货仅微涨至 2988 点。此时，若投资者分别反向买入股指和相关股票，待次日股票可交易时，若二者差距消失，便可出货获利。无论股票和股指后续如何涨跌，总有一方能够赢利。只要二者点位差消除，投资者便能获得相应的利润。

值得注意的是，股指期货的套利期限最长可至交割之日，通常不会超过一个月；而短期套利最短则可能仅需锁定股票交易的一天时间。股指期货与股市分离的时间越短，套利得利的速度就越快。若一天之内能实现 0.5% 的套利，长期下来的复利效应就将十分惊人。因此，股票市场的 T+1 交易规则就显得尤为重要，它有助于避免频繁套利行为的发生。

此外，对于十几个点、不到百分之一的套利机会，通常只有那些无须承担印花税和交易佣金等每年固定费用的机构才能有效把握。对于散户而言，这样的套利机会往往难以触及，反而可能会因市场波动而被套利。

对于套期保值的存在和套利的存在，大家都知道股市期货是一个零和游戏。在大势走熊的情况下某些机构套保和套利以后，通过套保套利跑赢大盘的同时，对于大盘所反映的市场平均水平有人赢就有人输，这部分利益差别一定是要有人买单的，买单人只能是没有套保套利的股票持有人，所以必然要以股票更深的下跌来实现。有这样的市场动力因素，股市再依靠所谓的市场估值来确定短期走向是不可能的了，因此股市的下跌也会更加剧烈，因此从统计学的理论上也可以解释这样的现象。

证监会有关部门负责人在 2011 年 5 月 6 日表示，日前,《合格境外机构投资者参与股指期货交易指引》已经下发，QFII 参与股指期货只能从事套期保值交易，QFII 从事股指期货正式放行。本月中旬高盛、里昂等外资人行刚刚发表看好内地 A 股的言论，但两三日前高盛、野村等大行则齐齐唱衰 A 股，有关担忧也进一步打压了市场的信心，加快了近几日内地和中国香港股市下跌的速度。本月 12 日，高盛资产管理公司董事长奥尼尔曾表示，中国股市可能在今年下半年迎来"狂欢"，所以"不要再囤积现金了"。随后，高盛在本月 16 日发给客户的晨会报告中还表示："我们依旧保持 6 周前就已上调的增持建议。"但是本周二，高盛表示，由于中国经济增长放缓、通货膨胀加速，不排除中国股市有进一步下跌的可能性，跌幅可能会达到 10%。

这样的表态应当可以看作是外资在允许 QFII 进入股指期货以后，对于股票和股指不同的态度。这不同态度也说明他们进行了股票与股指的套保操作。这样的结果就是要让没有套保的中国普通股市投资人买单，而中国是一个以散户为主的市场，套保的门槛不是散户所能够接受的，甚至对于所谓的大户都难以承受，其股票会在熊市中受到更大的损失。而美国是一个由机构构成的股市，在大家都进行套保的时候实际上就是没有套保，因此要在简单的股指期货上再发展出一系列的金融衍生品来进行套保，把没有在衍生品领域跟上的同行淘汰掉。因此在这样的市场规则下，股票会在短期发生扭曲。我们可以看到，每一次的危机都令股价低到了不可思议的地步，就如江西铜业的港股在 2008 年金融危机的时候可以跌到 2 元钱。

因此在有股指期货的情况下，我认为本轮下跌虽然会有反弹和曲折，但是应当会跌破原来的趋势线，因为这个趋势线是根据以往没有股指期货的历史数据而得来的，对于今天的股市是失真的，而散户在这样的市场环境中是要被逐步挤出市场的，就如西方的股市机构为主一样。中国也会与世界接轨，散户做投资要注意这样的市场变化，技术派更要用这个市场变化来修正自己的指标系统，而中国在目前股指期货影响下，大盘的经验性数据还很不足，对此的风险认识必须要加强。

（2011-06-03）

5. 股改造就控股股东成为新庄家

现在庄家有两个，一个是控股股东，另一个是原来的庄家，因为股票能流通了，控股股东就不是股票不能转让时的股东了。对于股价二者是有不同目标的，原来的庄家主要是投机，炒股炒短线和中线，炒长线的很少；而控股股东是要长期持有股票的，他是不可能抛售股票而失去控股权利的。控股股东持股是希望股票价值高涨的，因为在股票可以流通后，股票虽然为了保持控股不能出售，但是是可以抵押融资的，这与非流通股不同，股价高，就可以融资更多。而且股票在融券业务开始后，还可以参与融券获得其他收入。

原来的庄家无论从经济能力上还是控制公司消息上，都没有办法与控股股东竞争，他们最好的选择就是跟随控股股东做短线，所以股票有短线波动，但是短线不是投资人能够把握的，散户投机还可以，但是资金规模不能太大。

而我们作为投资人，回避投机跟随控股股东是很明智的。控股股东的目的和情况是比较容易看到的，他们在明处。他们需要股价上涨的目的也很明确，而且控股股东也会需要大量投资人的支持，不像以前的投机庄家不管投资人、散户的死活。

所以我们要把握控股股东的脉搏，他们应当是需要把企业做大，能够与其他企业竞争，以便将来能拔高股价进行增发、整体上市。

（2006-12-11）

6. 要有历史成本和默认成本的观念

我们购买股票，价钱有高有低，但是只要买了以后，就应当忘记自己购买的成本——你的成本已经成为历史成本，不要把它过多地挂在心上。无论你是5元进的，还是10元进的，现在都是持有一股，这一股是没有区别的，不会因为你买的贵贱而产生不同。那么，为何我们会观察到，持有股票成本为5元与10元的投资者之间存在显著差异呢？尽管人们常将这两类投资者简单划分，但实际上，他们之间的核心区别不在于成本，而在于心态。具体而言，那些以较低价格（如5元）入股的投资者，由于已处于较为有利的赢利区间，因此心态较为积极乐观。相反，高价（如10元）入股的投资者，则可能面临被套牢的风险，甚至已经深陷其中，导致心态消极沮丧。正因如此，低价持股者往往在投资决策上表现得更为出色。实际上，能够洞察并调整自身心态，保持积极乐观，就已经是通往成功的重要一步了。

对于我们的股票，要认清从投资的概念上讲持股成本已经成了历史，我们操作每一只股票，都要以现在的股价为默认的持股成本，以此来看自己的投资。在股市不要把自己从腰包里面掏出来的钱当钱，把自己股票涨出来的钱就不当钱，要有等值的概念。

我们买股票，如果被套牢，就会长线持有等着解套，这种做法有时是正确的，而更多的时候是越套越深。或者虽然没有吃亏，但是踏空了很多机会；或者一解套就抛售逃跑，很可能又错失了行情机会。类似的，如果是持股成本很低，一旦获利很多，大多数的人就落袋为安了，结果发现还是售出早了很多；或者是贪婪地等待，错失获利的时机又坐了"电梯"。造成如此情况的一方面是心态问题；另一方面就是操作者没有用历史成本和默认成本的观念去看问题，过于在意自己的持股成本，反而影响了自己的操作。所以背上股票持股成本的包袱很容易，要做到放下、看开是很不容易的。

现在大盘蓝筹的上涨，到了一个小盘整的区域，主要是很多金融蓝筹股接近前期的高点，很多的以前被套的筹码解套后会产生抛售的压力，主力多头提拉股价的同时也是必须要消化这个压力的。主力绝对不愿意把股价拉高后让人们抛售获利，而现在搞一个小幅的盘整，给急于解套的散户一个巨大的心理压力，让他们感到大盘股指又要下降了，他们就会尽快抛售。

招商局南京油运股份有限公司，即南京水运（股票代码 600087）这一股现在与 2006 年底的情况很相似，当时南京水运是连跌六天，而大盘连续不断上涨。现在也是这样的，南京水运已经形成逆于大盘的规律，这个背景规律很可能是南京水运的庄家有捕捉大盘短线的习惯，庄家的资金也是要多重使用的，仓位低的时候资金肯定是要同时操作其他股票的，所以我个人认为需要过几天大盘上涨趋势稳定了，南京水运才会有大幅度涨价，是持有短线还是长线股票，需要大家自己判断。

（2007-04-01）

7. 印花税降低和 T+0 政策改革的争议

随着股票市场的不断变化，对于市场走势的争议愈发激烈。党中央对此高度重视。证监管理机构积极响应党中央的号召，召开了相关会议，商讨具体的政策措施。

据央广网报道，2023年7月24—25日，中国证监会召开了2023年系统年中工作座谈会。会议指出，中央政治局会议明确提出：要活跃资本市场、提振投资者信心。这充分体现了党中央对资本市场的高度重视和殷切期望。为了确保党中央的大政方针在资本市场领域得到不折不扣的落实，中国证监会系统计划从投资端、融资端、交易端等多个方面综合施策，协同发力。

在这样的背景下，市场又提出了关于股票和证券的相关政策，其中印花税[1]和T+0政策成了关注的焦点。印花税作为股票交易中的一项重要成本，其调整对市场活跃度有着直接的影响。长期以来，印花税并未进行大幅调整，目前处于相对较低的水平。降低印花税将会降低投资者的交易成本，这无疑会提高市场的交易活跃度。

另一个备受关注的政策是T+0交易制度。目前，我国股票市场实行的是T+1交易制度，即投资者在买入股票后需要等待一天才能卖出。而T+0交易制度则允许投资者在买入股票后可以立即卖出，这无疑会大大缩短交易时限。

然而，降低印花税会降低投资者的交易成本，加之T+0缩短了交易时限，就可能引发更频繁的交易，会加剧市场的投机行为，导致短期波动加剧，不利于市场的稳定。

另外，快速交易相当于股票市场里的资金在存量资金没有增加的情况下，流动加快了。在经济学中，货币交易数量称之为"流动性"，即货币数量乘以货币流通的速度，也就是费雪方程式（$MV=PT$）。流动加快，会导致商品（在这里特指股票）的数量和价格发生变化。简单来说，就是股票价格有可能因为流动性的增加而上涨。

实际上，随着量化交易的出现和普及，T+0交易制度可能为机构投资者

---

[1] 印花税，指对经济活动和经济交往中书立、领受具有法律效力的凭证（如合同、产权转移书据、营业账簿、权利许可证照等）的行为所征收的一种税。

提供更多的操控市场的机会。但对于散户投资者而言，该制度并不友好。散户自行进行高频交易会受到时间、精力以及技术等方面的限制，很难实现。相比之下，机构投资者拥有先进的交易技术和算法，能够进行高频交易并从中获利。因此，散户投资者将越来越难以在这个市场中获利。

因此，在考虑降低印花税和引入 T+0 交易制度时，我们应当更加谨慎。虽然这些政策可能在短期内提高市场的活跃度和交易量，但从长期来看，它们可能导致市场更加机构化，从而损害散户投资者的利益。在调整这些政策时，我们需要全面考虑市场的各方利益，确保政策的调整能够促进市场的长期健康发展。

8. 市场新逻辑：倒闭后的股票暴涨

在探讨股票市场的新逻辑时，我们不得不提及一个引人注目的现象：当一家公司宣布破产时，其股票却可能会出现异常的波动。这一现象打破了人们对传统股市中公司破产即股价暴跌的常规认知。以 2023 年 7 月的情况为例，美联储不断地加息以及美国的经济状况为这一现象提供了一个真实的缩影。作为美国的运输巨头公司，Yellow 公司[1]于当地时间 2023 年 7 月 31 日宣布破产。这原本应该是对工人和美国运输业的巨大打击，然而其股票在破产后却出现了暴涨，涨幅高达 149%。

由这一异常现象不难看出，美国股票市场的运作机制已经发生了显著变化。与中国股票市场相比，美国的股票市场更多地涉及各种期权、做空工具和期货等复杂金融工具。Yellow 公司破产而股票暴涨，实际上是空投被挤压所致。简单来说，当一家公司的股票交易变少，而与其相关的期权增多时，这往往表明市场对该公司的前景不再看好，投资者会利用期权进行做多或做空的操作。然而，当这家公司真正宣布破产时，那些持有做空期权的人就需

---

[1] Yellow 公司，原名 Yellow Roadway Corporation，后更名为 YRC Worldwide Inc.，最终于 2021 年 2 月改为现用名 Yellow Corporation。

要交付股票。但是，由于公司破产导致市场上没有足够的股票来填补这些期权合约，从而推高了市场股价。

这一现象揭示了在虚拟交易的博弈中，金融工具改变了传统股市和股票的基本面。实际上，当股票的价格高涨时，一般被认为其中存在泡沫，因此很多人想进行做空操作以获利。然而，做空的结果往往是灾难性的。回首过往，2008年金融危机时，有人试图做空大众汽车集团，但最终因大众汽车集团被保时捷公司收购而遭受了损失。这一案例进一步证明了在西方股市中，一旦有了金融期权的加入，股票的走势规律就会发生根本性的变化。

原本，我们习惯于使用市场均衡理论和供需曲线理论来预测股票价格的走势。然而，期权的出现打破了这一常规。当股票价格过低时，期权持有者可能会面临爆仓的风险，因此他们会选择强行平仓，这反而会在股价低时增加股票的供给量。相反，当股票价格过高时，持有者可能会选择惜售，导致供给量减少。在这种情况下，即使公司面临破产，其股票价格也可能受到期权需求的影响而保持高位。这是因为期权持有者在行权时需要股票来满足期权要求，这就形成了一种刚性需求。

总之，现在的市场规律是一个新的规律，它是一个极为复杂的曲线，其中可能伴随多个均衡点。确定市场究竟处于哪个均衡点，则涉及定价权的问题。谁成为市场的主导，谁拥有定价权，这是未来经济学需要深入思考和探索的重要问题。在新的市场环境下，我们需要更加深入地理解金融工具的运作机制，以及它们是如何影响股票市场的走势和定价的。

三、股票杠杆时代的恶空与恶多

1. 恶多坐庄的新手段与恶空的股灾

我们反做空、反股灾、搞救市，我们严厉打击恶空，但对股市当中的恶多（恶意做多）坐庄也需要同样的重视，对股市当中的恶多坐庄也是要严惩的！这里的恶多坐庄和恶空是有对立统一的。如果不能有效反恶多，我们的股市同样不能健康发展。2014 年至 2015 年的牛市由于有了杠杆，恶多坐庄的新手段就是股灾的前因之一。

首先我们应当承认股市当中存在恶多坐庄的现象，恶多坐庄的泡沫破裂，被恶空攻击后导致的恐慌会蔓延，会影响好的股票，也会影响我们股市的信誉。我们救市打击恶空，同时也不能为恶多坐庄买单，不能为给恶多坐庄输送利益而导致腐败的机构损失买单，要让一些机构的人承担应有的责任。

我们这一次的牛市，是亚投行全球目光转向，中国资产再一次被世界认识，资产价值发生重估带来的。我们要对历史性牛市机会有充分认识，但不能因为这样就否认恶多的存在，也不能以恶多的存在否定牛市的存在，恶空是拿着恶多坐庄说事儿，以此来掩盖他们恶空的本性。我认为：恶空如果能够亏本，当然就不是恶空。为何被叫作恶空，是因为他们操纵市场，根本不会亏本，这就不是愿赌服输的问题了，这对市场当中的股民是不公平的，甚至是犯罪。这不是愿赌服输，而是有人出老千，还要嚷嚷叫着让你愿赌服输。其实恶多也是一样的，都是有人操纵市场，在恶多赚取了暴利以后，他们会反手做空的。恶多和恶空的本质是一样的，甚至人群也是高度重合的。正常的价值投资是不容易的，而坐庄是无风险的，甚至一本万利的。我们要同样打击恶多坐庄，不给恶空的支持者口实。

现在恶多坐庄的手法，比以前坐庄更加恶劣，已经不是简单地让股民散户买单了。他们是让机构和银行、P2P（Person-to-Person 或 Peer-to-Peer）[1]网络金融公司来买单，是买通其中的腐败分子，让机构买单后转嫁给整个社会。这样的买单方式被隐藏在所谓的杠杆里面，把杠杆变成了兑现的工具。我们要知道以前庄家出货，是要冲高竖立标杆，高位你不敢追，但再回落到一定位置后就不怕了，吸引半山腰的人群进入抄底，庄家真正出货的价格是最高价的三分之二左右。而现在则是通过融资，让融资的资金在最高位买入，由于通过银行、信托以得到1∶2、1∶3的资金，甚至场外是1∶5、1∶8的资金，这融资的资金就是在最高位的三分之二。原来的出货过程已经完成，下面变成了高位玩玩的情况了，对此我们可以看到本次牛市当中市场怪异的走势，就是在股价的高位还有巨大的成交量，这个成交量的背后就是庄家把自己手上的筹码出让给了融资盘。此时庄家还能干什么呢？

此时，庄家仍持有大量高位股票，而银行等金融机构已对股票60%~70%的价位进行了买入操作。这一价格区间相较于原价已实现了数倍的增长，使得庄家获利颇丰，颇为满意。多出来的价格完全可以砸盘，同时也可以通过控盘技术把曲线做漂亮些，引诱股民高位进来投机，更关键的就是怎样找准时机进行做空。股票是可以损失砸盘的，高于平仓线的价格已经是目标利润外的额外利润了，低于的部分是银行机构买单了，股指期货还可以在其他的领域再赚一把，比原来的坐庄空间大多了。所以认识到这样的情况，就可以知道恶空和恶多是有很大重合性的，在股灾当中，恶多是让机构和银行等买单。

这里恶多坐庄也是一步步地做上去的，也起到了非常好的掩盖作用。我们拿一个简单的模型来模拟一下：他们先是用自有资金A户10元建仓炒高股票，然后用B户1∶1的杠杆把股票炒得更高到20元时把自有资金A户

---

[1] P2P：个人对个人的借贷方式，是一种将小额资金聚集起来借贷给有资金需求人群的一种民间小额借贷模式。

的筹码买回来，再用 A 户 1∶2 的杠杆在更高的位置比如 30 元时把 B 户 1∶1 的杠杆筹码买回来，再用 B 户 1∶3 杠杆在 50 元时买 A 户 1∶2 的筹码，A 户 1∶5 杠杆 80 元买 B 户 1∶3 的筹码，B 户 1∶8 杠杆 120 元买 A 户 1∶5 的筹码，最后用 A 户 1∶10 杠杆买 180 元所有筹码。这样 A 户和 B 户的不断对倒就是不断地加大融资的做法，交易量越来越大，再加上跟风盘和市场的流动性作用，受股票数量不足的影响，股票会迅速暴涨。一次次的反复交易，就是一次次的股票炒高、一次次的融资加大、A 户 B 户一次次的购买，而他们也是在一次次的融资过程当中，体现好业绩和股票怎样一步步地升上去，带有的欺骗性融资也会更多。最后股价上涨十几倍了，他们可以有 10 倍以上的利润，最后的 1∶10 的 A 户就是准备爆仓不要的，B 户里面已经是原来价格十多倍的利润了。恶多在融资下如此坐庄，比以前的坐庄的力度要高很多倍。以前是没有实质的利好和基本面变化，炒高 3 倍以上就没有人敢接盘了，现在可以炒到 10 倍，再配合相关概念，可以炒到 30 倍以上了，规模大幅增加。而且这次的恶多不怕大股东和散户底部筹码抛售的背后原因，是他们跟大股东有所串通，大股东拿他们炒高 10 倍到几十倍的股票质押给银行，自己早通过银行贷款套现了，而散户则是在底部被买光了，因为他们不需要有人接盘，当然也就不需要有散户在里面了。

我们为什么把这个做多叫作恶多，恶意在哪里？其关键与恶空是一样的，恶意在于违法和操纵市场。很多人不知道恶多这样的做法是否违法？我们可以看一下法律是怎么说的。[1]

《中华人民共和国证券法》（简称《证券法》）第五十五条规定禁止任何人以下列手段操纵证券市场，影响或者意图影响证券交易价格或者证券交易量：

（一）单独或者通过合谋，集中资金优势、持股优势或者利用信息优势联合或者连续买卖；

（二）与他人串通，以事先约定的时间、价格和方式相互进行证券交易；

---

[1] 此处法律条文已更新为 2024 年 11 月最新版本。——编者注

（三）在自己实际控制的账户之间进行证券交易；

（四）不以成交为目的，频繁或者大量申报并撤销申报；

（五）利用虚假或者不确定的重大信息，诱导投资者进行证券交易；

（六）对证券、发行人公开作出评价、预测或者投资建议，并进行反向证券交易；

（七）利用在其他相关市场的活动操纵证券市场；

（八）操纵证券市场的其他手段。

在如此恶多的情况下，首先就是 A、B 账户是在自己控制的账户之间进行交易的，违反《证券法》第五十五条第三款；再者就是违反《证券法》第四十四条的第一款，恶多要控盘，持有的股票就一定是超过 5% 的持股限制的，也是每天交易要上龙虎榜的，但他们通过拆小交易不让市场看到，而且他们的交易量在一天的总交易量当中的比例是更高的，对此情况是不能连续买卖的。更进一步的是，任何人持股超过一定数量后，连续买卖的利润，《证券法》规定是要属于上市公司的。

《证券法》第四十四条规定[1]：

上市公司、股票在国务院批准的其他全国性证券交易场所交易的公司持有百分之五以上股份的股东、董事、监事、高级管理人员，将其持有的该公司的股票或者其他具有股权性质的证券在买入后六个月内卖出，或者在卖出后六个月内又买入，由此所得收益归该公司所有，公司董事会应当收回其所得收益。但是，证券公司因购入包销售后剩余股票而持有百分之五以上股份，以及有国务院证券监督管理机构规定的其他情形的除外。

前款所称董事、监事、高级管理人员、自然人股东持有的股票或者其他具有股权性质的证券，包括其配偶、父母、子女持有的及利用他人账户持有的股票或者其他具有股权性质的证券。

公司董事会不按照第一款规定执行的，股东有权要求董事会在三十日内执行。公司董事会未在上述期限内执行的，股东有权为了公司的利益以自己

---

[1] 此处法律条文已更新为 2024 年 11 月最新版本。——编者注

的名义直接向人民法院提起诉讼。

公司董事会不按照第一款的规定执行的，负有责任的董事依法承担连带责任。

所以恶多的股票买入要六个月后才能卖出，这样的规定是无法操作恶多的，我们的融资购买股票限制为六个月，而且融资成本很高，对大股东长期增持也是有限制的。恶多要得利，必然是要违法的。违法了，对他们进行依法打击，就不是问题了。

什么样的股票恶多最喜欢呢？答案聚焦于两类：一类是流动性匮乏的小盘股，尤其是那些缺乏业绩支撑与基本面变动的个股。这类股票因流通性弱，易于被操控，从而成为恶意投机者操纵市场的温床。另一类则是新股市场，新股因大股东等关键股东的股份通常处于锁定状态，恶意投机者在推高股价后无须担忧大规模减持的压力。同时，新股上市初期，上方缺乏套牢盘压制，所有追涨买入者的成本基本相当，这为恶意投机行为提供了理想的操作环境。更进一步，恶意投机者推动新股价格创新高，也间接迎合了监管层大量发行 IPO 的需求——若无此类投机力量的积极参与，面对每月高达 50 余家新股上市的节奏，管理层将面临销售难题及破发风险。因此，次新股以及中小板、创业板市场就不幸成为恶意投机活动的高发区域。

对于恶意投机者（恶多）所采用的融资买单方法，尤其是针对小型股票的爆炒行为，传统正规券商往往难以涉足。然而，当前问题的核心在于网络金融 P2P 的兴起，这一变化为恶多提供了新的操作空间，也加剧了社会风险。

网络 P2P 凭借其低成本和群体无意识的社会心理效应，为恶多创造了更为广阔的舞台。这种"云"式操作方式，不仅扩大了恶多的活动范围，也给社会带来了更大的不确定性。大量为恶多买单的资金正是通过 P2P 网络融资实现的，而这一切罪恶都被"云"所掩盖，使得资金提供方无法看清恶多的具体行为和仓位情况。

在 P2P 融资中，资金提供方所了解的仅限于配资、保证金以及所谓的强大软件风控系统。然而，这个风控系统真的能够保证安全吗？一旦计算机的识别标准被固定，恶多便有可能模拟出计算机所需的好数据。例如，通过 A、B 账户之间的互相倒手，可以制造出越来越漂亮的业绩，从而就会自动提高信用度，使恶多的融资杠杆越来越高。再进一步，如果买通 P2P 平台的工作人员，请他们提供优化账户数据的指导和放松监管，便能在高风险的小股票上做出高达 10 倍的杠杆。

更为严重的是，这个风控软件体系的数据和交易甚至是虚拟的，阅后即焚，如何保障资金安全？融资和数据都如同"云"一般，事后便烟消云散，无从追踪。这不仅是为了销毁恶多的行为证据，更是为了掩盖恶多坐庄的行为，以及 P2P 公司对众多资金损失者的责任。

当 P2P 公司为恶多股票高价买单后，面对由此带来的巨大融资损失风险，它们可能会反手做空以保障自身不受损失。这种裸空行为却被美其名曰为对冲融资盘平仓的风险。当这种说法传出时，便意味着 P2P 公司已经意识到自己是在为恶多买单，自己仓位里的股票已经贬值。为了解决这一问题，它们可能会利用大型 P2P 公司对市场的影响力，整体做空大盘在期指上赚回损失，并对外宣称这是对其融资的套保。然而，事实上损失已经存在，套保又从何谈起？

此外，P2P 公司内部也存在腐败问题。就像某公司电商业务中小二们的腐败行为一样，现在涉足股票融资后，腐败的空间更大。整个公司对于下面的小二们已经失控，公司的资金和 P2P 带来的客户资金已经被用于为恶多股票买单。届时公司对可能面临的损失，他们岂会轻易承认？不承认便只好通过做空将损失转嫁给全国股民。

由于 P2P 公司持有多只恶多的股票，规模比一只恶多的股票要大得多，因此它们联合起来一致做空便足以对市场造成巨大影响，甚至会导致市场雪崩形成股灾。因此，恶空股灾与恶多新的坐庄方式是紧密结合在一起的。

我们要注意的是这些网络 P2P 的场外融资，这些 P2P 的所谓的监管软件，报道出来的很多都是给私募基金服务的，其实一些不良私募基金有特别的恶多倾向，有了恶多融资买单的新方式，坐庄变成了更容易的事情，最后的雷都抛售给了融资方，而融资方则是提供资金的证券公司、保险机构、信托公司等，而对其1∶10的超级杠杆，只要股票下跌不到5%，就要增加保证金了。下跌一个跌停板，就是亏光了，因此只要融到资以后，就把账户甩给了券商、信托、P2P。这些机构的背后还有银行的资金，他们要保障自身安全怎么办？那就要大量抛出空单了。我们可以看到的就是股市在暴跌前夕，他们大量地抛出了空单。

在此，我们应深入探讨为何互联网金融监管文件出台如此迅速，以及为何互联网金融资金需置于银行监管之下。原因在于，互联网金融中支付与周转过程中积累的资金，虽可通过P2P平台进行放贷，但一旦P2P领域爆发风险，由此造成的损失可能会危及中国整个金融体系的稳定，其影响远超一般的股市动荡！

此间，不乏恶意操作的阴影。高额杠杆融资并非用于正常的股市投资，而是沦为为不法行为埋单的工具；此类融资活动已偏离正轨，成为腐败利益输送的温床。

面对如此之局面，我们救市就是要为恶多的后果买单，对恶多带来的泡沫股票，在高位拿钱买单，也是需要思考的，不是简单买单的事情。因此我主张对创业板等恶多横行的股票，要严查恶多，而不是给恶多买单，把恶多的利润刨出来，要没收他们的资金，把有恶多参与的嫌疑股票剔除出救市买入名单。对P2P公司的做空要全面认识，因为他们的失误给恶多买单了，就不能使用做空大盘的方式转嫁给股民！要把恶多参与的股票，从大盘指数当中剔除，不能让它们影响大盘，该长期停牌的就要长期停牌；对无法剔除指数的，恶多造成的指数波动在大盘指数计算的时候要予以调整，复牌时的调整期不计入大盘指数，避免其影响股市大盘。对一些机构给恶多买单造成的损失，就是要让其显露出来，不能被救市所掩盖；我们要认识到云网络带来的利益的同时也要认识到其中的风险，不能被云网络所掩盖，要打破这些乌云，让一切透明起来。

我们认识到了恶多，认识到了这些机构的手法，就知道他们不是本次股灾的受害者，他们是非法得利者。恶多是场外融资放大时的股票抛出者，恶多已经在市场当中赚取了巨额不当利益，也促生了恶空，他们得利后是可以立即成为恶空反手做空的。而发生股灾以后，做恶空和恶多的机构都有大量的现金，他们也可以拿着救市的幌子从底部获取筹码开始新的一轮坐庄，但这不是救市成功后大家想要的结果，他们必须要付出代价。所以我们在严惩恶空的同时，严查恶多坐庄的意义也非常重大，同时还可以免予授人以柄，不让妖魔化中国的人说中国政府只查恶空不查恶多的人为倾向性，不让他们把恶多坐庄带来的恶性泡沫的屎盆子扣在政府头上说什么"人造牛市"！中国的恶多和恶空是高度重合的，坐庄操纵市场就是犯罪，打击恶多与打击恶空是一致的，是对立统一的最好体现。维护中国股市的光明大道，就必须改变目前的庄家丛生的现状。

2. 抓出披着场外融资羊皮的恶空狼——做空股市的浮云是什么

我们的股市大跌，源于严查场外融资，其后一系列多米诺骨牌被推翻了，但对这个场外融资背后的认识却有问题。现在我国公安机关的介入严查，更关键的是要严查出场外融资背后恶意操纵市场的恶空。不过我们的市场、社会和公众对恶空的存在却感到迷茫，原因就是这些恶空披上羊皮，做空被包装成场外融资，欺诈了场外融资的股民，也欺骗了监管机构。他们利用了网络手段和合同陷阱，创造出融资股民、监管机构与恶空的信息不对称，计被卖了的"股市羊"还要给"恶空狼"数钱，这才是问题的关键。

很多人的眼睛是盯着场外配资 7~10 倍的高杠杆的，但这个高杠杆却不是大家想象的那样。真的给你 10 倍的杠杆，这意味着一个跌停后就要配资公司承担损失了，配资公司的风险太大了。给你 10 倍高杠杆的配资，除了限定你只能做风险可控的"打新"等少数特殊操作以外，是让你做股指套利的，也就是买入股票的同时要做空股指对冲。这种操作安全边界极高，即使是股票爆仓不能无损失平仓，股指期货的空单也会给你把损失赚回来的。在牛市有多次股指期货升水超过 3% 的情况时，出现过多次融资套利的机会，如果使用 10 倍杠杆同时买入股票做空期指套利，就意味着一个月时间不到就是无风险的 15% 毛利润。因此真正以融资为目的的超高杠杆在市场当中的行为不是大家想象的那么可怕。真正的"狼"是那些本来就是做空的资金，却披上"羊皮"成了场外融资资金，还裹挟了进行场外融资股民的自有资金，利用了这些股民的账户，使恶意做空的"狼"在大家眼中变成了场外融资的爆仓、强平仓的"股民羊"了，成功地绕过监管层赚取了暴利，本文将给大家展开这样运作的具体过程。

  对操纵市场的做空，有常识的人都知道必须首先要吃足打压市场的筹码。这个吸筹的过程是需要成本和隐藏的。现在恶空的吸筹就是通过给股民场外融资外加特殊条件来完成的。为了享受场外融资的利息低，很多场外融资是有对赌和反向条款的，也就是说我给你融资，你融资买来的股票我有控制权，我可以在认为危险的时候，即使是没有达到平仓线就出售，出售的损失或收益由融资方承担或享有，与场外融资的人无关。同时配资方可以要求在你的账户进行期指做空，理由也是对冲其融资的风险，而实际上他是利用了你的账户做空，规避了套保以外股指期货的持仓限制，也隐藏了巨额持仓量避免被市场关注。这样的操作，在合同上包装成我要控制你的账户是为了安全，我要有预先抛售你股票的权利和在你账户做空期指的权利是为了对冲你的风险，以风控的外衣隐藏了融券的目的。在真实目的被掩盖下骗取他人的同意，本身就是欺诈。这样的欺诈严重了，就算没有特别的法律规定，也符合普通的欺诈罪的规定。也就是说，这些场外融资买来的股票，实际上是被做空的融资人又融券了。看似是一个股民的场外融资，实际是恶空的场外融券和掉期，而且股民的资金也被对方利用来加大融券的杠杆，股民还要给他们利息，在股票大跌达到强平线以后他们还不用偿还融券，可能还没有回补股票的压力，还利用了融资者的账户做空期指不被监管。在这样融资操作的背后，是融资的股民承担了全部的做空资金成本，承担了做空所需的资金信用保障。这个策划给融资者的合同就是典型的合同陷阱，作为一名合格的律师必须有识破这个陷阱的能力。而要救市打破恶空的这种操作模式，只要公开改变司法解释，把这类情况定义为违法和欺诈导致的合同无效，把场外融资带证券和期指对冲的认定为违法，对其目的认定为欺诈。这样的司法环境的改变，就可以使采取这种方式恶意做空的资本遭受巨大的损失。

为了更直观地阐述上述做法，我们以股民老王与恶空老马的具体案例进行剖析。

老王，一位拥有 100 万元资金的股民，决定通过恶空老马进行融资，再借入 100 万元，合计 200 万元全数购入中国中车股票。然而，根据融资协议，这 200 万元股中车股票的实际控制权却落在了融资者老马手中。

当股价升至 30 元时，老马选择抛出。若随后股价继续上涨至 33 元，而老王欲抛售，老马则需补贴老王每股 3 元的差价，尽管这种情况发生的概率极低。但老马通过持续抛售，导致股价一路暴跌。当股价跌至 20 元时，老马便能额外赚取 10 元的差价。若股价跌至 26 元，老王选择抛售，那么 20 元以下的利润由老王获得 6 元，老马则获得 4 元。值得注意的是，一旦股价跌至老王的平仓线 20 元以下，老马无须再买回股票给老王，甚至在老王 26 元决定抛售时，老马也无须还券。

此外，老马还能利用这一机制进行反复操作。在股价从 30 元跌至 20 元的过程中，老马可以在跌至 25 元时买回还券，涨至 28 元时再卖出，如此反复，赚取差价。这种操作方式比传统做空更具优势，因为大规模融券做空在还券时需买回股票，这可能导致股价报复性上涨，而老马则无须面对这一风险。

老马不仅利用了自己的 100 万元资金，还巧妙地利用了老王的 100 万元资金，实现了资金杠杆的 1 倍放大，并同时收取老王的融资利息。更关键的是，监管层只能看到老王的交易行为，却无法洞察老马的操作行为。

在抛售老王的股票之前，老马还会利用老王的账户做空期指，期指的利润同样归老马所有。而一旦期指做空失败，老王也需以自己的仓位承担风险。由于老王仓位的存在，老马的期指操作空间变得十分巨大。

然而，仅凭一个老王，老马是无法赚取超额操纵利润的。老马必须准确判断股市将下跌，这并非易事。但老马控制着一个庞大的网络平台，能够迅速且低成本地通过 P2P 找到无数个股民老王，并使用电子指令让他们手中的股票按照老马的计划同时或有规律地进行抛售，从而操纵市场并引发恐慌性下跌。

同时，老马还会做空股指期货，以获取更大的暴利。特别是在软件指令下同时抛售导致大盘跳水时，股指期货瞬间就能带来利润。

老马的这种操作方式实际上是场外融券和掉期。他利用网络P2P平台提供低息甚至免息配资，吸引股民参与。然而，这些网络放贷的资金成本实际上是很高的，他们之所以能够给出低于市场平均水平的利息，关键在于他们提供了额外的做空条件。这个做空条件降低了资金的成本，使得老马能够获取更高的利润。

而且，如果做空者也是通过融资来做空的，那么老王的信用就成了做空者的保障。真正的融资方看到的是老王账户上有钱，从而愿意提供资金。

在有目标、有计划的恶空老马眼中，选择何种老王作为目标，显然并非随意之举。他们并不青睐高杠杆的融资者，而是更倾向于那些采用1∶1低杠杆融资的老王。这是因为低杠杆为老马提供了占用更多老王资金的机会，进而构建更大的做空杠杆，以此对大盘产生更深远的影响，并为老马自身留下更充足的安全边际。

或许有人会疑惑，既然1∶1的杠杆比例已在场内可得，为何还需转向场外？原因在于，我们对场内融资规模进行了严格控制，限制了券商的融资来源，导致许多融资需求在场内无法得到满足。同时，监管层对涨幅过高的股票持谨慎态度，通过降低其融资折算率甚至至零，迫使投资者转向场外融资。这些股票通常流动性较高，即便在高位已被监管层提示风险并被媒体负面报道，一旦大跌也不易引发舆论质疑。更有甚者，这些股票往往是市场的领头羊，对大盘具有带动作用，使得老马在股指期货上能更轻松地获取巨额利润。中国中车股票便是这类股票的典型代表，监管层的失误为恶空老马提供了可乘之机。

除了上述类型，恶空老马还格外青睐创业板市场的股票。这些股票大多不在场内融资融券范围内，流动性相对不足。因此，即使是少量的空单也足以将股价打压至跌停板，这为老马的操作提供了极大的便利。同时，中证500股指期货的推出，更为老马提供了做空的工具。利用创业板股票流动性不足与中证500充足流动性极大杠杆的对比，老马轻易地打爆了做多者。

对于上述两类股票，恶空老马都表现出了极高的兴趣，并且只提供低倍数的杠杆，实际上更多地利用了老王账户上的资金。在老马即将发动做空攻击的前夕，他们还会寻找替罪羊，这个角色通常由超高杠杆的敢死队小刚扮演。老马给小刚提供融资，本就是为了让其在市场大跌时成为替罪羊。对小刚背后 10 倍杠杆的资金来源，老马更是精心策划，只在小刚选择购买老马准备做空的股票时，才会给予其 5 倍以上杠杆，并在老马即将开始做空的关键时刻提供借款。在利息压力的驱使下，小刚会在获得资金的第一时间建仓，随后老马便发动攻击，导致相关股票暴跌。

这样一来，老马便成功地将小刚的仓位打爆，并借助舆论和监管压力，将小刚塑造成场外超级杠杆的替罪羊。我们的融资规则在催生场外融资市场的同时，也为恶空老马提供了隐藏和攻击的"羊群"，以及像小刚这样的替罪羊。中证 500 上市后，通过场外融资的操作权，老马获得了大面积打压市场的机会，并在股指期货上轻松获取暴利。在各种有利条件的加持下，老马的优势愈发明显。

在软件开发领域，如果有人心怀不轨，其潜在的操作空间实则更为广阔。恶意的"黑"软件开发者，可能会效仿中国众多非法经纪公司的行径，将股民老王的实际交易操作转化为虚拟盘面的操作。表面上，老王们盯着股票的各类交易数据下单，殊不知，软件内部已对他们的仓位进行了对冲处理。简而言之，当老王甲买入老王乙的股票，且二者均在系统内部时，系统便省去了向交易所提交真实交易的步骤，连带着手续费、印花税等也一并被"优化"掉了。这种行为，他们还冠冕堂皇地称为"掉期"，声称能帮助老王实现 T+0 的风险规避。

试想，如果我们目睹了一个融资额高达 4400 亿元、占大盘活跃资金 5%以上的交易体系，在近一个月的时间里，对外公布的交易额竟只有 301 亿元，而同期深沪股市的总成交量达到了 288 649 亿元，这一交易额仅占其0.114%。在这样的天文数字面前，大数定律竟显得苍白无力，这背后究竟隐藏着怎样的问题？若我们依据正态分布的概率来剖析，会发现这种情况出现的概率比中 500 万元彩票大奖的概率还要低，几乎是不可能发生的事件。

虚拟运作的恶果是：股民的真实资金被无情占用，而系统的运营者则无须投入任何资金。一旦股市大跌，股民的损失便直接转化为了系统运营者的巨额收益。若想做空，运营者甚至无须客户指令，便可在后台擅自卖出客户的股票进行做空操作，而这一切，客户在前台客户端软件上根本无从知晓。更为恶劣的是，运营者还可以虚构股票，卖给客户，从而衍生出金融欺诈的丑剧，这无疑是赤裸裸的欺骗。

我们已查处了众多黑经纪公司，其中不乏采用此类手法进行欺诈的。例如，以虚拟盘的纸黄金来诱骗客户，其行径之恶劣，令人发指。

在虚拟交易之下，这种软件还有一个功能就是实现占用客户账户内资金的功能，以前一些黑心券商就干过，后来我们第三方存管了，这个问题才从根本上得到解决。但有了网络这种软件之后，第三方存管也可能是在诸如支付宝这样的网络金融工具里面，恶意的透支和使用老王们的账户内不用的资金，也是可能的。在系统的虚拟交易下想要做空，是非常容易的，因为所有人的证券都可以被系统后台融券出来再抛售，抛售以后的现金可以再贷款给融资方，这样就会有源源不断的股票去打压股票价格了。由于做多的多头投资者要承担高昂的资金利息，最终一定是要崩盘的。在中国台湾股票泡沫时期就有这样的故事，做多的多头投资者发现自己已经持有超过公司100%的股票了，但做空的还在打压，还有不断地抛出股票，原因就是你所有的买入，都被系统融券出来再卖给你了，而你没有举牌收购，就算拿到名义超过100%的股票也只能吃哑巴亏！这样的历史经验在中国股市可能不多，但外来的P2P，外来的做虚拟系统的人，对此都是非常清楚的。因此有些股票的交易数量是非常不正常的。如果活跃资金都在某个虚拟系统，这个系统是可以抛售他们买入的股票的，等他们加仓以后，第二天再抛出，对此我们可以看到的就是股票在收盘前回涨了，第二天一开盘反而不会延续前一天的走势，开盘就低开打压，融资盘是不会如此干的，但融资盘的股票背后被人家再度进行融券，通过打压股价迫使融资盘在低价位割肉，这对融券操作者来说却是一个赚钱的好办法。因此虚拟系统的黑箱是很可怕的，尤其是这个系统在跌停板上不让下单买入就更可疑。如此把股票压在跌停板，导致高杠杆的融资盘面临被强制平仓的风险,他融券卖出和融资虚拟买入的股票就不用真实地买回来了。

更进一步的是这种软件功能强大,创造了第三方,也就是说可以有资金方、融资代理人、经纪人,还有老王,这里的恶空老马可以是经纪人,资金来自网络 P2P 带来的放贷者小船。老马可以对放贷者小船说他的做空操作是对小船资金的风险管理,老马的做空资金也是融资来的。老马如此融资做空的风险是很小的,因为他掌握了整个软件系统,软件系统只要足够大,就足以操纵市场、左右市场的走向,同时还可以在软件系统当中挖掘出大量的数据。这些核心数据经过系统的软件二次分析处理,就可以挖掘出做空的最佳时点和机会,同时也可以通过软件同时给老王们和软件的其他用户进行所谓的风险提示,对老王们进行恐吓并让使用软件的所有人进行恐慌性抛售。

老马把这软件准备好了以后,也发展了足够多的老王,他还要干的事情就是找到理由作为烟幕弹,建立超额空单,然后就可以一起抛售操纵大盘了!这时候证监会严查场外配资,成了老马抛售老王们持仓股票最好的理由。这个抛售可以说成是因为政府严查场外融资导致的,因此老马卖老王的股票以避险是有理由的。而股指期货的做空,则是为了对冲股市暴跌可能导致的强平融资盘存在卖不出去的风险等。一切看上去那么完美,但真实的情况到底如何呢?就在下面关键性的逻辑漏洞里面。

关键的漏洞在于,所谓融资盘的套保机制根本就站不住脚!在股灾肆虐的日子里,我们尤需警惕"恶空狼"老马们标榜的套保建立空单背后的逻辑谬误。一旦这个漏洞被揪出,恶空就将无所遁形。

在股市持续下跌的过程中,我们常能听到一种声音:由于平仓困难,因此需要进行做空套保。然而,只要我们深入分析这一论调,就会发现其逻辑根本不成立!我之前已提及,场外配资中,除了高杠杆 1∶7、1∶10 等大量融资用于打新和股指期现套利外,其余基本是低杠杆且有安全空间的。即便爆仓,股价相较于融资金额仍有 10%~30% 的余地。若真要平仓,即便跌停,也仍有安全边界。因此,场外配资进行套保的论点,实则难以立足。

进一步剖析,平仓时多出的资金应归账户所有人老王所有。大盘下跌时，平仓的损失由融资人老王承担，而套保的利润则全由恶空老马独享。这显然不是套保，而是赤裸裸的做空；更何况，在连续大跌后，国家很可能在收盘后出台利好政策，导致股市大涨。如我们之前的救市行动，就曾出现过从涨停到跌停，或连续涨停的情况。此时，平仓多出的资金属于融资者老王，与老马无关；或者大涨后已无法平仓，而老马所谓的对冲套保空单损失，又有谁来承担呢？这显然是做空方向错误的损失，而非套保。

在我们国家已准备救市的背景下，如果收盘后国家出台利好政策，第二天股市跳空大涨的可能性极大。此时，老马若持有空单过夜，将面临巨大风险。而第二天股市大涨后，涨幅带来的收益归老王所有，空单损失则由老马承担。老马岂会干这种套保的傻事？除非他本就意图恶意做空，决心打压国家救市的效果。

更有趣的是，在大跌过程中，股指期货的贴水幅度巨大，有时甚至达到15%。如此大的贴水，你的套保势必要损失贴水所对应的价值，那么做空期指与现货对冲，贴水带来的基本确定的损失，又有谁来承担呢？有智商的操盘手绝不会白白扔钱。因此，所谓融资盘在股指贴水情况下开空单套保的说法，背后无疑是恶空在作祟。

即便没有贴水，对场外融资方而言，这也绝不是套保，而是披着羊皮的裸做空。虽然本次大跌前我们未禁止裸做空，但我们限制了裸空仓位。只有以套保为目的的股指期货交易才能高仓位操作。将裸做空包装成套保，显然是恶意行为。他们将自己的大做空仓位分散到融资盘的小单中，以避免在期指多空榜中显露。这种行为如同坐庄的拖拉机账户，无疑是欺诈和犯罪。

司法机关应介入调查，对这些恶空行为进行严惩。这种有法可依的做空行为，被称为恶意做空，并非市面上所谓的恶空没有标准。恶空操纵市场的筹码披上了场外融资盘的羊皮，他们提供融资的目的不在于融资利益，而在于做空。因此，那些打着融资盘套保幌子的，无疑是恶空罪犯。

我们之前揭露的恶空操作手法，实则是网络云技术的一种滥用，它还为外资渗透和洗钱活动提供了隐秘的通道。老马通过诱导融资股民，如老王、小刚等人，将账户盈利转入其他账户，实现了一个账户进钱、多个账户出钱的局面。他们甚至以融资为幌子，以强平控制为理由，完全掌控了老王、小刚等人的账户操作权。在账面上，他们可以将融资往来做得干净利落，而利润则悄然流向了其他地方。爆仓之后，试问谁还有心情紧盯着自己的账户？

由于老王、小刚等人的账户单个交易金额有限，并未引起央行反洗钱系统的关注，洗钱的作用却是巨大的。在这种洗钱功能的掩护下，外资得以通过各种途径，以网络 P2P 的方式高效且隐秘地进入市场。我们的政策规定个人每年可以合法兑换 5 万美元外汇，老马便利用这一点，以低息融资为诱饵，让老王等人用自己的换汇额度进行换汇。若老王想多融资，还会动员亲友的账户参与。外资撤退时，同样可以利用老王的换汇额度换回外币。

老马编写的软件对老王、小刚等人的整体信息进行数据挖掘，所得信息可卖给外资，帮助他们找到最佳的做空时点。外资在境外给老马付款，这种以融资为外衣的做空方式，进一步降低了恶意做空的风险成本。如果市场反向大涨，他们便以融资者的身份出现，同时还可以收取老王、小刚等人的利息，从而大幅提高做空的安全边界。

此外，我们还需注意，这些 P2P 和开发软件的公司，可以在没有资金的情况下做空。资金来源于 P2P 网络放贷者小船等人，老马以安全风控的名义进行操作，得到了老王、小刚和小船等人的认可，资金被拆散，去向多元。特别是当老马利用软件借用他人资金时，这些资金来自大量的网络 P2P 客户，资金来源确实不同。而且，这些资金盗用了老王的信用，没有老马的担保，老马的操作软件又不留痕迹，这就使得传统方式难以查处恶意做空。

这就是我们现在所说的"云"的概念。做空也采用了"云"的概念，软件和网络实现了云操作、云数据、云运算。老马就像是"云中之马"，神秘莫测。P2P 网络金融为这次股灾的空方带来了巨大利益，P2P 盈利模式中的潜规则也在本次股灾中暴露无遗。P2P 经营者可以选择恰当时机大规模操纵市场来做空获利，这个利润可以远远超过他们的企业利润，也可以在企业外运行，还可以让各种外部势力暗藏其中。

因此，我们不容易查找到外部势力的干预，他们甚至可以理直气壮地嘲笑大家的阴谋论。但老马和 P2P 公司的资金来源和可变利益实体（VIE 结构[1]），决定了这匹"恶狼"就是外来的。看透了"云"，就知道做空股市的其实就是老马这样的人。

老王、小刚、小船等人都是无辜的"羊"，应对恶空老马有所察觉！别再自欺欺人地说是看不见的手在作祟，老马是在"云"中用看不见的"蹄子"狠狠地踩踏我们！

综上所述，要严惩恶意做空行为，关键在于明确配资套保在逻辑上的不成立，并深入理解恶空者如何利用网络云进行做空操作。一旦我们掌握了其包装和操作的全过程，就能拨开眼前的浮云，准确锁定恶意做空者的真实身份。

这些恶意做空者，智商超群，皆为业内专家高手。他们岂会轻易陷入逻辑漏洞，白白损失？实则，他们是通过融资包装，潜伏在小刚、老王等账户之中，以对冲融资风险的套保身份示人。更有甚者，如老马，本身并无资金，而是利用老王、小刚的信用，从小船等处获取资金。恶意做空者们利用网络进行云攻击，手法隐蔽且高效。

因此，那些号称套保的场外融资盘操盘人，以及漏洞软件的开发者、运营者，很可能都是恶意做空者的化身。一旦我们看透了"云"的本质，就能揭开做空股市的"外星人"的神秘面纱，将他们一一擒获。

在股灾初期，我们之所以一时难以找到恶意做空者，原因就在于这些"恶空狼"都披上了融资盘的羊皮，使得原有的监管手段失效。但只要我们扒掉这层羊皮，恶狼的狰狞面目就会暴露无遗。大家应齐心协力，共同将这只"恶狼"捉拿归案，否则，一切努力都将化为浮云。

3. 纠出恶空，依法索赔不能缺位

只要中国股市经历一段时间的波动期，就会导致许多投资者遭受经济损

---

[1] VIE 结构：指境外注册的上市实体与境内的业务运营实体相分离，境外上市实体通过协议的方式控制境内的业务实体，业务实体就是上市实体的 VIEs（可变利益实体）。

失。在此期间，市场中出现了一些操纵行为，影响了市场的公平性，这无疑加剧了投资者的损失。针对这种情况，应当考虑建立有效的索赔机制，以保障投资者的合法权益，而不仅仅依赖于行政罚款。

索赔过程应遵循民事诉讼的法治原则，确保公正、透明，让这一过程在法律框架内进行。对于此类索赔，可以考虑采用集团诉讼的方式，尽管这在证券领域尚属罕见，但在依法治国的大背景下，这完全有可能成为推动法治进步的一个先例。

我们注意到，某些软件系统涉嫌删除相关数据，导致交易不公，进而操纵市场。这明显违反了相关法律法规，相关责任人应承担不可推卸的法律责任。在此情况下，不能仅因公司形式而限制责任范围，应依法追究实际控制人的个人责任，确保违法者受到应有的惩罚。

此外，涉及境外协议控制（VIE结构）的企业在做空行为中扮演了相关角色，对于这类企业，应依法查封其国内资产部分，并进行拍卖以赔偿投资者损失。同时，由于外部协议控制下的过错，应对境外控制公司进行索赔，并考虑解除控制协议，防止其利用境外身份逃避法律责任。

总的来说，严惩市场操纵行为是净化证券市场、维护投资者权益的重要举措，也是展示我们依法治国决心的良好机会。通过此次事件，我们可以进一步清除外资在中国关键行业的不良影响，推动证券市场更加健康、稳定地向前发展。

四、投资者保护的呼吁

1. 股市需要理论自信与经济反间谍意识

2023年8月初，我国股市表现良好，引发了广泛关注。在股市整体利好的情况下，投资者对于股市的未来走向以及是否迎来了新的牛市充满了期待和好奇。然而，在深入探讨这一问题之前，我们首先需要关注的是理论自信的提升及经济反间谍意识的加强。

以往，在面对股市波动时，我们将关注重点放在了腐败、老鼠仓[1]等次要问题上，却忽视了更为关键的问题，即股市低价的战略意义。在中美博弈的大背景下，中国作为崛起的大国，股市也成为展现国家实力和竞争力的重要平台。因此，我们必须高度警惕那些试图通过唱衰中国资产价值来削弱我国国际地位的行为。这些行为往往背后隐藏着复杂的经济间谍活动，希望以此打压中国股市来谋取私利。

基于此，我们需要正确认识和应对股市中的"泡沫"现象。当股市上涨时，一些人会急于将其视为泡沫，并采取各类限制措施来打破泡沫。然而，股市的虚拟价值在一定程度上是有利于公司发展和提高赢利潜力的。它可以吸引更多的投资者，从而将泡沫填实。在美国，股市的虚拟价值会通过置换资源的方式将泡沫硬化，促进股市的持续增长，这被称为技术牛市。而在中国，由于理论认识上的偏差，这种增长却常被当作泡沫来打压。

---

[1] 老鼠仓，是一种营私舞弊、损公肥私的腐败行径。具体来说，它指的是庄家（或主力机构）在用公有资金拉升股价之前，先用自己个人（如机构负责人、操盘手及其亲属、关系户）的资金在低位建仓。待公有资金将股价拉升到高位后，这些个人仓位便率先卖出获利。

当然，对于市场泡沫这一说法的流行，除部分投资者理论认知不足外，还存在一些人的恶意散播。他们故意散布"泡沫"论来打压股市，这严重阻碍了我国股市的市场走向。因此，打击经济间谍比反腐败更为重要。经济间谍可能通过各种手段唱衰中国市场，从而实现其做空获利的目的。这种行为不仅损害了中国投资者的利益，也破坏了中国股市的稳定和发展。

回顾2015年的股市波动，当股市达到5000点上下时，关于泡沫的言论层出不穷。这一方面在于部分投资者对该现象的误解和恐慌情绪的传播，另一方面也在于可能有经济间谍的推波助澜。他们利用投资者的恐慌情绪和市场的不确定性来散布负面言论，进一步打压股市。因此，相关政策的导向就至关重要。如果政策选择扶持股市，那么空头就可能存在爆仓的风险，股市有可能会持续上涨。如果政策选择打压股市，那么很多人都可能会遭受重大损失，而外国人则利用这个机会做空获利。因此，中国的市场能否走好，核心在于内部原因。我们必须从理论和经济间谍两个角度来深入认识这个问题。

2. 限制再融资，完善退市制度

针对2023年底的股市形势，政府加快推出一系列政策，旨在刺激股市回暖。然而专家指出，每逢年底，股市往往在资金链紧张时表现不佳，债券市场同样面临难题。其问题不仅在于支付能力，更在于反映了市场资金的紧张程度。

债券市场的局势也备受关注。深交所2023年11月8日就优化再融资监管安排进行了详细解答，明确了对上市公司再融资的具体限制措施，力求优化再融资监管安排，以保障市场的稳定和投资者的利益。深交所相关负责人在回答媒体提问时表示，新规对再融资进行了严格限制，主要包括限制破发、破净情形的公司再融资，要求上市公司在董事会召开前20个交易日启动再融资预案，且在此期间不得存在破发、破净的情形。这一规定旨在防止上市公司在股价表现不佳时利用再融资进行不当行为，损害投资者利益。

新规还规定，上市公司再融资预案距离募资到位日不得低于 18 个月，存在财务性投资比例较高的公司需调减融资金额；对前次募集资金的使用进行更为严格的监管，要求上市公司在召开董事会确定再融资预案时，前次筹得的资金应当基本使用完毕。此外，再融资募集资金项目必须与现有主业密切相关，实施后与原有主业具有协同性。

政府此次加强监管的措施有望提高市场的规范性和透明度，为投资者提供更加公平、公正的投资环境。实际上，对于一个好企业来说，再融资时市场自然会对其进行投票，决定其能否成功融资。因此，问题的关键在于监管那些市场无法投票的企业进行退市，以确保市场的整体质量和投资者的利益。

与国际市场相比，中国的股市退市率明显偏低。在美国等成熟市场，股票价格长期低于一定水平或交易量达不到要求的企业会被强制退市。因此，制度改革更应侧重加强完善市场的退市制度，彻底剔除一些有问题的企业，防止它们在市场上继续操纵、损害投资者利益。

同时，监管层还应进一步完善市场退出机制，确保市场能够及时、有效地处理问题企业，防止其对市场造成更大的损害。此外，对于保荐人等中介机构也应加强监管，如果其推荐的企业出现问题，应该追究其责任，以确保其推荐行为的公正性和准确性。

总的来说，限制再融资只是股市监管的一部分。更重要的是要加强退市机制的建设和完善，让那些有问题的企业尽快退出市场，保护投资者的合法权益。只有这样，才能确保股市的长期健康发展，为实体经济提供有力的支持。

3. 证券市场规则与私募基金规模创纪录

尽管中国整体经济环境面临诸多挑战，私募基金行业却展现出了强劲的增长势头，私募基金规模创下了新高。

根据证监会的最新统计数据，截至 2023 年 7 月末，国内私募基金管理人数量达到了 2.20 万家，管理基金数量达到 15.29 万只，管理基金总规模达到 20.82 万亿元，较 6 月末增长了 500 亿元，再次创下历史新高。特别值得注意的是，2023 年 4 月份，私募基金规模大幅增长了 4200 亿元，总体来看，私募基金规模从去年底的 20.03 万亿元增长到了 2023 年 7 月末的 20.82 万亿元，增加了 7900 亿元，距离 21 万亿元已经不远。这一系列的数据无疑彰显了中国私募基金行业的蓬勃发展和巨大潜力。

具体来看，2023 年 7 月新备案的私募基金数量达到了 1390 只，新备案的私募基金规模为 492.48 亿元。其中，私募证券投资基金有 837 只新备案，规模为 212.24 亿元；私募股权投资基金有 199 只新备案，规模为 157.28 亿元；创业投资基金有 354 只新备案，规模为 122.96 亿元。此外，2023 年 7 月份有 134 家私募基金管理人注销，表明私募行业正在经历一轮有序的优胜劣汰。

然而，私募基金行业也面临着不小的压力和挑战。在市场环境不佳的情况下，私募基金面临着赎回压力，尤其是那些存在业绩承诺的基金。当大环境不佳，赎回压力大且难以赎回时，就会引发挤兑效应，给私募基金的稳定运营带来了极大的威胁。因此，私募基金需要更加注重风险管理，确保在面临赎回压力时能够保持稳定的运营。

与此同时，中国市场也正在经历着一次重大的变革。随着散户投资者的逐渐减少和机构投资者的增多，私募基金作为机构投资者的代表，将受到更多的关注和期待。这也意味着，私募基金需要更加专业、更加规范的运作，以满足市场的需求和投资者的期望。在这一变革的背后，实际上反映了中国市场的散户市逐步变为了机构市。然而，对于散户投资者来说，这一变革无疑给他们带来了更大的挑战和困难。随着量化交易等高频交易方式的不断兴起和大数据时代的到来，散户在股市中的投资能力逐渐减弱，面临着越来越多的困难和挑战。

根据 FT 中文网的报道，通过对 2012 年到 2019 年上交所全部交易数据的分析，发现了 A 股中 99% 的股民长期亏钱的真相。数据显示，不同类型的账户存在巨大的差异，其中资金在 50 万元以下的账户占总数的 85%，而投资在千万元以上的大户只占 0.5%。

在 2014 年 7 月到 2015 年 12 月这个交易时间段内，普通散户的账户数量和资金总额与大盘指数高度一致，整体赚钱的比例仅为 2.5%，而亏钱的占比达到 97.5%。具体来说，亏损最多的是资金在 50 万元以下的账户，亏损达到 2500 亿元，而投资在千万元以上的大户却赚了 2540 亿元，比机构赚的 2523 亿元还多。这一数据无疑揭示了散户在股市中面临的困境和挑战。

面对高频交易的机器，散户在股市中的投资能力逐渐减弱。为什么会出现这种情况呢？一方面，资金集中具有优势。机构拥有更强的信息判断能力、研究能力和操控能力，能够更好地把握市场机会和风险控制。另一方面，随着大数据时代的到来和量化交易等高频交易方式的不断兴起，散户在股市中的投资能力逐渐减弱。他们面临着信息不对称、交易速度慢、缺乏专业投资知识和经验等问题，导致他们在股市中的投资效果往往不尽如人意。

在西方股市中，高频交易已经成为主导力量。量化基金通过大数据分析和高频交易在市场中获利丰厚。这种趋势可能与全球金融货币政策变化以及信息时代带来的超级流动性有关。整个股市的财富集中效应越发明显，使得普通散户在炒股中的希望变得越来越渺茫。

对于散户来说，面对这一变革和挑战，他们更需要转变投资理念和策略。将注意力转向投资而非炒股可能是一个更为明智的选择。投资与炒股不同，它更注重长期收益和风险控制。散户可以在专业领域寻找投资机会或者依靠专业人士进行股权投资等方式来获取稳定的收益和回报。

总体而言，传统的散户炒股梦想正逐渐变成现实中的一种梦想。他们面临着越来越多的困难和挑战，因此，他们更需要转变投资理念和策略，寻找更为适合自己的投资方式和渠道。同时，政府和相关监管机构也需要加强对私募基金等机构的监管和规范运作要求，以保护投资者的合法权益和市场的稳定发展。

4. 如何把控基金投资的风险边界责任

当今投资领域，投资者与金融机构之间的矛盾日益显著。一些投资者在参与投资活动时，遭遇了与当初约定不符的情况，甚至出现了投资亏损至负数的极端案例。这不仅让投资者蒙受巨大损失，也引发了广泛的社会关注。

2023 年 12 月 15 日，江苏省高级人民法院公布了《江苏法院金融审判十大案例（2021—2023）》，其中一则涉及苏州中来光伏公司认购的深圳前海正帆投资管理公司旗下私募基金引发市场关注。

据案例披露，中来光伏公司认购了前海正帆投资管理公司的腾龙 1 号基金、方际正帆 1 号基金和 2 号基金等私募产品，并与管理方约定了止损线。李萍萍和李祥两人对认购的三只基金分别出具了承诺函，承诺保本保收益。然而，截至 2020 年 12 月 31 日，相关基金净值竟跌至 –0.089 元，导致中来光伏公司提起仲裁，要求投资方承担赔偿责任。在仲裁期间，中来光伏公司还向法院提起诉讼，要求追偿差额补偿金及违约金。

该案引起关注的原因在于，尽管存在止损线的约定，但最终基金净值跌至负数，涉及较大损失。这引发了对私募基金风险管理和执行问题的关注。私募产品中的约定在执行过程中出现问题，可能导致投资者面临巨额亏损，从而引发争议。对于此案，私募市场中存在一些风险边界难以明确的情况。一方面，私募产品中的止损线并非始终可执行，可能受到多种因素的影响，如市场流动性、杠杆操作等。另一方面，私募行业的监管与外部风险控制亟待加强。

这起案例也引发了我们对投资风险边界的思考。在我国，对中介机构的管理相对宽松，但券商等中介机构又在资本市场中占据重要地位。然而，在当前投资环境下，部分中介机构既收取高额费用，又无法承担相应的风险责任，亏损赔偿好似与他们无关。

除了对于中介机构惩罚力度不够，在止损过程中也存在不公平现象。例如，有时领导或关系户会优先得到平仓处理，而普通投资者则可能会面临更大的损失。这种信息不公开、不透明的做法导致产品很难实现公平清仓。此外，部分私募公司的注册资金与其管理的产品规模之间存在巨大的差异。一些私募公司仅用 1000 万元的股本金就能注册成立，但其管理的产品规模可能高达数亿元。由于这种巨大的差异致使私募机构没有能力承担相应的责任。

当下，很多私募机构接连倒闭。其原因主要是市场的恐慌情绪所引发的连锁反应。在市场不佳的情况下，私募机构的恐慌、倒闭、赎回等问题将风险放大，使得市场的流动性受到挤压。这让许多投资者即使在股票的估值已经触底的可能下，仍然会选择从私募机构中撤资。

当然，当前对于私募机构的外部监管缺失，使得私募机构的风险更加难以控制。一些私募机构在面临亏损时，可能会存在赌徒心理，进一步配资并高额炒作，以期翻身。然而，这种行为无疑给予了市场更大的压力。

因此，我们需要重新认识私募机构的风险边界，并调整相关政策以加强监管，提高私募机构的透明度，以增强市场的稳定性。

5. 加强对投资者的权益保护

在当今股市中，人们纷纷呼吁要关注中小股民和散户。

为此，央行时任行长在 2024 年 2 月 1 日表示，当前要把增加社会资本金投资和融资放在重要地位，推动保险资金、养老金、企业年金等长线资金入市，并畅通私募股权（PE）和风险投资（VC）的融资渠道及退出机制，以此增加散民的投资选择、提高投资收益、降低投资风险。这一观点在随后的全国政协十四届二次会议第二次全体会议上得到了进一步阐述。他强调，目前市场并非缺少资金，而是缺少愿意承担风险的资本金。银行贷款的实现往往依赖于企业能否筹集足够的资本金。因此，增加社会资本金投资和融资被视为至关重要的任务，同时提议研究长线资金入市，并畅通私募股权投资和退出渠道。

然而，这一提议也引发了不少担忧。首先，长线资金以养老金为主，这牵涉到老百姓的保命钱，因此需要在风险和稳健之间找到平衡。确保资金的安全性是首要考虑。其次，提议中的投贷联动，即由大型银行投资初创企业，也引发了对投资方向和风险管理的担忧。对于社保基金的入市，同样存在一系列问题。社保基金规模庞大，其投资方向会直接影响市场的发展与稳定。一旦社保基金出现亏损，可能会对老百姓的养老金造成负面影响。另外，社保基金在市场中的交易行为也可能会对股市产生不利影响。

尽管美国等国家允许养老金等长线资金进行投资，但对其有着严格的限制，主要允许其投资国债等低风险资产。作为国家的金融机构，央行在制定政策时确实需要考虑长远的发展规划。在社保基金的投资运营方面，我们需要确保资金的安全性和收益性，同时也要考虑市场的风险和投资回报的要求。

这一政策提议引发了人们对长线资金入市的深度思考。涉及资金安全、增值、退出等问题，需要细致的顶层设计。提议强调金融应服务于实体经济，但中国的金融体系仍存在一些狭义的问题，需要更好的规划来平衡各方利益，保障金融稳健发展。

然而，除了这些呼声，还存在一种更为深层次的声音，即市场需要培育"聪明钱"。

"聪明钱"这个概念一出，很多人可能会疑惑，钱还有聪明和笨之分吗？这个"聪明钱"并非指简单的智商高低，而是指能够灵活调整投资策略的资本，另外，还包括各种机构投资者、市场专家、中央银行、基金和其他金融专业人士掌握的投资资本。"聪明钱"在股市中发挥着引领市场发展方向的作用，能够根据市场走势随时做出调整。例如，北向资金[1]就是其中的一种形式，利用大陆和中国香港之间股票的互联机制，来准确把握市场行情。

中国证监会主席对于"聪明钱"也进行了专门表述，他强调要加强对高频量化交易的研判，加强跟踪，以加快培育境内的"聪明资金"。在这一过程中，股票注册制被视为资本架构不可动摇的基石。监管部门强调要推动行业机构"强筋壮骨"，提高专业投资能力和市场引领力。同时，他也强调了要坚持注册制资本架构不动摇，推动股票注册制的进一步实施。对这一方向的强调表明，股市发展的未来将更加依赖于机构投资者和专业人士的参与。

---

[1] 指通过沪股通、深股通从香港股市流入大陆股市的资金。

那么，对于普通散户而言，理解和把握"聪明钱"的动向就显得尤为重要。在市场变成机构市的大势下，越来越多的"聪明钱"参与其中，中国股市的格局发生变化。因此，普通散户要保持警觉，不被外国机构割韭菜，而是要学会与"聪明钱"同行，共同分享市场红利。

当然，有"聪明"的钱就有"傻"的钱，"聪明"的钱是赚钱，"傻"的钱就可能是亏钱。对于散户来说，一个聪明的策略就是跟随市场的领导者的脚步走。另外，散户还需要注意市场的监管政策。随着"聪明钱"的增多和机构市的形成，市场的监管政策也将更加严格。散户需要密切关注监管政策的变化和市场风险的变化，以便及时调整自己的投资策略和风险控制措施。

与此同时，中国股市一直在追求与国际接轨，尤其是向美国看齐，但最近却发现这种接轨并没有带来理想的效果。相比之下，美国股市不断创新高，而中国股市却一直徘徊在3000点左右，这已经持续了十多年。这很容易引发人们对中国股市状态的质疑。

近期，印度实施了一系列限制股市做空的政策，韩国也对裸卖空进行了巨额罚款。这些情况引发了我们对印度股市制度的关注。近年来，印度的股市表现引起了人们的关注。印度股市不断创新高，而且即便在贸易逆差的情况下也能保持良好态势。

据《证券时报》报道，印度退市回购制度中有一些可借鉴的亮点。自2020年3月以来，印度股市总市值增长了约2倍，显示出其退市回购制度的一些优势。印度的退市制度包括强制退市和主动退市，对投资者保护制度较为完善。在强制退市后，交易所需任命独立专业团队对公司资产进行评估，并定出股票的公允价格。被强制退市的公司必须以该价格回购股票，否则将面临惩罚。在主动退市中，公司通知所有持股者退市回购底价，并允许公众持股人以高于底价的价格卖出股票，公司可以决定是否回购。

这种制度在印度是独有的。相比之下，中国的A股强制退市主要涉及欺诈发行。欺诈发行等恶劣行为虽然会承担一定责任，但一旦股票退市，股票变成黑箱，投资者的权益就无法保证。此外，中国股市面临的问题之一是"烂柿子"淘汰不掉，导致股市整体水平较低。相比之下，印度通过大量退市，吸引流入资金保持了较高的股市水平。

除了退市制度，中国股市的分红也存在一些问题。大额分红有利于低成本持有公司股份的原始股股东，而回购股票才有利于全体股东。然而，在中国股市中，很少能看到公司选择回购股票来提升市值。

这些问题有一个根本原因在于公司控制权与国家不一致。在中国股市中，控制权往往掌握在那些希望将资金转移出国的资本手中。同时，北向资金等外部资金也对中国股市产生着显著的影响。相较之下，印度股市之所以能够不断创新高并吸引资金涌入，是因为印度人挣了钱后更愿意回国炒本国股市，因为他们知道在那里可以赚钱。当股市出现溢价后，印度将其转换为外来资本资源；中国则会将资本压低。

中国金融政策需要更加关注国家利益，在金融领域坚持中国道路和主权。在制定政策时需要谨慎权衡，不宜一味追求开放，应更多考虑本国的国家情况。

综上所述，我们可以看到，对"聪明钱"的培育、长线资金的入市，以及向印度学习退市回购制度等提议和思考，都是围绕如何改善和提升中国股市的质量和效率，保护投资者利益。在推动市场改革的同时，应确保市场的稳定和保护投资者的利益。对于散户来说，也要关注市场的变化和风险，及时调整自己的投资策略。

6. 股市退市制度不能拔苗助长

对于现在的中国股市，有一个话题很热门，那就是股市的退市制度，中国的上市公司当"不死鸟"已经很多年了，再不好的公司一般也能够通过重组而股价暴涨。这导致中国股市出现了一个很不正常的现象，就是ST股得到了非理性的炒作，各种上市公司的重组成为下一次的洗劫，这个击鼓传花的过程不终止，中国股市的健康发展就始终会受到巨大的威胁。

对于建立中国股市的退市制度，大量专家都在极力呼吁，对于此项改革，各种声音是很激进的。很多人主张一步到位，主张对于创业板建立强力的退市制度等。但是对于退市制度的建立，我认为罗马不是一天建成的，一个好的市场制度也不是一天建成的。要改革就不得不考虑对于民生的影响，不能不顾对老百姓资产的影响而拔苗助长。改革是治病救人，不能为了治病而不顾肌体能否承受，冒着治死人的风险来进行。

现在我们说要上市公司退市，一旦退市，损失最大的是谁？还是退市公司的散户股东——持有这个公司股票的老百姓。因为如果上市公司退市了，老百姓持股损失溢价不说，这些股票没有了交易，也没有了上市公司的信息公开，老百姓持有的股票的权利得不到任何保障，可以说是两眼一抹黑。而一般老百姓手中股票总价值不过几百元、几千元，维权的成本却是很高的，退市以后在没有信息披露的情况下监督公司的成本也是很高的，这样的退市就必然不利于社会的安定团结。

更进一步而言，退市公司的大股东和控股股东是应当经常承担责任的。在上市公司需要信息披露的情况下，监督有压力，但是退市了以后不用发布公告了，造假就变得更容易，还可以回避他们以前的问题，他们反而能更容易逃避责任。

因此对于中国股市退市制度的建设和市场的改革，一定不能拔苗助长，我们不妨看一下海外市场，与之相比较才能够让大家更好地认识问题的本质。首先，海外市场是以机构为主的市场，中国大陆是以散户为主的市场，退市对于机构投资者和散户投资者是完全不同的。海外的退市不是直接退出交易变成暗箱，而是退到柜台市场。但是中国这样的市场建设目前还很不完善，没有柜台市场小股东的股票就难以交易，也就没有了柜台市场经营着的监督代理，中外的退市制度本身就是不同的。

另外，海外市场的责任承担机制也相对完善，对于上市公司的中介服务机构的责任要求非常严格，大股东弄虚作假导致退市等情况发生，这个公司的保荐人、律师事务所、会计师事务所等都要承担无限连带责任的。当年安然公司的丑闻[1]是直接造成世界级会计巨头安达信事务所倒闭的重要原因。

---

[1] 指其财务造假案。

因此我们建立退市制度，需要系统和全面地借鉴海外的先进经验，退市制度的建设是一项系统工程，不能不顾配套。我们要完善退市制度，首先就要建设好柜台交易市场作为证券市场的重要补充，让退市的公司有去处。

接下来，关键在于明确上市公司退市后各方责任的承担机制。具体而言，应清晰界定保荐人、律师、会计师及大股东如何协同合作，以确保公司的小股东和散户利益得到有效保护。为此，我们可以借鉴美国银行业破产时的清偿原则，即在退市过程中，应优先考虑并充分保护中小投资者的利益。

实施策略可包括设定具体的补偿措施，例如，为每位股东设定一个合理的股票套现额度，比如100手，并确保这笔套现资金能够由上市公司在退市时回购，或由保荐人负责回购。另外，还可以设定一个保底回购价格，要求退市公司或保荐人按此价格进行回购，从而进一步保障投资者的利益。

总之，在退市制度正式实施之前，必须建立健全配套制度，尤其是那些能够切实保障小股东权益的制度，以确保退市过程的公平、公正与透明。

综上所述，我们股市的退市制度的建立，一定要考虑到民生，也就是小股东和散户的利益在退市环节得到充分保障。如果退市规则的建立成了再一次掠夺小股东和散户的制度，那么就会造成比股市当中经济问题更严重的社会问题，这是我们必须要全面考虑的大局观问题，改革是必要的，但是过程更重要。

（2012-02-28）

CHAPTER 4

第四章

重估牛市与信用战 [1]

---

[1] 本章内容基于我在炒股过程当中进行的理论分析,并融入了相关的时间历史背景。我将其作为实例和历史记忆分析,以供读者参考。

一、牛市与价格重估逻辑

1. 价格革命和资产重估牛市

中国股市为何能走高？其背后的最大动因何在？在新常态背景下，一个更重要的问题就是中国的定价权发生了变化，这导致中国与世界在价值体系上的位置和价值链上的地位都将发生改变。这一转变，实质上就是需要我们进行价格革命和资产重估。中国股市在新常态下出现大牛市的态势，房地产出现暴涨，这背后并非简单的泡沫现象，需要关注中国崛起到新常态时资产重估和需求、逻辑发生变化。历史上，西方压倒东方的崛起也是从价格革命开始的。

对于西方崛起过程中的价格革命，我们的认识尚显不足，但对认识中国崛起和新常态有重大意义。价格革命中价格增长的过程，是西方走向发达的过程。当年，西方贵金属数量激增，所带来的直接后果便是引发了价格革命。货币数量激增的后果之一是物价暴涨，但西方学者并不将此当作通胀，而是把它称为价格革命——使用"革命"这一褒义词汇，可见物价的涨势对于欧洲进入近代化和现代化有着举足轻重的作用。价格革命又叫物价革命（Price Revolution），指15世纪地理大发现后，西班牙人入侵美洲，破坏了美洲印第安人的印加和阿兹提克文明，并且掠夺大量贵重金属（主要是黄金白银）输入欧洲，但是各项物资并未增加，加上人口增加，导致商品农产品产量不足，物价急遽上涨，尤其是粮食价格。蒙古战争导致大量逃难人群涌入欧洲，加之新航路的开辟是引起"价格革命"的另一个重要因素。在白银通过国际贸易渠道向西流动时，它所经过的地方必然会发生下述现象：物价迅速上涨，货币贬值，出现伪币，投机活跃。在一个世纪里，西班牙的物价上涨了大约 4 倍，其他欧洲国家虽然没有达到这个程度，但它们传统的经济关系也受到了严重的冲击。物价猛涨对欧洲国家的社会发展产生了深远影响，也是这次物价暴涨被称作"价格革命"的原因。其带来的不仅是西欧物价的涨幅，也带来了东西方物价水平的差异。

当前，中国正面临着一场价格革命。但很多人错误地将其等同于通胀，这两者实际上存在着显著差异。以北京保姆工资为例，在过去十年间其工资增加了 10 倍，但我们不能简单地将其增长归结为通胀。如果这样的工资增加不是通胀，那么各种与保姆收入相关的低端服务业和基本劳动的产品价格就必然会大幅上涨，其中粮食和副食的价格尤为敏感。比如，豆角的涨幅明显高于其他蔬菜，背后反映的是农村摘豆角的日薪可达 300 元。这些价格上涨的背后，背后实际上是中国人劳动收入的增加，而不是简单的通胀。因为中国的劳动收入是可以通过美元和美国人的收入来进行比较的。以前，美国人刷一小时盘子能得到中国人一个月的收入，现在需要刷 100 小时的盘子才能达到我国城市月收入的平均水平。这种工资的增长带来的效果，与西方当年的价格革命的历史有相似之处。

许多人认为，这样的通胀或者价格革命所带来的价格变化对于老人很不公平。他们攒了一辈子的钱可能只是年轻人几个月的工资，他们一辈子的积蓄就在这样的通胀当中被消耗掉了。然而，我们不能忽视我们落后的代价和差距，部分历史成本不能成为我们的历史包袱。残酷的事实表明，老人当年所创造的价值本身在全球的国际视角下也是相对较低的。我们不妨从全球视角来审视这一问题：二三十年前，中国老人的一个月收入约等于在美国一两个小时洗碗做工所挣的钱。我们总是感叹物价上涨了多少倍，却往往忽视了劳动力价值的提升。如今，在中国的大城市中，许多工作的工资水平正在与国际接轨，甚至还吸引了外国劳动者前来求职。中国保姆在北京的工资可以与国际相比了。因此，并不是老人的钱没有了，而是老人当年所得较少。在世界的眼光下，中国与世界的劳动力价值差距正在大幅度缩小。在这种背景下，以前的劳动力所创造的价值和积攒的财富以现在年轻人与世界接轨的劳动力价值来重估，他们所积攒的财富缩水是不可避免的。如果老年人的财富不缩水，那么必然就是现在劳动力的价值缩水。如果当今中国的劳动力价值缩水，则将严重阻碍中国的崛起。对中国这样的通胀，我们应当给予一个更好的词来形容它，应当把这个过程叫作国家崛起时的价格革命，这个价格革命的核心就是劳动力价值的飞跃。在历史上西方的崛起就离不开美洲金银进入西方后的物价飞涨，价格革命本身也催生了西方社会从封建到资本社会的转变，催生了西方物质文明的发展。而在其后日本的崛起过程当中也存在物价和劳动力价格上涨的过程，在这样的过程当中以劳动力价值飞跃而带来的物价上涨，不仅仅是愉快的，也是社会的高度发展所需要的。

在价格革命下，所有的中国资产都将面临重新评估，这一过程将按照未来预期的劳动力价格的水平进行价值的重置。在这场重估中，我们首先且最直观地感受到的变化，便是中国艺术品的价值。中国的艺术品在中国高速发展以后的价格增长是超乎想象的。昔日荣宝斋里仅售几百元的艺术品，如今已是价值连城，价格飙升至上万倍之巨。而中国的资产更在于中国的土地和产权。中国的股市和房地产会与世界最发达最昂贵的地方接轨，这些资产的价格重估，带来的是对中国总财富的一个新的估算，中国在世界的经济地位将因此而改变。中国此次牛市，最大的动力就是这样的重估过程。从亚太经济合作组织（APEC）会议和亚投行全球的态度之上，可以看到世界对中国价值认知的改变。尽管这轮牛市对于普通人来说或许难以理解，但我们的股市实现了令人瞩目的突破。

常有人疑惑，这样的价格革命下社会该如何承受？其实，关键在于怎样让我们的国民收入的增速超过物价的上涨。这需要我们与国民收入倍增计划紧密结合，共同推进。只要收入增长得更快，人们生活水平就将显著提升，贫富差距也将缩小。这背后的逻辑在于，通过这一过程，我们可以降低资本在中国经济增长当中的过度渔利。

回顾20世纪90年代，尽管中国也经历了较为严重的物价上涨，但工资增长非常迅速，其增速甚至超过了通胀。工资成功跑赢通胀，成为中国崛起价格革命过程中能够维持社会稳定的关键。因此，"国家十二五规划"提出的全民收入倍增计划等都显得尤为重要。

中国的价格革命也需要以劳动力价值增长和工资增加为驱动力，让老百姓的收入跑赢通胀，这样的结果就是老百姓的实际收入增加并享受到了经济发展的成果。同时工资增长快于通胀的背后是资本得利受到限制，老百姓在经济分配当中的份额提高，社会贫富分化也会得到控制，只有这样，我们才能够成功地避开中等收入国家陷阱，才能步入发达社会。

对于新常态的价格革命和资产重估，我从货币层面来看，这是势在必行的。在中国，存款准备金率和利率都相对较高，货币宽松和利率与全球发达国家存在明显差距。这个差距若长期存在，将为西方提供套利机会。

试想这样一种情况，中国的利率是6%左右，而欧盟已经进入负利率，美国和日本接近0。如果中国的经济稳定成了一种常态，汇率也保持稳定，那么按照蒙代尔不可能三角理论，如果我们放开货币管制，则我们的货币政策就不能够是独立的，即如果保持现有的货币政策，这个套利就是一直存在的，不断地套利就会导致财富不断流失，这是中国无法承受的。除非实施外汇管制打断套利链条，否则我们的货币政策就必须与世界接轨。

中国不能再次闭关锁国，否则将无法崛起并实现常态发展。因此中国的货币宽松政策是必然的。在货币政策的宽松背景下，中国的资产将面临重估。我们应在开放外汇管制、外资涌入之前，完成这一资产重估过程。

因此，我们现在的货币政策旨在通过压低社会融资成本来支持实业，这也是引发资产价值重估的关键因素之一。股票的估值是与利率紧密相关的，因此，我们开始降息降准的举措，也是与股市走牛同步发生的。

当前，中国正步入新常态，在这一过程中，中国要实现人民的工资倍增，需要老百姓的收入赶上西方国家，同时中国的利率也即将历史性地降低。现在，我们的利率正逐步与世界接轨，这是中国旷古未有的利率变革。这场变革将推动人民币成为现代货币、国家信用货币。这场价格革命将在股市上展现出一个历史性的大牛市。

当前，我们目睹美联储挥舞加息大棒，美元回流预期增强。此关键时刻，或许正是进行资产重估的最佳时机，可以让外资在重估的过程当中渔利最少。所以，我认为在这样的宽松背景下，中国的股市会有一轮超级的大牛市，是解决中国价格革命，不让社会痛苦的良方。想象一下，你父亲当年留下的房产，如今价值已从几十万飙升至几百万，这样的价格革命和资产重估，你还会觉得父亲留下的财产少吗？

所以 2014 年下半年开始的这一次牛市，是中国崛起到新常态的重大机会，是中国资产在走入新常态下的价值重估的体现，也是中国人通过金融方式致富的体现。

中国进入新常态，这是跨越中等收入国家陷阱的阶段。价格革命一定会发生，中国的财富要重估，这其中也可能会伴随着牛市的出现。与此同时，国民收入将倍增，社保体系也将更加完善，人们的幸福感和安全感也将全面提升，这标志着中国正从发展中国家向发达国家转型。

股市的走牛是有着深刻的历史背景因素的。从 APEC 上中国的独领风骚到亚投行的全球追捧，中国的地位达到了新常态、新阶段。全球资本市场对中国的资产价值有了重估的需求，从而导致股市的暴涨。2015 年的牛市逻辑就是中国产权价值重估的体现，在新常态下，价格革命正在发生，而股市的牛市行情也将持续演绎。

（2015-06-15）

2. 警惕做空股市打断中国资产重估的牛市进程

2015 年 6 月 19 日股市大跌 6% 以上，而 6 月中旬的一周内，股市累计大跌 700 点。面对这样的市场动荡，监管层依然保持信心，因为当前股市需要降低杠杆，此次大跌与一系列降低杠杆的政策有关。一些人以为，让杠杆者爆仓，就可以调整到位了，能够挤出泡沫和"慢牛"，能够让市场更健康。我们也希望有调整，使牛市步伐放缓，泡沫才能得以消除。

但我认为，如果市场继续深度下跌，导致大面积的杠杆爆仓，则牛市可能会因此夭折，市场的无情走势将产生事与愿违的效果。本想调控过热的市场，结果却可能会迎来熊市。

关于杠杆爆仓导致牛市终结的逻辑，并不是大家平常所说的这次牛市是杠杆性牛市。我认为，牛市逻辑是中国崛起世界对中国资产的一次重估的展现，是价格革命。牛市突破关键点位，得益于 APEC 会议上中国独领风采以及亚投行成立后世界各国态度的显著转变。中国崛起需要资产重估，资产重估也将带来牛市。

我认为，杠杆爆仓引发的大调整可能会消灭牛市的支持者。那些在 5000 点以上的高位坚决大杠杆做多的投资者，都是对中国未来充满信心和有信念的。而创新高更多的是投机者要降低杠杆避险，所以，这些支持中国的群体利益，也就应该受到国家的支持。

我关于牛市可能终结的逻辑，是基于市场运行规律的深入分析。西方将下跌 20% 定义为熊市并不无道理。相比之下，我们往往将 30% 的跌幅仍视为中期调整。但我们的金融政策与西方接轨后，熊市的内在逻辑也应接轨。

市场需要降低杠杆，但这个杠杆绝对不应当通过让有杠杆的人爆仓来降低。如果爆仓变成现实，那便让市场当中最活跃和对国家最有信心的那部分资本和群众彻底失败。这部分资本转移给了做空和打压中国股市的人的手中，那么再聚集起人气和信心就将变得极为困难，因为原本支持牛市的人已经资金枯竭，变得有心无力。这正是美国不惜采取量化宽松政策，也要避免让这些投资者被清盘的原因所在。

股市大跌以后，尽管媒体上的爱国人士纷纷力挺牛市，但牛市改不改不应只是口号。敢于杠杆激进做多的是对中国牛市最有信心的群体，一旦他们因爆仓而资金枯竭，那么牛市当中的多空双方的力量就会严重失衡。失去了这些最积极的做多力量，牛市的生命力也就岌岌可危了。

需要特别注意的是，爆仓对他们来说，不仅仅意味着失去了杠杆，更是彻底失去了资金。与以往的牛市转熊市被套牢的情况截然不同。在过去，即使市场进入熊市，投资者只要不割肉，就还留有翻本的种子。但现在不同的是这些投资者已经彻底失去了资金，即使想要做多也已经无能为力了。

怎么能指望在这个点位大力做空的人？其内心期望的是远远超过这个点位的，这些做空资金怎么可能会带动大盘超越现有点位？同样，那些投机的中间派也不太可能坚决支持市场而不再投机。因此，当这些杠杆投资者爆仓后，牛市不是变成了慢牛，而是要转折了。

股市的多头在 2008 年的熊市当中损失巨大，但他们不会被平仓，只要不割肉，到 2009 年股市反弹时可以弥补很多损失。而这一次，尽管跌幅可能只有 20%，但投资者却可能会因被平仓而血本无归，损失之大不可同日而语。

在评估我们的股票杠杆高低时，需要多角度审视，因为股指期货的杠杆效应是显著的。具体而言，股指期货 100 万元以下的客户是 15% 的保证金杠杆 6.7 倍，100 万元以上的客户可以下调为 13% 杠杆 7.8 倍。那么，股指期货的交易量是大盘相关股票交易量的多少倍？根据 6 月 19 日数据显示，沪深 300 成交 5196 亿元，而股指期货相关各合约总成交 33 066 亿元，是股票的 6 倍。这涨跌的点数乘以成交量，就是实际的盈亏。这意味着，股指期货的盈亏已经远远超过了股票。所以，相对于股指期货的巨大杠杆，股票的杠杆交易比例就显得微不足道了。所以，股票杠杆交易的比例与股指期货相比也就不算什么了，所谓的杠杆高的逻辑也还需要全面看待。

我们需要明确区分个股的融资盘爆仓和大盘大面积爆仓是完全不同的概念。个股的爆仓可以理解为股市有风险和对股民的风险教育，但大盘暴跌导致的大面积爆仓，则意味着牛市的结束。与个股爆仓会让市场合理配置资源避免过度炒作不同，这不是简单的风险问题，而是不同力量的对决，是支持中国和做空中国力量的对决。在这场对抗中，空方同样运用了极高的杠杆，包括场外的秘密融券和各种掉期交易，双方均面临着巨大的风险。

因此，我们不能仅仅强调多方的风险，而忽视融券和牛市崩溃的风险。同样，不能因为多方使用了融资杠杆并承担了由此带来的风险，就在政策上对他们不予支持。此外，我们还应注意到，如果这确实是一场支持中国群体与做空中国势力的金融对决，那么我们就应该给予支持中国的群体更多的支持，让他们能够多加杠杆保卫中国的金融利益。

而对那些高调唱着降杠杆和挤泡沫的人，我们也应该保持客观的态度，从两方面来进行看待。

关于中国有没有泡沫，我们可以根据以下数据进行分析：据国家统计局统计，2007 年，我国 GDP 达到 246 619 亿元人民币，折合约为 3.4 万亿美元。2008 年，中国 GDP 增长至 314 045 亿元人民币，折合约 4.3 万亿美元。在 2007—2008 年危机前全球排名第四（美日德中）。2008 年，美国 GDP 总值约 14 万亿美元，日本约 4.8 万亿美元。2014 年，中国 GDP 达到 63.6 万亿元人民币，折合约 10 万亿美元以上。已经与日、德、俄三国的总 GDP 相当。短短几年中国的 GDP 实现了翻倍甚至更多增长，相当于再造一个日本或德国加俄罗斯的总量。所以中国虽然 2014 年经济基本面不好，但综合 2008 年金融危机后这几年，以及世界各国的相对水平，中国经济的基本面给股市提供了强大的支撑，这个基本面足以支持中国的股市达到上万点。但不能仅基于一年的情况来作出判断。

泡沫论是一些做空中国的人所需要的，他们试图将自己的金融攻击包装得合理，并占据道德的制高点。我们不能被他们的言论所误导，而应该保持清醒的头脑。

我认为，中国的股票杠杆与泡沫问题并非核心所在。真正的问题在于，有人利用降杠杆和泡沫论作为借口，在股市中串通做空大盘，打断中国资产重估的牛市进程，让最支持中国最看好中国的资本和人民的财富损失殆尽。这不是简单的市场问题，它关乎中国政府给予人民的信用，是一场赤裸裸的金融战争和信用战争，而这场战争已经悄然打响。如果我们对这个战争还没有准备，被西方舆论势力左右，错误地认为合理的调整是有益于股市更健康的发展，那么在杠杆多方全面爆仓遭受重大之后，我们期望的第二场牛市便不会再出现。依靠股市牛市来扭转经济压力和深化国企改革的机会也要因此再等上很多年，而西方遏制中国的目的也就达到了。

对于这种调整，有人持乐观态度，把股市当操盘手的业绩而不体现国家意志和利益。如果让最坚定支持中国牛市的资金爆仓，未来没有多方的支撑，做空趋势一旦形成，牛市就将难以再现。

因此，对于 6·19 的暴跌，我们必须要有更深刻的认识。不应轻易地将其视为简单的中期调整，以免被误导。因为如果这真的是一次调整，那几乎就意味着牛市的夭折。中国政府应当认识到金融攻击已经发生，要大力进行干预，否则牛市不再将民心尽失，国际金融大鳄就可能会趁机牟取暴利，中国崛起之进程就要放缓。

2011年我曾在《大盘再涨10%约等于上万点》一文中指出，当时大盘上涨10%意味着突破3500点，现在这个逻辑依然成立。当年的3186点成了多年的阶段性高点，现在写本文，我依然认为牛市是大概率事件，但风险依然不可忽视。

我认为，如果政府在6月22日出台利好政策，并且打新资金回流，那么大盘反弹大涨的可能性就将大大增加。空方在交割后力量将减弱，大盘在30日均线下方的时间可能不会超过三天，即不会有效跌破30日均线。在有杠杆的情况下，30日均线的意义比以往更加重要。这正是所谓的大盘可能会震荡但不会调整，更不会有效跌破30日均线。

然而，如果大盘真的跌破了30日均线，就需要考虑采取避险措施。因为一旦调整发生，就可能意味着牛熊市场的反转。对散户而言，如果国家不对金融做空攻击采取果断措施，那么他们就必须采取措施保护自己的利益。大盘跌破20%时，就必须果断避险，不要盲目抄底。

（2015-06-23）

3. QE常态化下市场牛熊理论已经改变

这一次全球的无限量的放水，所带来的影响与以往大家所熟知的截然不同。仍有许多人对美联储的放水政策抱有期待！在QE常态化下，市场的牛熊理论是不能刻舟求剑的，现在的全球金融逻辑，已经进入了新的理论时代，数字泡沫时代开始了。

美国连续11年的牛市，让众多投资者感到困惑不解。在新冠疫情冲击下，美国市场虽然一度大跌，但随即全球放水，美股迅速反弹形成深V走势（图4-1），而美元指数上涨，同样令人费解。石油大跌，美国卖石油，为何还是石油美元？！种种的现象背后，其实揭示了世界的经济学理论已经发生改变了。货币的定义改变了，已经不是原来的石油美元，而是更多地与数字

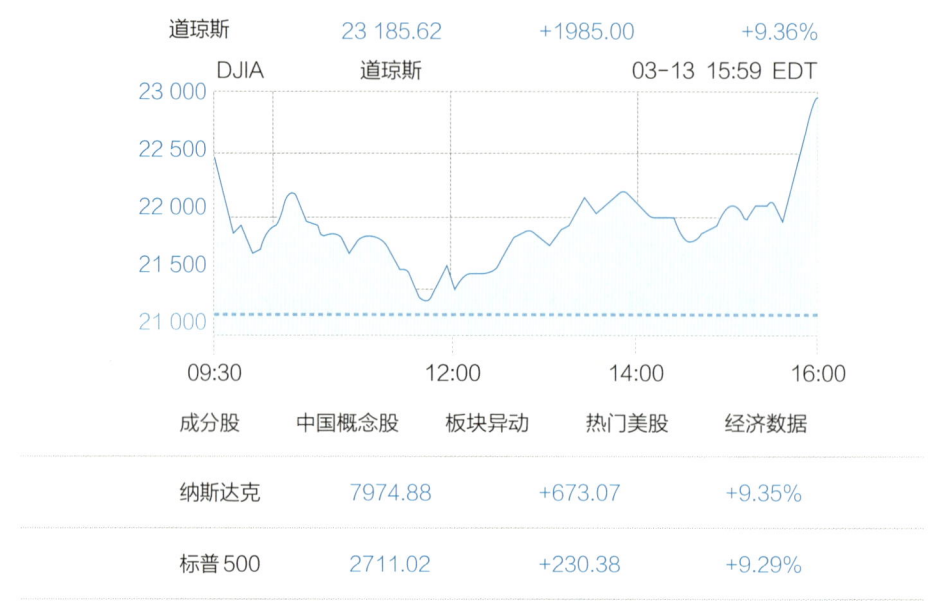

资产、网络霸权以及金融衍生品紧密相连。

图 4-1　2020 年 3 月 13 日晚美联储开启 QE 后美股走势

现在全球股市进入暴跌模式，我们对股市的理论认识有很多欠缺。在可以全球印钞的模式之下，以往的牛熊概念正在发生改变。以前增加流动性是需要很多限制的，央行印钞之手在各国都受到了限制，但在今天，情况已大不相同。欧洲央行管委维勒鲁瓦表示，欧洲央行正为银行提供无上限的流动性，让银行可以提供贷款。这一举措明确表明，流动性是可以无限提供的。在此，我想强调的是，股市的做多和做空是不对等的。

另外，财联社 2020 年 3 月 13 日讯，美国财长努钦表示，新冠疫情是短期的，可能会持续几个月。美联储和财政部争取提供"不设限的流动性"。预计在 2020 年底，经济活动将会大幅反弹。

2015 年中国股市出现问题的时候，央行也提供了无限流动性！据财联社 2015 年 7 月 8 日讯，中国人民银行新闻发言人指出，为支持股票市场稳定发展，中国人民银行积极协助中国证券金融股份有限公司通过拆借、发行金融债券、抵押融资、借用再贷款等方式获得充足的流动性。中国人民银行将密切关注市场动向，继续通过多种渠道支持中国证券金融股份有限公司维护股票市场稳定，守住不发生系统性、区域性金融风险的底线。而到2020年新冠疫情，中国央行同样采取了积极的货币政策，提供了各种流动性放水以应对经济冲击。

2020年3月，全球央行基本都在同样的时间点启动了流动性供应措施，这一行动在全球范围内得到了广泛的认同和支持，也预示着央行数字泡沫时代的到来。

如果我们没有自己的理论，盲目遵循过去翻译的教科书知识，进行刻舟求剑是不行的。现在欧美国家实施货币宽松政策，已不再像以前需要授权，并在媒体舆论中进行广泛讨论。因此市场模型已截然不同，央行已是下场操作的一方，而中国仍部分保留着散户思维的天真模式。通过大量印钞努力维持杠杆，防止爆仓。相比之下，美国人对此有着更为清晰的认识，他们明白不能轻易去杠杆！所以，每次大跌之后，往往不是持续下跌，而是暴涨，让印钞支撑，让杠杆可以维持。而杠杆的背后，维持的是货币的信用，所以可以看到，美元指数是坚挺的。随着美国QE印钞，货币价值将进一步攀升！与2008年时美元指数下跌的情况截然不同，当前市场正呈现出一种新的趋势。

2020年3月13日的黄金走势（图4-2），美国宣布提供无限流动性以后，

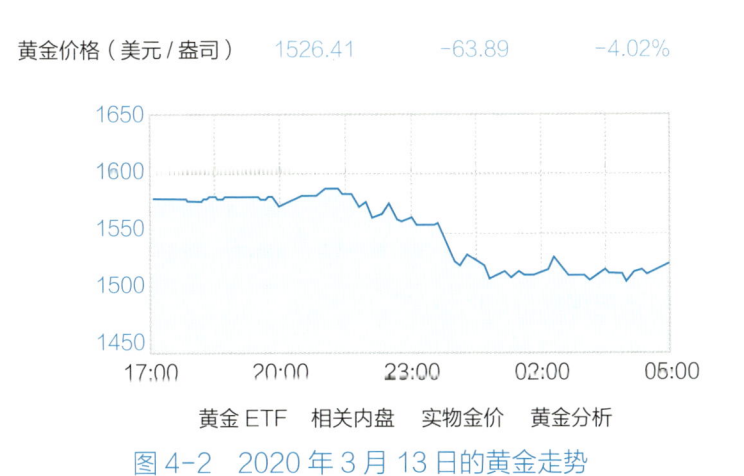

图4-2 2020年3月13日的黄金走势

黄金价格并未如预期般大涨，反而出现了大幅下跌。虽然这几天黄金又创造了多年来的新高，不过总体而言，但整体走势已与以往有所不同。此外，2020年3月与上一轮2008年危机QE时的黄金高点相比还有距离。即便股市已经创下了新高，黄金价格也并未出现暴涨，仅仅比上一次QE略有突破。

到了2020年4月，美国股市已呈现出技术性牛市的特征。而到了年底，据第一财经消息，周二美国股市高开高走，投资者对疫情拐点前景乐观情绪有所上升，科技股和消费股涨幅居前。截至收盘，道指涨558.99点，涨幅2.39%，报23 949.76点；纳指涨3.95%，报8515.74点；标普500指数涨3.06%，报2846.06点。随着纳指2020年从3月低点反弹超20%，三大股指目前均进入技术性牛市。创下了新的高点。

到2020年年底，美国股市不但新高，而且站稳30 000点的历史高度和心理价位。新冠疫情之下，经济衰退，但股市大牛不改，已经不是以前资本市场的牛熊逻辑了。

新的QE时代，收割的是必须持有外汇储备的国家！对于这些国家来说，股市和楼市的资产价格上涨会带来巨大的外汇压力，因为一旦资产价格上涨，外汇储备就难以支撑。而印制货币来购买这些资产，对于某些国家而言，似乎总是一本万利的买卖。货币对证券的购买力下降，不再被称为通胀，而是被视作牛市的到来。

金融工程设计期权交易的时候，在期权市场是在交割的时候空头和多头进行结算的，永远是空头和多头的增减是对等的。因此很多人说这个期权市场是一个零和博弈，做多和做空是一样的。但这仅仅是将期权市场孤立来看，事实上则是期权的多方和空方的盈亏交割依据，是现货市场指数的高低，是与现货市场紧密相连的，是与现货市场交换利益的！我们的股指期货主要的作用就是套期保值，是与现货市场对冲的，因此考虑做多和做空是否对等，就必须要把现货市场的情况加以考虑。

如果考虑现货市场的财富，问题就完全不同了。就资本市场总体来看，有人做多股票，让市场的总市值增加了10万亿元，这就意味着多出来的财富是可以让每一个在市场当中的投资者得利的；反之如果做空，市场的总市值减少了 10 万亿元，则意味着大家在总计损失了 10 万亿元的基础上，还有人能从中获利，这必然会导致市场价格进一步下跌，这必然是由没有进行套期保值的人买单的，进而也就加剧了现货市场的价格下跌趋势。很多人说这种涨跌没有价值创造是泡沫。但实际上如果大家能够认可市场价格高，则意味着这多出来的 10 万亿元是市场信用所创造的财富，按照现代货币理论，货币就是信用凭证。

如今，我们已不再遵循以往"印钞多即通胀"的传统观念。以前印钞可能会引发通胀，因为货币主要流向社会消费品，如 CPI（消费者物价指数）里面的食品、生活用品等，但所有的这些商品，与当今的海量货币相比，篮子非常有限。即便将所有这些商品全部买下，又能产生多大的影响呢？这些商品是难以囤积且易变质的，只有在特殊的场合，对物质稀缺的社会，才会价格暴涨形成传统行业的通胀。而现在，多余的货币主要流向了证券、股票、金融衍生品，甚至比特币等虚拟资产。比如，2008 年以后公司的资产和利润都在下降，但公司的股票涨价了，货币对于股票资产，其实是购买力的真实下降。然而，我们并不将此视为通胀，而是称为牛市。因此，货币对证券的贬值，不叫通胀叫牛市，这是量化宽松特有的牛市，它彻底改变了我们以往的牛熊市场理论。

另外，还有一个重要的问题，就是美国带头脱实向虚，虚拟交易与实体的交割结算越来越受到限制，结算价格甚至可能会变成负值。这意味着，对虚拟市场上的空单和看空期权等虚拟商品，在价格低时，它们反而可能会迎来牛市，价格暴涨至天价。以前，结算价最多归零，价格存在有底线，但现在没有限制。因此换一个角度，对牛熊的看法和模型也要改变。我认为牛市应当体现更多的是总市值的增长，而不是总价格的增长。2015 年股灾之后的几年，尽管股市指数并未大幅上涨，但 IPO 速度却越来越快，股市总市值不断膨胀，迅速超过了许多国家在指数型牛市中的增长。

所以在量化宽松的时代，维持股市市值就显得尤为重要。美国股市已经上涨了 11 年，其间多次濒临崩盘边缘，但又意外地因流动性释放而反转了，指数再度攀升。而美国的指数构成，大有学问，不是所有股票都纳入计算。道琼斯的股指是成分股的，成分股是调整的，几十年来成分股的调整变化很大，而且美国股市有大量没有流动性的股票，很多股票的价格要依靠做市商。做市商被称作善庄，但无论善恶，都需要操纵市场，做市商有大量的持仓要保值，美国印钞所释放的流动性，正是流向了这些地方。

很多人仍纠结 QE 和通胀的关系，但实际上现在在西方的话语权之下，通胀已被重新定义。现在热炒的粮食危机，国际粮食价格成倍增长，这难道不是通胀的体现吗？在疫情损失之下，各个公司损失巨大，但在 QE 下让市值减少的远远少于原来的估值水平，这个同样的货币买到的金融资产价值缩水，这又如何能不算作通胀？而美国股市的虚高，即便已公认存在泡沫，美元买不到与之价值对等的证券，这个也不叫作通胀而叫作泡沫。所以在西方印钞舆论话语权之下，已经发生的通胀不叫通胀，通胀一词现在已经是妖魔化中国和给发展中国家扣帽子的专用工具。如果算上股市的涨跌，中国人民币是通胀最小的。在发达社会，人们在食品等物资上消费的比重越来越小，仅仅以食品而衡量货币购买力，本身就是西方编织的故事。

美国、欧盟等实施 QE 政策热情高涨，其背后是他们通过 QE 印刷的钞票能够在国际间流通，从而从中国等国家使用这些货币换取商品！对于中国等商品输出国而言，虽然我们提供了商品，但换取了美元等外汇，因此短期内可能不会直接面临通胀压力。而中国作为一个需要美元的国家，在出口商品获得美元后，被迫通过外汇占款来发行国内货币，通胀也是可以输入和输出的。因此美国 QE 常态化，背后与他们的剥削掠夺是紧密联系的。这里货币是否为国际支付货币，差别是很大的。现在，中国被拿走的是富裕产能下的抗疫物资，因此新一轮妖魔化中国抗疫物资的声音就此起彼伏了。

在我们改革开放和全球化的今天，我们更加可以看见全球市场是零和博弈的情况下，市场的局部可不再是零和博弈了，每一个国家都是局部，都有自己的利益取向，国家立场下股市绝对不是零和博弈，而是赤裸裸的国家间财富的再分配和掠夺。因为股市高涨的泡沫是可以换取被他国低估的股票、资产、资源和货币。所以，在考虑了全球一体化的环境下，对某国而言，做多是得利的，做空则是要被掠夺的。因此各国抬高本国股票，打压做空竞争国家的股票，是一个只做不说的潜规则。

到底是牛是熊，其实是看赚钱的能力。当前，依靠宽松托起的市场，波动率可以是不同的，现在的对冲是否赚钱，与波动率的关系巨大，牛市可以是波动率的牛市。而中国的股市盘子不断扩大，二级市场不好，但一级市场却呈现出明显的牛市特征。新的科创板也创立成功，IPO 和再融资运转良好。因此到底是牛是熊，需要我们重新认识。

现在的信息时代，是货币数字化、数据资源化、经济平台化和技术算法化，虚拟市场、资本市场、证券市场，就变成了数字货币、大数据 AI 分析、交易平台、高频量化交易算法的舞台。在这个舞台之上，虚拟机器人也成为生产力，可以是一台做了编程，输入了 AI 算法的电脑在市场上不断交易产生收益。这些电脑其实就是一个虚拟空间的机器人，它们代表了新的交易形态。新的信息社会形成了新的牛熊经济理论。

综上所述，在全球量化宽松不受限制的背景之下，货币的性质已经发生改变，更广义的货币 M3、M4、M5 已经活跃起来，平台、算法、机器人；新的领域和新的赚钱手段都已出现，数字泡沫来了，数字泡沫换取资产的游戏流行了！赢者叫市场得利，输的叫被剥削，背后还有货币金融的看不见的手，欧美人称为上帝之手，中国知道这实际是霸权之手。中国需要顺应时代，建立自己新的理论体系。

（2020-11-25）

二、汇率压力与股市牛熊

1. 对汇率问题要有忧患意识

人民币汇率连续大跌，为何在央行已经进行了 2% 的调整之后，仍然遭受持续的压力？这仅仅是市场的一种盲目跟风现象吗？

我查阅了外汇管理局的国际投资头寸表，数据令人瞠目结舌。2014 年 6 月，证券投资为 4223 亿美元，其他投资为 14 192 亿美元；同年 9 月，证券投资为 4597 亿美元；而 2015 年 3 月则暴增至 9679 亿美元，其他投资约为 12 424 亿美元。

这些数据印证了我的观点：资产重估牛市是外国对中国财富的重估，牛市来自外资推动。投资直接涌入股市，在我们的市场牛熊转换中扮演了极其重要的角色。这可不是人造牛，是真的有大资金推动，这增加的 4000 多亿美元超过我们救市的规模。

当前，牛市在遭遇恶意做空后，外资选择高位套现，由此产生的资金流出压力对中国汇率构成了巨大挑战。回想之前，3 月前增加的 4000 亿美元外资，如今若全部套现，其规模可能接近万亿美元。而在 2000 点时涌入市场的 4000 多亿美元数额则可能膨胀至一万多亿美元，如此庞大的资金流出，股市怎能轻易承受？所以继续救市的汇率压力极大。

此外，其他投资中的 12 000 多亿美元，主要由外资的外汇存款和外汇贷款构成，这些资金同样可能对我国的外汇储备造成冲击。另外按照央行外资持有人民币资产的报表，他们还持有股票 5000 多亿元、债券 8000 多亿元、贷款 8000 多亿元、存款余额 23 000 多亿元。

需要注意的是，还有很多跟风的机构，大量中国移民的财富，还有大量的所谓贸易公司通过经常项目，它们通过经常项目进入中国股市的外资资产并未被完全统计在内。实际上，进军中国股市的外资资产规模可能还要更大。一旦这些资金开始流出，央行冗余的 30 000 多亿美元外汇储备（2015 年 7 月是 36 513 亿美元）也会感到噤若寒蝉。

所以，中国要恢复信心，是要恢复国际资本对中国的信心，让他们留在中国进出平衡。

将这些冲击因素全部纳入考量，就可以知道央行的处境为何如此艰难，为何国家对这个牛市那么纠结。

因此，面对中国汇率问题，我们必须有一定的忧患意识。一旦局势恶化，我们可能会面临股市重挫至 2000 点以下与汇率大幅贬值至 10∶1 以上之间的艰难抉择，这将是国家发展进程中的一场灾难。因此，对于当前的汇率波动，我们不能像之前股市调整初期那样掉以轻心，现在确实是到了必须高度重视、采取有效应对措施的危险时刻了。

（2015-08-14）

2. 分清信用崩溃与货币竞争贬值

2015 年 2 月 4 日立春，央行终于宣布了降准的消息。但降准后股市却高开低走，除了银行金融等板块，其他均面临抛售压力。央行的此次降准政策并非在周末发布，而是立即执行，这反映出当前经济压力已经到了不得不采取措施的地步。

结合 2014 年四季度的资本项目出现的 900 多亿美元逆差，可预见 2015 年逆差将更大。因此，从短线角度看，降准无疑是一大利好。但即便如此，仍有券商持看空态度。毕竟，主动宽松和被迫宽松本质上是有区别的。中国人民币汇率面临贬值压力。2015 年开年以来，人民币已出现较大单日贬值的情况。有人因此认为，中国已卷入全球的货币战争，似乎陷在全球货币的竞争性贬值当中，贬值就是有利。然而，这里存在一个逻辑上的混淆：贬值还有可能是信用崩溃，是国家的经济危机先兆。当年东南亚金融危机就是如此，以及前不久俄罗斯卢布贬值也是如此。各国出现危机都是货币贬值，绝对不能一概而论、似是而非。

我们很早就被灌输了货币贬值有助于出口增长的思想，且货币的贬值在出口导向型的经济当中是有利的，但出口仅仅是经济的一个层面。我们一直很重视GDP，那么，在贬值时，GDP的变化对国家会产生怎样的影响呢？

我们最直接的就可以看到，如果货币贬值，以国际货币为衡量单位的国家GDP可能会直接减少。如果GDP不减少，那么必然意味着国家内部存在通胀。也就是说，各种产品、劳动力工资都会上涨，以涨价后的价格来计算的GDP增加额，可以抵消汇率贬值带来的减少，从而达到在国际货币衡量下的GDP总额的不变。此外，汇率贬值还会影响进口。同样的钱，在贬值后能买到的进口商品就少了。如果货币贬值导致购买刚需资源等支出增加，那么是否合算就要另外计算了。以俄罗斯的卢布贬值为例，其大量刚需需要进口，这样的贬值就是灾难。

但进一步深入探讨，汇率上有一个规律共识：有贬值趋势的货币能够被通缩所替代，有升值趋势的货币能够被通胀所替代。这个规律告诉我们，货币贬值的时候国家可能还需要面对通缩。那么，这种情况会带来什么后果呢？

首先，以国际货币衡量，GDP会大幅度的减值。不仅如此，本国的资产也要缩水，国内的各种资产价格在国际货币的衡量下都会变少。这对一个国家的影响是巨大的。因为这些资产的价格反映了国家的信用状况。而按照现代货币理论，货币就是国家信用凭证。在评估资产价格时，我们需要采用相对视角，即一国的资产价值在全球总资产中的比重。这个比重的下降就是该国信用的塌陷，如果下降的幅度过大失去控制，就是国家信用的崩溃。

在货币竞争性贬值的政策背后，政策的制定者希望能够引发国内一定的通胀，通过通胀来解决危机和压力下的紧缩、通缩问题。实际上，国内的资产价格与汇率联动，才是竞争性贬值的真谛。只不过我们要注意到的就是这个通胀比我们通常意义上所说的CPI、PPI（生产者价格指数）更为广义。在我们的CPI、PPI中不包含股价和房价，但购买房子和股票的货币与购买工业产品和食品的货币没有区别。因此，在计算货币的购买力时，把房价股价排除在外本身就带有更多社会民生的意义，而不单是经济金融的意义。在美国的竞争性贬值 QE 时，我们可以看到美股和美债的高涨维持了美元资产总价值的不缩水。然而，欧洲的情况则有所不同。欧洲实行 QE 的时候，其经济体内资产是在贬值的。在遭遇通缩的同时，欧元还不断贬值，这最终导致了欧元资产的缩水。这种情况应被视为欧元的信用塌陷而不是货币竞争性贬值，或某些人描述的货币战争下的失败。

这种程度的缩减在日本的情况中就显得尤为典型。近年，日本的资产价格和汇率均出现下跌，而国内并未出现通胀，这正是一个信用塌陷的过程。日元贬值后，以美元计价的日本 GDP 现在已经降至中国的一半。回想一下，中国 GDP 赶超日本也不过是近几年的事情。中国的汇率稳定和缓慢升值为国家崛起产生了巨大的推动作用，而日本的安倍经济学却没有带来预期的结果。这就是信用塌陷与竞争贬值的不同。

中国当前正面临贬值的压力，这与我们历史上通过让人民币兑美元汇率从 3 到 5，再由 5 到 8 的情况有着根本不同。因为那个时期，中国国内的通胀非常高，即使是这样的贬值，扣除通胀因素后以国际货币来衡量中国的 GDP 和财富，中国的经济增长也是可观的。然而，如今中国的 CPI 处于低位，PPI 已连续数月为负，中国的房地产市场已在不断调整中。中国唯一上涨的股价，更多被视为多年来经济持续高速增长而股市未涨的价值回归和修复。与当前美国股市不断创出新高相比，中国的股市虽然有所回升，但仍远低于历史高点，基本上处于腰斩的位置。

因此，如果现在人民币贬值，所带来的后果与当年是截然不同的。这带来的将是人民币资产和 GDP 换算成美元后数值和比值的下降，其结果对中国来说不是竞争力增加而是信用塌陷。如果这个塌陷不能有效控制形成正反馈，那么就可能演变为金融危机。所以，在当前形势下，防范金融危机为第一要务，所谓的竞争性贬值进行货币战争，并不具备条件。且当今世界其他国家的贬值和通缩并存，也是信用塌陷的结果。只有美国的美元指数不断增强，国内还有轻微的通胀，经济数据靓丽，这样的美元升值是美国信用的增加，这才是信用战争胜利者的姿态。中国现在比以往任何时候都需要汇率的稳定，让人民币钉住美元，让人民币资产不缩水，才是中国国家信用的保障。

综上所述，我们必须认识到不同背景的汇率贬值其内涵是不同的，不能混淆更不能被忽悠。中国需要稳定的金融环境，需要更高的应对世界危机的能力，需要国家信用的增长。在信用层面，抗风险的能力比快速增长的能力更重要，这侧重点的改变，才是新常态的一个重要内容。

（2015-02-05）

3. 货币互换存风险

关于货币互换所引发的损失问题，此前已多次深入剖析其潜在风险。鉴于当前社会各界对此逻辑链条的广泛关注，特此撰写本文，旨在进一步阐明相关事宜。

阿根廷货币暴跌，提出要与中国执行货币互换协议，希望将协议中获得的人民币换成美元。然而，当前人民币的汇率同样面临巨大的压力。以前，我们把货币互换协议完全比作人民币走出去的胜利，现在，其背后所隐藏的复杂性问题逐渐浮出水面。其中关键问题就是，为何我们的货币互换与美联储的操作效果存在显著差异？这需要我们深入分析和思考。

自 2008 年到 2014 年底，中国人民银行已先后与 28 个国家和地区的货币当局签署了货币互换协议，规模高达 31 182 亿元人民币。仅 2014 年一年里，中国人民银行已经先后与新西兰央行、蒙古央行、瑞士央行、阿根廷央行、斯里兰卡央行、韩国央行、俄罗斯央行、卡塔尔央行、加拿大央行及中国香港金管局签署或续签货币互换协议，规模共计 14 850 亿元人民币。这个规模是巨大的，但我们进行互换的许多国家和地区的货币基本都出现了较大幅度的贬值，这些货币的互换，带给了我们非常大的压力。

相关国家和地区与我们互换了人民币以后，尽管汇率存在浮动性，且它们最终需偿还人民币，但实际上，它们的货币换给我们后，我们没有相应的应用市场，而其货币贬值幅度更为显著，因此持有这些货币如同握有带来损失的"烫手山芋"。相关国家和地区换取人民币后，并非用于在中国大陆地区消费或采购，而是在国际离岸中心抛售，直接换取美元来缓解它们的外汇压力。同时它们期望的是所抛售的人民币也贬值，那么在未来偿还人民币时，它们将能从中获利。比如，它们可能期望在6.5∶1的汇率下抛售人民币换取美元，而当人民币大幅贬值后，再以1∶10的汇率买回人民币进行偿还，这中间的货币互换就给它们带来了巨大的利益。从表面上看，我们手中的人民币数量未变，甚至还能收取一定的利息，而实际上它们在6.5∶1的汇率抛售和1∶10的汇率买回都是与央行进行的交易，这意味着央行将承受巨大的美元损失。以1000亿元人民币的互换规模为例，按照上述汇率变动，央行可能会损失高达53.8亿美元的等值外汇，而这一损失在央行的以人民币记账的资产负债表上并不直接体现出来。

同时，这样的交易可以反复进行，在汇率涨跌的波动当中不断造成损失，其累计效应远远大于最终的贬值数额。就如股市好的时候，操盘手可以反复进行波动操作赚的钱远远多于股票的实际涨跌一样。2015年12月我国外汇储备大幅下降1079亿美元，创史上最大降幅。相对2014年12月末的38 430.18亿美元，2015年全年外汇储备减少了5126.56亿美元。2015年中国贸易顺差3.69万亿元，扩大了56.7%，约为5700亿美元。外汇管理局网站发布的中国国际投资头寸表当中，2014年9月到2015年9月的一年中，净头寸从17 962亿美元到15 399亿美元，变化只有2563亿美元，而实际外汇储备减少的数额远超8000亿美元。这一巨大的差额去向何方，是不可回避的问题关键。

更进一步讲，货币互换也是可能违约的。一些国家和地区信用崩溃，其与我们互换货币是为了支付美元债务，对美元不违约，以眼下的对美元不违约变成未来对人民币的违约。如果将来中国的人民币汇率更坚挺了，一些信用不足的国家和地区签署的货币互换协议便可能面临违约风险。

那么，这些国家是会选择立即对美国的债务违约，还是愿意承担未来对中国违约的风险呢？这个选择是不言而喻的。在当前全球环境下，美元正在全球范围内引发流动性紧张，而这些受到压力的国家和地区恰恰是利用货币互换协议来进一步压榨中国的外汇储备。

我们可以从当年的六大央行的美元流动性释放，来分析其中与中国的货币互换的不同。观察发现，美联储也参与了货币互换，欧债危机美联储等全球六大央行在欧债危机时还联合提供美元流动性，后来这个货币互换还被长期化。但美联储提供的流动性美元，对于获得流动性的一方而言，虽然能够暂时缓解资金压力，但未来花费这些美元并归还的代价却是相当巨大的。

对比这一机制，我们发现，其他国家和地区与中国进行货币互换时，它们换取的人民币主要用于直接兑换美元，而非用于购买商品。而如果有人从美联储换取了美元，它们还有可能会选择用这些美元从美联储购买黄金并运走，这就与我们当前的局面相似。进一步比喻：虽然我们都开具了承兑汇票，但美联储的承兑汇票是基于真实贸易背景的，而我们开具的承兑汇票则可能缺乏贸易背景，更多的是基于对信用的投机。这两样的承兑汇票风险不可相提并论。因此我们的货币互换，带来的是人民币巨大的贬值压力，从而也直接给海外人民币市场带来巨大压力。即使是这些互换协议还没有执行，由于这个金融衍生品性质的协议存在，就会带给市场完全不同的预期，成为空方炒作的理由。

为何美联储不与我们签署货币互换协议？美联储货币政策委员会委员、达拉斯联储时任主席理查德·费舍尔（Richard Fisher）在2014年的中美对话上明确表态，美联储不太可能与中国人民银行签署货币互换协议。其理由是中国资本不开放，换句话说就是我们与之换来的货币并不能自由地用于投资、贸易等支出。

因此，我们应当加强货币互换的研究，对外签署货币互换协议不应盲目乐观或一味叫好，更不应将之拔高到人民币走出去的程度。只有真正到中国消费的货币互换，比如用于支付从中国进口的商品，或用于中国"一带一路"倡议下在该国的建设项目，才是有利于我们人民币走出去的货币互换协议。对于那些换取了人民币后可能直接用于攻击中国外汇信用的行为，在未来的协议当中，应当包括有所限制性的条款，签署协议要考量对中国金融安全的影响。

（2016-01-28）

4. 人民币出海应锚定国内大宗市场

人民币出海是中国崛起的大课题。而国内的要素商品交易也有很多的矛盾，如成品油市场的价格管理机制便是一个尤为突出的问题。在国际原油价格低于40美元时，我国油价未能及时做出相应调整，由此引发了较大的舆论压力。对这些问题，我们经过研究认为，如果将人民币的信用锚定于国内大宗商品市场，尤其是成品油和国内特色资源市场，是一举多得的解决问题之路。

美元在布雷顿森林体系破裂以后，其信用就锚定于石油，石油交易以美元结算，有石油美元之称。而近两年情况发生了变化，石油价格大跌而美元指数坚挺，石油与美元走势出现分化。背后的原因是美元锚定石油给石油特殊的溢价后，俄罗斯的崛起对美元资本的威胁，现在美元的锚定商品，更多的与美国的粮食强项相关。在石油农业背景下，粮食价格与石油价格的比重发生了巨大变化。这也给油品市场与货币市场之间带来了某种程度的真空，欧元结算石油比重增加，而对于中国来说，人民币在石油领域的话语权应当得到更大的提升。

因为此政策实际上是在利用中国庞大的6亿吨石油消费市场来为石油美元提供支撑，这就意味着我们的国内石油消费也是间接用美元结算的。中国大国崛起，石油价格与人民币的关系非常重要，国内市场的信用变成美元的信用，对中美之间的汇率、金融博弈是不利的。此外，美国的石油期货价格本身并不是中国能用得到石油的实际价格，中间还有欧佩克的配额、俄罗斯巨额预付款等因素产生了巨大的影响。这个差别也是国内舆论压力和矛盾的根源之一。

中国的大市场，完全可以成为人民币国际化的信用来源。在石油相关领域，中国本身就消费石油6亿吨，是一个巨大的消费市场。同时我们还应当注意到我们的炼油加工能力,在此情境下,中国此时的富裕产能就变成了有利的产能储备。因此,我们以成品油市场作为人民币信用的锚,对人民币国际化进行背书信用是足够的。这个市场的规模就能足以吸引海外石油供应商的参与,实现完全的人民币结算,同时也为海外人民币提供了参与的机会。

采取国内成品油而不是直接的原油期货,具备以下几个优势:①中国的成品油市场直接连接终端消费市场;②成品油市场背后还有中国巨大和产能储备充裕(如果贬义就是产能过剩)的炼油能力;③与国际资本控制的原油期货有距离不容易被不同市场间价格和外汇套利;④一旦市场建立,我国国家发展和改革委员会(简称"国家发改委")的油价调整就可以直接根据此价格和固定加价率来定价终端市场,巨大的现货交易背景可以避免国际金融炒家的价格操纵。

对于具有中国特色且在中国市场占有巨大份额的商品,我们应积极争夺全球的定价权,并可以通过类似的方式建立大市场。如中国占据优势的很多稀贵金属,使用量巨大的铁矿石等。尽管中国的铁矿石是世界进口量的70%,但中国是铁矿石第一生产大国。要确保中国铁矿石消费实现量大价优并掌控定价权,对市场的掌控权就至关重要。依托发达的现货市场为背景,相较于纯金融的期货市场,我们就更不容易被外来资本操作。在价格发现功能上,制造业大国比金融业大国更具有优势,所以要发挥中国的优势,做强中国的实体现货市场,比玩虚拟的金融期货市场,更具有中国优势。

将国际的市场变成国内的市场,建立中国核心和必需的要素大市场,推动市场从美元结算变成人民币结算,保障国内供给,也是国内经济可持续发展的供给侧改革的重要举措。中国发展受到要素价格制约的瓶颈就可以突破。在当今大宗商品价格低迷,由卖方市场变成买方市场,中国的制造大国的需求和消费能力的话语权增加,资源国害怕失去市场份额,这是中国建立面向全球的、人民币结算的资源市场的重大历史机遇期。这些市场的建立,有助于深化国内市场经济结构,提高我国全球竞争力。

综上所述,人民币的国际化,人民币的汇率稳定,人民币的信用之锚,需要以中国优势商品生产、消费的现货大市场为基础，在供给侧调整经济结构，制造业大国发展实体现货市场和物流中心，将更具竞争优势。

（2016-08-01）

三、货币、利率与证券市场套利

1. 西方国债负利率新常态下的货币套利

2011 年 8 月 5 日美国国家评级下调，但美国国债不跌反涨，而德国 2011 年 11 月 9 日拍卖 15.25 亿欧元至 2018 年 4 月到期国债，收益率由此前的 1.22% 下跌到 -0.40%，首次出现负利率，而现在西方国家的国债负利率有进入新常态的趋势，这背后是全球货币的重大变局，带有巨大的国债货币套利。

2016 年 4 月初持续一周的国债价格飙升走势，已将欧洲最强经济体德国的基准 10 年期国债收益率推向曾经令人无法想象的区域——负利率——的边缘。根据贸易网络的数据，基准 10 年期德国国债收益率周二触及 0.08% 的低点，创一年内最低，距离历史收盘低位 0.073% 仅一步之遥。全球约四分之一的政府债券收益率已经为负值，包括期限少于 10 年的德国债券。10 年期日本国债当年早些时候首次降至零以下，此前日本央行采取了负利率政策。甚至一些欧洲企业债券的收益率最近也已跌至负值区域。

国债利率的降低与其央行不断的购买国债关系密切。美联储所持美国国债占美国政府债券余额的近 20%。汇丰控股的数据显示 3 月末英国央行所持英国国债占英国政府债券余额的比例为 26%，日本央行所持本国国债占日本政府债券余额的比例为 30%。大量的国债被央行持有，成为货币发行的手段。而中国人民银行只有 5% 左右。

对负利率的解释，很多人把这个现象归结为欧洲央行和日本央行的负利率政策，但我认为这只不过是表面现象。如此宽松的货币政策，在未能有效刺激通胀的同时，却使全球陷入了通缩的困境才是问题的关键。全球货币流入债券，但债券的收益又极低，背后反映出的是巨大的避险需求。随着全球金融体系风险加大，银行会破产，没有好的投资机会，主权货币储备庞大却无法有效融入金融体系，就只能转而购买国债。

不断下跌的国债利率和宽松的货币政策，为全球带来了巨大的货币利益，全球货币利益博弈也值得关注。但这样的国债货币是信用不足的反映。国债货币套利带来国际财富再分配，国债货币化是西方通过国债收取了全球的货币税。

按照现代货币的定义，货币就是国家信用凭证，西方是将可支付债券作为广义货币 M3 来计算的，现在债券支付是被接受的。基础货币购买国债以后，将不再发生金融衍生，就是说使用货币购买国债之后，货币乘数会有所下降。可以看到美联储 QE 购买资产发行货币将资产负债表从不到 1 万亿美元扩表到 4 万多亿美元，实现了大幅增长。然而，与此同时，美国的 M2 仅从 8 万亿美元增长至 10 多万亿美元，增幅相对有限。其背后是货币乘数的下降，限制了货币的实际增长。从全球范围来看，全球陷于通缩。按照费雪方程式，就是流动性的减少，流动性不光是货币数量，还有货币流通的速度。国债成为货币化以后，国债的流通速度是无法和原有货币相比的。全球货币流通速度减缓，是通缩的重大根源，在历次危机当中，尽管货币供应量巨大，价格却暴跌，这背后就反映出危机中对避险的考虑，导致了流通速度的减缓。

全球货币涌向西方国债，西方国债货币化，这为其带来巨大利益。这些国债的对价是货真价实的商品或资产，西方货币用国债去杠杆，等于又一次剪了全球的羊毛。那么，究竟是谁提供了这些资产，使国债能够顺利发行？又是谁在无形中为这场货币掠夺买单？

我们必须考虑到资本倾销的问题。西方负利率下资本的回报率要求可以不计，这实际上是一种低于正常资金成本的资本倾销。但我们的资本回报要求相对较高，如果要竞争，那么我们的资本无法与之竞争，而对方一旦通过倾销控制了市场，再收紧流动性断供，我们的资产价格将会被操纵和贱卖。

鉴于此，中国在资本项目开放和对待外资的态度上，应当根据西方资本和货币的变化做出调整。一味地对西方资本倾销展开怀抱，只会让西方印钞国债成功地换取我们的实有资产，中国就可能会成为西方这次货币套利的买单者。外资资本倾销涌入对当期经济及 GDP 数值有促进，但当 GDP 的所有权归属外国时，中国就将陷入中等收入陷阱，而那些陷入中等收入陷阱的国家无一例外都被外国资本控制了其核心资产。

再者说，一旦美国不再跟随欧洲和日本的负利率，欧元、日元的贬值和避险资本的洪水猛兽将会冲击世界，但买单的未必就是欧洲和日本。关键在于，谁在他们货币扩张的时候让他们买走了资产，谁大量持有他们的债券，最后就是谁买单。对此，中国应当特别注意。

所以，我们需要认识到西方国债负利率新常态的货币变局。西方国债货币化，对中国来说难以直接接轨。中国需要避免被西方货币套利，防止重蹈俄罗斯的覆辙，同时也要警惕中等收入陷阱。必须谨防他们负利率的国债，通过一系列货币、贸易和资本投资手段，来获取中国的实际资产。

（2016-05-19）

2. 从美债收益率低于美联储利率看金融定价权

从 2008 年危机以来，标准普尔在 2011 年 8 月 5 日将美国主权信用评级下调至"AA+"，并指出美国的信用可信度有所下降。但尽管如此，美国国债价格却逆市大幅上涨。到 2011 年 8 月 10 日，其二年期国债最低收益率竟然达到 0.169%，该利率大幅度低于美联储 0.25% 的利率。到 2014 年年初，美国国债的收益率二年期为 0.31%~0.35%，一年期为 0.11%~0.12%，三个月期为 0.02%~0.06%，六个月期为 0.07%~0.10%。值得注意的是，这些短期国债的收益率在很长一段时间内都未能超过美联储的基准利率。那么，为何人们还会选择购买国债而非存款呢？美国国债的收益率低于美联储的利率持续超过两年，这样的利率差长期存在，是金融定价权的体现，利率本身就是金融价格的体现。美债的收益率就是金融资产的价格，美联储利率则是反映货币作为资本的资本价格。

第四章
重估牛市与信用战

对美国评级下调美债反而上涨的问题,各种意见议论纷纷莫衷一是,有人甚至质疑中国人民银行为何会持有大量美国国债。然而,当美国国债价格上涨时,这些质疑声就戛然而止,却没有人去分析为什么美债会在评级下调、美国偿债信用下跌的时候还会暴涨。其主要原因是风险问题,美国的银行存在破产的可能,美国评级下调,美国金融系统的风险更大,银行会破产。银行破产对于大资金而言,由于存款保险制度和清偿方式使得大资金风险杠杆性放大。因此,尽管持有美债意味着要承担美国政府信用风险增加的风险,但相对于金融体系的风险,美债的风险反而是相对减少的,因此人们为了避险就会购买美债。

对于现代央行体系,普遍认为在央行的存款是几乎没有风险的。这是因为央行拥有印钞权,理论上可以通过发行货币来用于支付你在央行的存款,因此央行存款的 0.25% 利率被视为一种绝对的无风险利率。相比之下,尽管国债的风险极低,但终究还是存在一定风险的。那么,为什么不选择将资金存入美联储呢?

在美国国债评级下调的初期,市场恐慌情绪蔓延,因此各路资金都购买美债是可以理解的。因为,不是所有的资金持有者都是美国金融机构,它们没有权利在美联储存款并占有利息,所以会出现风险因素决定的情况。但随着时间的推移,美联储的 0.25% 利率和市场的 0.12% 利率存在 1 倍利差,如此的利差在西方的金融机构是可以进行套利的。西方有许多对冲基金和银行专门从事此类套利活动。但危机以后,这样的利差却维持了好几年,而本来在套利模式下是不会让这样的利差存在长时间的。那么,是什么导致了利差的长期存在呢?

针对这一现象,有人分析认为,是美联储取消了给超额准备金支付利息的政策,迫使金融机构转而持有国债。但对此我是存疑的,因为短期国债利率依然极低,甚至低于美联储的存款利息。长期的国债利率较高是容易理解的,因为市场普遍认为未来利率不会长期保持低位。而短于半年的低利率则不受美联储取消利率的影响,美联储只要短期不取消就可以套利。然而,事实却是短期国债利率依然保持在极低水平,套利的空间依然存在。因为现在美国国债的短期利率与美元的美联储利率的利差有十几个基点，这在西方金融市场中是相当大的，因为在西方，国债交易在一个基点以上就可以进行套利，但目前，十几个基点的利差长期存在而不被套利，则一定另有原因。以一年期美债为例，一年期美债收益率已超过 0.1%，即便未来收益率有所上升，也不太可能出现倒贴钱的情况。而只要收益率升到 1%，就意味着价格下跌的幅度将超过上涨的 10 倍，这种风险与收益是完全不对等的。因此，持有美债的出发点根本就不是为了收益。

究其原因，这实际上是金融定价权的体现，具体体现在资本定价权和资产定价权之间的差价。货币的利率是资本的收益率，而债券的利率则是资产的收益率。流动性的差别造成了两者间的差异。对于美元和美债的流动性差别，让一般人确实难以理解。为何我国央行会大量持有美债，而不是直接持有美元现金？对于这个问题，我在对定价权问题进行研究思考的过程中逐步有了深入认识。回答这个问题就要深刻认识到其中流动性的差别，认识到其中流动性的影响。

根据人民银行网的数据，截至 2013 年底中国的外汇储备已是 38 213.15 亿美元。相较之下，美国的 M2 规模远不及此。如果把这些外汇储备存储于美国的银行，那么美国不到 10 万亿美元的 M2 中，将有相当一部分是中国外汇储备的存款，这种情形显然不切实际，美国方面也不太可能接受。试想，若中国试图提取这些存款，美国银行将面临怎样的挤兑风险？一旦银行因挤兑而破产，中国的外汇储备就将面临巨大损失。

在西方，对于大额存款，外国的银行并不像中国那样争相吸纳，它们害怕被挤兑，因此会有不接受或者有限制提款的附加条件。根据《巴塞尔协议》[1]下的资本充足率要求，美国的 M2 规模较小，美国银行的资本金有限，难以承受远超其本金的存款。如果平均每一家美国银行都有超过 30% 的中国国家主权存款，那么中国将能够随意提取任何一家银行的存款，进而来控制整个美国银行业，这显然是不可能的。

---

[1] 《巴塞尔协议》是巴塞尔委员会制定的在全球范围内主要银行资本和风险监管标准。

有人说，我们的外汇储备可以投资于美国的股市进而取得高收益。暂且不说股票本身的风险，美国股市的日交易量流动性高但货币数量是非常有限的。美国市场股票基金总份额大约在 10 万亿美元，而日内基金的金额虽然只有前者的百分之一左右，即约 1000 亿美元。但日内基金的总交易量却已经达到了 55%，高频交易占据交易量的主导地位。因此美股的活跃资金只有 1000 亿美元的规模，是无法支撑数万亿美元的中国外储盘子抽走资金的。一旦我们的储备抛售，市场马上就将面临崩溃。

同时，由于各国对于市场的监管，对足以影响市场走向的大资金，对每天的抛售量进行了严格的限制。因此在这个层面，外储放到美国股市里面，变现的速度是有限的。这不再是储备行为，而是投资行为，应由专业的投资机构来执行。

对美国的股市规模，多数跨国集团上市公司持有 5%~20% 即可成为控股股东。若中国通过外汇储备大量持有美国公司股份，就将能够控制美国全部产业。然而，美国出于国家安全考虑，已多次拒绝中国企业的收购请求，如华为请求收购一家规模为 200 万美元的公司就遭到拒绝。同样，对于大宗商品市场，相对于美国股票其流动性更为不足，而市场规模也同样限制了外汇储备资金的进入。且央行储备大宗商品时，是虚拟交易还是实物交割也是问题，这更不是外汇储备的合适选择。

还有观点认为，如果美国的货币市场容纳不下我国的美元外汇储备，我们可以选择将其存储于美国之外的银行。然而，这种说法是对金融运作机制缺乏了解。中国的外汇储备如果是美元，就必须存储在美国境内的银行，如果是欧元则必须存储在欧盟境内的银行。这其中的关键区别在于，存储在货币发行国境内的货币被称为 M2，而在境外的则被称为 M3。虽然都是广义货币，但 M3 是可以在 M2 的基础上再衍生的。

以欧元为例，欧洲银行给你记账 100 亿美元存款，欧洲银行是不需要持有 100 亿美元现金的，而是可以通过一系列的金融操作进行资金的再衍生和利用，就像过去钱庄开具的银票可以远超其实际存储的白银数量一样，只要有足够的日常兑付能力即可。但这种再衍生并不意味着你的存款在任何时候都能无障碍地提取。

当你将美元存储在美国之外的银行时，这些银行同样可能进行金融衍生操作，并将衍生的美元贷款出去。当你要提取时，与美国境内银行美元的差距便显现了出来。美联储只是对境内美国银行承担央行的最终贷款人义务，对境外衍生的美元是没有这样的义务的，因此，你的美元存款在境外就可能会面临提取困难的风险。

而我们的外储投资于美元资产之外的市场，首先必须看到的是美元在世界货币市场的份额是 70% 以上。如果我们的储备份额比例与外汇市场上外国货币市场份额的比例不一致，这种较大的差别就存在金融攻击和套利的风险；同时，欧债危机也带来了深远影响，日本的国债占 GDP 比例最高且政策持续宽松。而更本质的是，不论欧元还是日元资产，流动性均无法与美元资产的流动性相比。美元资产的流动性不仅仅是美国资本和美国人持有，也不光中国持有，它还是世界所有国家主要储备的外汇资产。这种全球范围内的广泛接受度和高度流动性，是其他发达国家货币难以比拟的。

经过对多个市场进行深入分析，我们发现这些市场的流动性规模均不足以容纳中国央行庞大的外汇储备。而美债则不同，它是比美元存款市场更大的一个市场。美国国债的规模已达到 16 万亿美元，还不包括各种企业债，美国金融机构发行的资产证券化的次级债。美国的债券市场规模足够大，且美国债券市场的波动比股票等其他市场更小更稳定，这也是作为储备所需要的。美国债券市场的规模大背后还有美国的社保机构，社保机构占据了国债大约 60% 的份额，而中国作为最大的外国持有者，其份额也仅占美国国债的 8%。因此，可以确信的是，美债市场这个"池子"确实足够大，甚至比货币 M2 的"池子"还要宽广。

对于债券市场的流动性，更关键的是要有大量的金融衍生品的支持，这些金融衍生品提供了更多的流动性。以美国的信用违约互换市场为例，美国金融衍生品市场规模巨大，其规模从 2001 年的 1 万亿美元迅速扩张至 2008 年的 62 万亿美元。2009 年初，美国时任总统奥巴马向国会提交计划，试图监管高达 592 万亿美元的金融衍生品市场，是其 2009 年 GDP 的 40.82 倍。

第四章
重估牛市与信用战

美联储在 2008 年危机前明确表态不监管金融衍生品市场,因此这个市场的数据并不透明。尽管危机后市场规模有所缩减,但对于我们数万亿美元的外汇储备而言,这样的市场规模仍然足够庞大。这样的市场流动性充足,是很多大型机构不得不选择美国国债的原因。

为了资金安全,所有大资金都不得不倾向于选择国债。这导致货币 M2 的数量因此流失而越来越少,国债的流动性因此越来越多。流动性越少则大资金越不敢进入,流动性越多则越吸引大资金。因此美国的 M2 水平相对较低,但有支付性质的债券就充当了广义货币 M3 的角色。这种资金流动模式表明,流动性越来越趋于集中,即资金总是流向流动性最充足的地方,而不是去补偿流动性不足的市场。这时候在货币市场微观经济学的假设市场出清是不存在的。这样的现象,如果我们以利率作为货币的价格,可以看到货币的供给和需求曲线也出现了后弯和畸形,这种扭曲就是定价权的来源之一。

此外,如果我国央行将大额外汇存储到美国的金融机构,这些机构由于担忧我们可能突然提取存款而导致其流动性紧张,因此它们往往不敢轻易放贷。在很多情况下,这些机构会选择购买美国国债而不是转存,原因就是转存同样存在流动性的问题,且其他银行也有风险。那么,如果我们将这些资金存入央行的超额准备金账户会怎样呢?尽管国债存在违约的可能性,但转存美联储似乎没有违约问题。但一旦金融系统出现风险,美联储也可能会限制于商业银行提取其在美联储的超额准备金,这虽然不被视为违约,而是央行货币政策的调控手段,这是各国央行都有的权利,但对存款银行而言,则意味着存在流动性被挤兑的危机。

同时,因为《巴塞尔协议》对经合组织市场经济国家国债的资产风险是零,而对金融机构存款是 20%,买国债不占用银行资本。由于美国国债的收益率较低且风险相对较小,银行给我们的利率也会相应较低,远远低于美联储给银行超额准备金的利率 0.25%。因此,与其存款让银行去买国债还要承担银行破产的风险,就不如自己直接买国债。所以我们的外汇储备主要持有美国国债就是必然的。有人说,持有美国国债是替美国人打工,其实持有美元又何尝不是呢?在当今信用货币非本位货币的时代,美元就是美联储债券。只要持有了这样多的外汇储备，选择美国国债就是必然的了。而我们为什么不得不持有这样多的美元储备，则是另外的问题。我们的储备规模与我国成为世界工厂是有关的。资源国无须持有大量外汇储备；金融国可以自行创造货币也无须过多储备；而制造国如果没有这些外汇储备，则会出现如东南亚金融危机那样的风险，就存在被掠夺的可能。

通过深入分析，我们发现美国国债收益率和美联储的利率之间的差异，实际上是由金融定价权决定的。这个定价权的关键因素就是在货币存款市场和债券市场有不同的流动性，流动性高的债券市场可以让债券价格更高，所对应的收益率更低，甚至可以低于货币存款的利率，这两个市场的收益率差别是无法通过金融套利来消除的。

由于这种流动性的不同，中国外汇储备中大规模持有美国国债就成为一种必然。美债是美国金融定价权的来源和制高点，西方是以国债信用作为货币发行基础的，国债信用也捆绑着西方的社保体系，持有美债就是绑定美国信用体系。只要占据足够份额的美债，就能在美国金融定价权上拥有发言权。

（2014-09-14）

3. 中国油价定价应与美元原油指数脱钩

国家发改委连续两次调整国内油价，但并没有跟随国际油价调整，国家发改委又公布了新规，在国际油价的价格低于40美元时，中国的成品油不再随着国际油价进行调整。这背后是松开了中国的石油行业国际定价博弈的枷锁，在全球范围内，少有国家能像中国这样，曾将油价严格绑定于外国期货价格的波动之上。中国的国内原油定价应当与美元原油指数脱钩，这给了中国更大的石油国际定价博弈的空间。

我们盼望油价降价的同时，认识问题也需要从更高的角度和更长远的战略出发。每一次国际油价调整时，国内油价都需随之调整，实际上是把中国的价格绑定在外国石油公司控制的石油指数之上。中国的石油对外依存度已超过了美国，中国的石油消费量进军 6 亿吨，如此天量的原油给外国指数背书，完全绑定将没有任何价格博弈空间，成为国际资本渔猎的对象。现在在美元加息、欧元宽松、油价探底，全球激烈博弈的时候，中国一定要参与到全球原油定价博弈之中。

中国的人民币要国际化出海，而中国的油价若要绑定美元的原油指数，对石油美元而言，等于是再一次把人民币从另外一个角度锚定在美元之上，对人民币国际化的地位是非常不利的。

中国要发展人民币的货币市场空间，就要建立人民币结算的广泛的大宗商品市场，扩大石油及其产品的人民币结算市场。中国有 6 亿吨石油的消费量，这些国内的消费市场本来就是按人民币结算的，如果将人民币的国内石油市场完全绑定到美元原油指数上，实际是间接地让国内石油市场也用美元结算。中国应当尽量推广人民币的石油结算量，首先便是国内石油的人民币结算与美元指数脱钩。如今，俄罗斯已储备人民币，俄罗斯和伊朗已有部分石油按人民币结算。随着中国开始在国内成立人民币结算的石油交易所，产油国也对此表示出浓厚的兴趣。那这正是中国的油价与美元原油指数脱钩的好机会，国家发改委不再随着国际油价调整是第一步，以后中国的要素价格，应当更多地交给市场，发挥市场作用来进行资源分配。

我们普通人对国际原油的期货指数是深信不疑的，但实际上全球的原油交易是非常复杂的，背后是各种垄断博弈，不符合微观经济学的假定，是个国际政治博弈的舞台，是一个伪市场，我们不应当拿国内市场给这个伪市场站台。

国际原油期货价格是不能直接进行实物交割的，需要到迪拜的期货转现市场才能对接现货。其中还涉及欧佩克的配额问题，没有配额是无法获取原油的。而中国与非欧佩克国家交易，依然要付出额外的代价。如，我们从俄罗斯购买原油天然气，大多数情况下需要预付 10 年以上的货款，即使在国际油价低迷又有乌克兰问题的情况下，俄罗斯也仍然要求中国预付 8 年的货款。

美国通过控制石油价格这一武器博弈世界，标志性的就是美国此时取消了实行了40年的石油出口禁令。美国当年是全球第一大产油国，后来因为封井储备导致产量下降。与我们被迫大量进口原油不同，美国是主动放弃原油产能的，现在允许出口，背后是有增产打压和控制油价上涨的需求。而我国国家发改委到2015年底，并没有随着石油价格的变化而调整油价，中国的油价消费与美元石油指数脱钩，不给石油美元背书了，这无疑是非常好的对策。

更进一步讲，在国际原油价格博弈上，中国也需要借助一些期货工具，中国的相关石油行业企业也可以购买国际原油期货或者期权来进行套期保值。要在合适的位置大量买入期货或认购期权等金融衍生品，虽然这些衍生品的价格不可能总是在最低点被购买，但它们的存在，可以保障在原油价格暴涨的时候我们所能取得的原油价格不会过高。但同时带来的是价格在低点时，我们也不是最低，从而保障油价平稳，保障中国的原油供给，这才是更关键的事情。

全球的原油供给情况相当扭曲。不但有配额的限制，在原油供给上的供给曲线也是弯曲的。这意味着当石油价格高涨时，各国都减产，而石油价格低的时候反而都增产。具体原因在于，产油国卖油所得外汇数量是刚需，当油价高、外汇收入足够时，产油国就不愿过多出售资源；而当油价低时，为了获取足够的外汇以平衡收支和购买必需品如粮食等，产油国就不得不增产。从现在的具体表现上看，也是如此，在国际油价如此低迷的情况下，各国都在增产，欧佩克的减产会议也未能达成协议。因此，这是供给问题，我们提出供给侧的改革，是恰逢其时。

在供给曲线弯曲和原油配额限制下决定了一个事实：在油价高时，并不是仅仅通过加价就能轻松购得原油。我们的原油消费是刚需，为了保障在原油高价各国减产的情况下能够买到原油，就必须在油价低的时候买入期货或者认购期权，在油价低迷时它们往往会增产，就意味着此时买入上述期权是非常有利的。因此要保障中国的原油供给，利用金融衍生品参与国际原油贸易博弈是有绝对必要性的。但如果油价总是钉住国际期货价格，就意味着对油价没有发言权，就会完全被这个价格主导。相反，如果我们摆脱这种绑定，就能更灵活地调整油价。以中国 6 亿吨的巨额石油消费量，我们的政策改变就必然会导致国际油价波动，我们的期权期货再与之配合，就能够取得足够的发言权。

如果中国自己不开采原油，则意味着不光是油田的石油工人下岗失业，更意味着减产以后，国际油价就要暴涨，而国际油价暴涨后供应量降低，中国石油供给就可能难以保障需求。而中国不减产，则中国大多数油田的生产成本在 70~90 美元每桶，是国际油价的 2 倍。在采炼销分离的模式下，这将让油田企业面临巨额亏损，整个行业的发展都将受到严重威胁。

因此为了维持中国足够的产量，使国际油价在低位保持更长的时间，我们就必须在定价上充分考虑中国国内采油的成本和利益。价格的调整要有系统性和策略性，在此过程中，我们需要的是给企业更多的自主权。如果真的要绑定市场定价，也应当绑定类似北京石油交易所或即将建立的国内原油人民币期货价格，绝不能用我们的政策之手来给美国的石油美元霸权背书。

综上所述，我们看到了石油价格博弈的复杂。石油供需曲线下的后弯更需供给侧的政策。控制终端价格的成品油零售价绑定国际原油期货的需求端政策，需要让位给在供给端保障原油供给的国际定价博弈。

未来，油价政策应当更多地依靠中国市场和人民币国际化的影响力，其重点不应仅仅服务于需求，而应转向博弈国际油价，以保障原油供给。我们应当给予市场更多的活力，给市场松绑。我们必须冲破降价既得利益者的阻力，以确保国家原油供应的安全。

（2016-01-13）

4. 供给侧改革应将去库存变成增储备

如今，全球大宗商品降价，各种去库存的声音甚嚣尘上，但一味地去库存是有问题的，我们在去库存的时候是要分清储备与库存的区别的。要把去库存变成增储备，把对市场的作用力从为了去库存的需求刺激，变成增加储备的保障供给上来。

而 PPI 已经连续多月为负值，CPI 也多个月保持在 2% 以下。在大宗商品降价滞销时，手里的商品大幅度地降价，我们把这些商品叫作库存。虽然，有了去库存的说法，但如果未来资源大宗商品价格上涨，或者通胀发生，而我们手中没有足够的商品，那将面临巨大的问题。因此，在全球提出去库存的说法，我们需要对其进行甄别。有储备才有未来竞争力，在全球商品价格低迷的时期，正是我们进行战略储备的好时机。

我们应当深刻认识到储备对国际价格博弈的重要性。在国际价格压力下，如果手里没有足够的商品，必须购买高价商品，就不得不接受对方的定价，这将使我们遭受价格掠夺。因此，手中的商品发挥的作用是不一样的，是库存还是储备，要多层次地来认识和分辨。在经济低迷，资源低价时，我们确实有需要去库存化的考虑；但对于储备，则是要大力收储的。这是完全不同的方向，且国家的收储不能完全替代民间的商业收储。

从持有人角度来看，很多库存是生产者即将出售的商品，而生产者购入的原材料则可能是库存也可能是生产者的储备。库存是持有人准备消耗或者出售的商品，而储备则是持有人准备长期持有的商品。这里的关键性差别在于，库存的目的是通过销售来获取利润回报，而储备则不是通过销售取得利润回报，而是通过持有取得安全和市场控制力来作为回报的。我们在经济博弈当中不能唯利是图，安全也是非常重要的层面，对于国家和大企业更是如此，因此我们要认识到保有储备的安全需要，不能把储备都当库存去掉。

有些企业经营不佳，流动性压力大，导致在实际的做法中，很多储备被当作库存去掉。因为持有储备需要付出额外的代价，卖掉储备可以得到更多的现金和流动性，对企业具有极大的诱惑力。但安全本身就有额外的价值，我们买保险就是一种安全价值的体现。因此，如果企业把储备变现，对企业的未来竞争力会有很大伤害。在制定政策时，我们需要对此进行区别对待，既要考虑企业的流动性需求，也要确保企业有足够的储备来应对未来的挑战。

我们需要注意，去库存是增加消费，让库存被消费掉，是需求端要做的事情；而增加储备，则是增加供给保障，是供给端要做的事情。需求和供给是矛盾的两个方面，不可片面突出一方。当前，我们提出了供给侧改革，那么在资源持有层面，保持储备的充足，就比去库存更为重要。在经济产业链的上下游关系中，上游往往承担库存的角色，而下游则可能是储备的所在地。在下游端增加储备，就是给上游带来需求，符合供给产生需求的原理；让下游多储备，就是给上游盘活流动性，给企业带来新活力。如果市场上有投资性的储备，贸易商逢低买入持有逢高抛售平抑，对市场的稳定也有积极的作用。因此我们的政策应当从去库存转移到增加储备上，让上游企业的库存出售给下游企业当作储备，以此激发经济活力。

然而，中国的民间储备难以激发的根本原因在于储备的成本。西方不断的 QE 压低利率，带来的巨大好处就是可以大量储备资源。尤其是在当今大宗商品价格下跌的时候更是如此。

近年来，国家在资源储备方面取得了显著进展，但中国经济发展全部靠国家储备资源是不足的，应当给企业储备资源更多的支持。如果央行不给我们的企业流动性支持，而外国企业储备资源是零利率，我们的企业则要承担高达 6% 的资金成本，结果必然是外国储备充足，而中国企业储备匮乏。在未来资源紧张、竞争激烈的时候，我们将不得不付出巨大的代价。能够带来大量的资源储备，是西方 QE 最大的利益所在。就像假币被成功花出去一样，印钞的过程本身就成了一种赢利手段。

要让企业储备资源，让中国的民间储备能够与世界主流发达国家抗争，企业储备资源的成本就一定要降低。那么，怎样压低储备资源的利率是关键。我国央行应当给予特别的流动性支持。央行已经有诸多金融工具，这些工具应当支持中国的民间储备，央行可以为资源储备提供抵押的金融资产，并降低其获取流动性的成本，使得这些储备通过金融机构能够从央行获得更低成本的流动性。如，民间储备的黄金，就应当可以如纸币一样可以在央行换到货币。黄金的信用总是比印出来的钞票要好得多，央行以中国企业的储备、中国经济刚需资源储备等作为发行中国货币的基础，总比拿着外国央行印钞货币来发行本国货币更有利。

如果央行能够通过购买中国刚需资源进行储备的方式发行货币，将更为有利。中国国家和社会储备要有货币和财务成本，而央行购买资产没有利率财务成本，以中国所需刚需资源发行货币，比使用 QE 出来的美元发行更好。此外，我们革命时代能够取得金融斗争的胜利，正是因为我们的解放区边区币与当时人民生活必需品如粮食、布匹等相绑定。我们党有此历史成功的经验。

因此，我们需要分清库存与储备。在当今大宗商品降价和资源宽松时，虽然经济不佳需要去库存，但对于储备来说，却是需要大幅度增加的时刻。我们决不能把民间的储备当作库存去掉。这是从需求端到供给端的改变，我们要从理论上进行深入认识进行改革。在政策上，央行应当给予足够的支持，以区别对待库存与储备。

（2016-02-02）

5. 高息时代政府回购债券的利益输送

美联储的 QE 新常态，到了加息周期，会有什么样的故事？对美国搞的数字泡沫、虚拟泡沫、金融衍生品泡沫会如何呢？

在此，我们需回顾一点：在虚拟交易之下，做多和做空都可以得利，是双向的。特别值得注意的是，金融衍生品中的空单，其交易价值不仅可以是天价，也可以是负值，这与传统证券（其价值不能为负）存在显著区别。没有负值的金融产品，其下跌幅度通常不会超过 100%；但有了负值就没有限制了。同时美国也吸取了上一次 2008 年金融海啸的教训。在美联储和美国政府双簧的金融霸权之下，美联储得以隐身于幕后，而政府在前台进行利益输送，保持美国核心银行的利益。操纵金融衍生品市场，把金融危机变成对其他国家进行财富掠夺的机会。

美国政府利益输送核心——银行钱怎么来？

2022 年，华尔街金融圈内开始流传一些消息，消息灵通的圈内人士都在纷纷议论。美国财政部私下跟美国的主要银行进行沟通，探讨银行持有的债券是不是需要由政府回购。

这一消息传出后，对于那些不太了解美国财经运行及国际财经规则的朋友来说，感到颇为不可思议。当前，美国利率较高，美国的政府赤字已达上万亿美元，同时美国国债总额已突破31万亿美元，很快将突破国债上限。在这样的背景下，美国政府如何有钱回购债券？这好像天方夜谭。在谈论这个看似不可思议的话题时，便不得不提及美国国债背后的博弈故事。此前，英国的长期国债暴跌，40年期的国债市场交易价格，从年初的100英镑，直接跌到了25英镑，几乎折损了大半价值，可以说是腰斩之后再腰斩。

国债发行，一般来说发行面额为100英镑。而市场认购价格有可能上涨也有可能下跌。然而，令人惊讶的是，在不到一年的时间里，这款国债的市场价格竟然暴跌至25英镑。也就是说，政府当时发行国债的时候，政府约以100英镑的价格发售，并成功得到了100英镑。但不到一年就跌到了25英镑。如果政府从市场上把这些国债再买回来的时候，政府只须支付25英镑即可。政府还不用等到40年国债期满之后去偿还，而是可以通过回购的方式提前"注销"国债。

德国"一战"后迅速崛起也是如此。当时德国为了偿还"一战"的战争赔款，在美国的支持之下发行道威斯债券，发行的时候是100美元，得到的款项之中50美元用于还债，另外50美元由德国用于建设和发展经济，保障可以偿还国债。1929—1933年的全球性危机，各国货币出现竞争性贬值，同时利率提得很高，道威斯债券的价格因此暴跌，最终跌至仅有29美元。

这就意味着，如果德国以29美元的价格回购这些债券，就可以注销债务，无须再偿还。虽然当初德国看似只拿到了50美元（另外50美元用于还债），但在经济危机的背景下，这50美元的价值已经远超现在的50美元。因此，德国只须花费29美元就能销账。而吃亏的是当初发行债券、购买债券的英法资本。最后的结果相当于英法给德国进行了"一战"赔款，这也是德国迅速恢复实力的因素之一。

所以当市场上因加息导致国债价格大跌时，美国政府便有机会以低价回购这些国债，从而赚取差价。但很多人会疑惑，美国政府不应正面临债务上限问题吗？国会还未通过相关议案，政府哪来的钱呢？

其实，政府是有资金的。因为当前加息的周期是有限的，长期之下，利率还会降。加息后，长期国债也是按照加息后的可比收益率来进行估值的。然后按照加息后利率决定的收益率和当时的票面利率相比，估值就会下跌。但短期国债不一样，因为受到加息影响的是一两年，而不是长期国债受到几十年的影响。所以政府可以发短期国债，把长期国债买回来。短期国债的利息与当前利率相近，因此价值贴现也不会降低多少。比方说政府发一年期、两年期国债，一年期利息基本上与央行的利率不会有太大的差别。

也就是说，政府发一年期、利率为央行利率有限加点后 5% 的 100 英镑国债，然后用这些资金去购买市场上已经跌到 25 英镑的 40 年期债券，这样可以买四张总面值为 400 英镑的债券。在不到一年前，发行四张 40 年期 100 英镑的债券，得到的是 400 英镑。而一年后，需要偿还的只不过是 100 英镑加利息，也就是 105 英镑。这样操作，政府实际上赚取了接近 300 英镑的差价。一年后的通胀可能超过 8% 以上，而当前的实际利率为负，因此持有短期债券通常能够获得较高的收益。当进入降息周期，利率再次降至零点时，政府又可以发行新的长期债券。

这种操作实际上是政府在进行债券置换，即发行短期国债来购买长期国债。通过这种方式，政府的债务负担可以大幅减轻，而且还无须依赖央行的操作。因此，在当前美联储专注于加息并宣布要缩减资产负债表的情况下，政府仍然可以通过在国债的长期和短期之间进行灵活操作来管理其债务。

> **背景知识**
>
> 债券回购是指债券交易的双方在进行债券交易的同时，以契约方式约定在将来某一日期以约定的价格（本金和按约定回购利率计算的利息），由债券的"卖方"（正回购方）向"买方"（逆回购方）再次购回该笔债券的交易行为。

政府对债券私下回购时，并不是依据市场价或债券的实际价值来计算应支付的金额，而是根据债券的票面现金价值进行协商，这实际上等同于债券的净现值。政府按照票面价值和利率提前终止了债券交易。

第四章
重估牛市与信用战

以之前提到的英国 40 年期债券为例，尽管市场价已跌至 25 英镑，但若政府选择回购，它会按照债券发行时的票面价值，即 100 英镑，并加上一年的利息来从银行手中购回。这意味着政府实际支付的金额会超过市场价，达到 100 多英镑。对于银行而言，这原本账面上的 75 英镑浮亏因此得以消除。但同时银行需要购买政府一个 100 英镑的短期债券，虽然短期债券利率可能很高，但这个对原来的浮亏而言，损失可以忽略不计。

尽管目前银行面临的是账面浮亏，但若是银行的流动性有压力，必须出售的时候，那么浮亏就变成了实亏了。在美联储加息缩表的背景之下，市场上流动性紧张，就很可能被迫低价出售。英国的 40 年期国债暴跌到 25 英镑，就是各种流动性挤兑的结果。

美元指数在高位，持有美债在市场上浮亏尤为严重，就连中国央行这样的机构也难以幸免。有人可能会质疑，这是否意味着我之前在《信用战：全球历史演进元规则》一书中的观点被现实所"打脸"，因为当时我建议中国应持有美债而非欧债。但只要算一算，若是买欧债，如今欧债的跌幅更大，再加上欧元贬值，账面浮亏会更为严重。此外，若直接持有美元并存银行，如我在书中所述，这也是不现实的。而且银行会破产，破产时保护小储户，破产的风险对大资金杠杆放大。因此，在当时的情境下，购买美债几乎是中国唯一的选择。

因为美国美联储的加息缩表，众多持有美债的实体都面临着美元流动性紧张的问题。美国政府此时出手干预，给有关系的美国主要银行定向输血，让拿着美债的银行，可以选择政府回购。在回购过程中，政府不仅按照债券的票面价值支付，还会附加利息，从而确保美国的核心银行不受损失。当然，政府用于回购的资金来源于新发行的短期美债。这些短期债券的利率可能稍高，以吸引银行将长期债券置换为短期债券。在如此利益输送之下，美国的银行自然会欣然接受。通过这样的操作，美国银行的损失实际上得到了弥补，因为短期债券的下跌空间相对有限，受利率变动的影响也较小。

所以，美国政府回购其"亲儿子"（即主要银行）持有的长期债券，并释放短期债券。虽然美联储现在是加息周期，处于利率高点，但是美国很快就会变成降息周期，未来的利率会降低。当降息周期到来，利率降低时，政府再次发行长期债券将会吸引买家，且价格也会相应提高。

所以，长期短期是一个对冲操作的策略。其关键点是只跟美国的主要银行选择性地交易，而那些跟美国政府没有直接关联的银行，则可能承受损失，相当于被"薅羊毛"。尤其对那些债券由一些境外银行持有时，如当前的瑞士信贷银行，就面临着巨大的压力。

这样的回购操作，通常是美国政府独有的行为。但如此操作的政府补贴很隐蔽，同时在账面之上的损益不被计入资产负债表和损益表，因此利益输送意味很大。同样，如果一个企业的管理层有私心，也可能利用这种操作来进行腐败和利益输送。对纪检监察部门而言，是一个难以被发现的挑战，需要监察人员有充足的金融知识。而且，企业做如此的操作和输送，往往会面临再次融资困难和流动性不足的问题。但美国财政部的操作无须担心流动性的问题，因为 QE 已经常态化。虽然美联储现在说要缩表，但以后依然会买入政府的债券，并再次实施量化宽松政策。因此，美国财政部无须担心流动性问题。

中国央行持有大量外汇资产，若因汇率变动产生浮亏，市场参与者或许会避免与中国人民银行进行交易。而是否可以回购市价损失大的长期债券，换成损失小的短期债券，这是美国政府利益输送的差别，就是金融主权的差别。

回购操作影响金融衍生品

美国政府为核心银行回购债券，还有一个重要的影响，就是金融衍生品市场。因为美国的核心银行有了很大损失后，很多损失都与金融衍生品紧密相关。金融衍生品市场出现危机会承担更大的损失。如，2007 年美国次债危机后加息，导致 2008 年更大的危机就是金融衍生品的危机。因此，在当前美国的金融和经济压力下，美国政府已经对美国的银行进行定向输送利益了，而且美国输送利益做得也比较隐晦。

通过长期债券和短期债券之间进行互换、回购、赎回等操作，可以是套利也可以是对冲风险，专业术语称为"利率掉期"，相关的交易是利率掉期合约。短期的债券，相当于政府浮动利率的融资，而长期的债券，则是政府固定利率的融资，在利率变化加剧和加息周期，这类交易的实际效果就是利率互换，所以利率掉期也叫作利率互换。

政府和企业规避利率风险或者套利，都是有上述交易的需求。只不过这一次是政府输送利益，正常的情况是金融企业之间和各种投资主体之间，还有融资企业规避风险锁定利率，都需要进行类似的对冲。而且对冲结果不用交换本金，只要改变利率的承担方式即可。还是用前面的例子，假设一份100英镑的国债，原来政府是40年期的固定利率，变成了政府每年结算一次100英镑按照年浮动的利率，这样政府可以套取到75英镑的利益。同样的美国政府回购，则是在已经可以套取巨大利益让银行有巨大损失的情况下，通过回购避免了银行的损失。这类的直接利率交换，就叫作利率掉期交易，或者利率互换协议等。

相关定义

利率掉期交易，是借利息支付方式的改变而改变债权或债务的结构，双方签订契约后，按照契约规定，互相交换付息的方式，如以浮动利率交换固定利率，或将某种浮动利率交换为另一种浮动利率。订约双方不交换本金，本金只是作为计算基数。

掉期合约，又称"互换合约"是一种交易双方签订的在未来某一时期相互交换某种资产的合约。掉期合约是当事人之间签订的在未来某一期间内相互交换他们认为具有相等经济价值的现金流的合约。

利率掉期合约，本身也可以在金融市场上交易，这个合约也是著名的金融衍生品，在美国金融衍生品市场之上有巨大的份额，而且还可以在实体的债券基础之上，设立虚拟的利率掉期合约，也就是类似于期货、期权的性质，是在衍生之后还可以再衍生。

在2005年之后，美联储有一个特别的声明，宣布不再公开美国的M3数据，并且放松了对金融衍生品的监管。而金融衍生品也就是广义货币M4。

利率掉期合约是最重要的金融衍生品之一，在利率掉期之外，另一个重要的衍生品是信用掉期合约，在利率暴涨、银行各种债券金融资产浮亏巨大的情况下，银行信用受损，那么信用掉期合约也会出现巨大的价格波动。

> **相关定义**
>
> **信用违约掉期**（credit default swap，CDS），即信用违约互换，又称信贷违约掉期，是进行场外交易的最主要的信用风险缓释工具之一，是一种金融衍生产品，信贷衍生工具之一。它可以被看作是一种金融资产的违约保险。债权人通过 CDS 合约将债务风险出售，合约价格就是保费。购买信用违约保险的一方被称为买方，承担风险的一方被称为卖方，双方约定如果金融资产没有出现合同定义的违约事件（如金融资产的债务方破产清偿、债务方无法按期支付利息、债务方违规招致的债权方要求召回债务本金和要求提前还款、债务重组等），则买家向卖家定期支付"保险费"，而一旦发生违约，则卖方承担买方的资产损失。
>
> **货币掉期合约**，是指两笔金额相同、期限相同、计算利率方法相同，但货币不同的债务资金之间的调换，同时也进行不同利息额的货币调换的协议。

美联储的加息，必然导致利率掉期合约和信用掉期合约大幅度的波动。同样波动的还有汇率，与汇率相关的则是货币掉期合约。当前，美联储加息和美元指数冲向高位，与货币汇率有关的货币掉期合约也会波动。货币掉期合约也可以存在于国家之间，所以有各国央行的货币互换协议。有了货币互换协议，对在汇率上弱势的一方是有保护的。美国与众多西方发达国家有协议，与包括中国在内的发展中国家没有。而中国目前与欧盟和英国有相关协议：2019 年 10 月中国人民银行公告，与欧洲中央银行续签了双边本币互换协议，互换规模保持不变，为 3500 亿元人民币 /450 亿欧元，协议有效期三年。2018 年 11 月 12 日英国央行与中国央行续签了中英双边货币互换协议，规模为 3500 亿元人民币，约 400 亿英镑，协议有效期三年，到期后经双方

第四章
重估牛市与信用战

同意可以展期。货币互换协议有助于各国之间的汇率稳定，锁定对冲央行持有外汇储备的风险。中国央行要持有美元作为外汇储备，但美联储不用持有人民币，在金融领域，美国对中国的态度与其他国家截然不同，这一点在此也得到了明显体现。

所有现象表明，美国的金融衍生品市场正酝酿着一场风暴，而这场风暴很可能会引发全球性的金融动荡。因此，美国政府暗中在干预、支持美国的核心银行。美国财政部的利益输送，保护了美国的核心银行，同时也将风险转嫁到了其他机构，对市场影响巨大。所以在全球金融危机风险之下，美国的霸权带来的，就是美国金融企业具有竞争优势。

根据2022年10月12日《21世纪经济报道》：北美当地时间上周五，瑞士信贷银行的收盘价为4.85美元，与上周一收盘价相比上涨20.95%。但这并未消解市场的担忧。2022年以来标准普尔500指数下跌了23.64%，而美国银行股行业指数下跌了16.35%，瑞士信贷银行股价大跌至49.69%。2022年6月底，瑞士信贷银行账面价值还维持在17.56瑞士法郎，但目前股票价格已大幅下跌，甚至不及账面价值的30%。

可以看出，2022年瑞士信贷银行已经因为金融衍生品受到了巨大压力。在之前，德意志银行也是因为金融衍生品风险敞口的问题在2016年遭遇重大危机，并多年未走出危机。同样的在2022年10月，中国香港的港币的货币掉期也受到了巨大的压力。据布伦伯格公升的交易数据显示，港币兑美元的汇率已经突破了9元，而曾经港币与美元的汇率是紧密挂钩的。甚至有华尔街的朋友私下透露，在他们进行的交易中，港币兑美元的汇率已经达到了13.7。港币实行的是联系汇率制，但香港政府的金管局已经受到了巨大的压力。而2008年的金融海啸，雷曼兄弟银行正是因为金融衍生品而破产引发的。美国在那次危机中受到了重创，也吸取了教训。如今，美国之外的银行在金融衍生品上有巨大的压力，而美国的核心银行有美国政府保驾护航。

美国国债暴跌的时候，政府如何进行干预，以及央行如何为本国金融利益提供支持，这些都是美国内部的事务和权利。对发展中国家的央行来说，被迫拿着美国金融资产的时候，就如同在别人的一亩三分地上，总是难免会被剥夺利益。美国政府的回购操作通常不会公开宣布，也无须经过美国国会的批准，甚至金额不大时还不用通过总统授权，因为在如此操作时，政府的资产负债表并没有改变。

综上所述，我们就可以看到美国金融霸权的不平等。美国政府的利益输送，在 QE 常态化之下，美国依然具备金融渔利的能力。

（2022-10-19）

四、美元在重置全球价格

自 2014 年下半年至 2015 年，全球的石油价格暴跌，卢布汇率暴跌，美元指数大幅度走强。这一系列经济现象令人困惑，许多经济学者对此也保持了沉默。这背后究竟隐藏着怎样的原因？对此我认为，这标志着美国现已到了其"剪羊毛"阶段，美国在重置全球的价格体系，完成了新一轮的世界财富再分配。

1. 各国纷纷行动

2015 年 1 月 15 日欧洲市场盘中，瑞士央行取消汇率下限，瑞士法郎全线疯狂暴涨近 20%。具体来说，美元兑瑞士法郎汇率暴跌 20.93%，创下三年新低，达到 0.8053；欧元兑瑞士法郎汇率暴跌 21.48%，创下历史新低，达到 0.9427。

瑞士央行称，设置瑞士法郎汇率上限不再是合理做法，并将在必要时积极干预汇市以维持稳定。尽管瑞士法郎汇率仍然较高，但自从引入最高汇率限制后，估值过高的程度整体下降。瑞士央行之前曾把瑞士法郎兑欧元汇率上限设置在 1.20，瑞士央行还指出，将 3 个月期伦敦同业拆借利率目标区间下调到 –1.25% 至 –0.25%。

瑞士法郎瞬间暴涨，令人瞠目结舌！虽然降息是导火索，但汇率在短短一个小时内变化如此之大，幅度高达 27%。瑞士法郎是世界著名的避险货币，以稳定著称。背后原因是瑞士央行降息和取消汇率限制。在欧洲要实行 QE 的背景下大量欧洲避险资金涌入，这可能预示着欧元将面临大幅贬值的压力。

美元/瑞士法郎创 1971 年来最大跌幅，部分平台关闭交易（美元外汇）。

瑞士法郎与欧元脱钩，瑞士央行停止干预汇率和维持汇率上限，如此表现，意味着如果欧洲央行敢于实施 QE，那么欧元汇率很可能会遭受灾难性的打击。而这突然的汇率波动，给美国对冲机构的打击也非常巨大。

瑞士央行的做法，就是在美国 QE 的时候，它选择绑定欧元。因为当时欧洲正处于紧缩状态，是紧缩导致欧债危机。而现在，随着美国退出 QE，欧洲 QE 则箭在弦上，瑞士央行适时地解除了与欧元的绑定。瑞士央行的做法是左右逢源，对此我们也要思考，不同的时候是否要绑定不同的对象，要有灵活性。

瑞士央行放弃汇率控制导致暴涨，对付即将欧洲 QE 的预期。这样的做法再一次证明我当年主张的应当让人民币升值一步到位的做法。如果美国实施 QE，我们更应当让汇率升上来，这样美国就要为自己的 QE 买单，而不是让大量的 QE 美元涌入中国，造成中国通胀。

随后，美元汇率再度上涨。在瑞士法郎暴表之后，瑞士法郎与美元的比值在逐步恢复，但欧元却下降，美元与欧元之间的走势出现了分化。如果欧洲真的实行了 QE，欧元贬值欧盟却不通胀，则意味着欧洲的资产和财富被缩水。这种单方面汇率的变化成为趋势，背后是世界的财富再分配。

欧洲央行宣布推出欧版量化宽松（QE），欧洲央行将每个月资产采购的额度增加到 600 亿欧元，同时将范围扩大到公共证券领域。这意味着欧洲央行正式启动 QE，每个月新增的采购额为 500 亿欧元。持续到 2016 年 9 月。从 2015 年 3 月 1 日启动计算，本次 QE 将持续 19 个月，总额度为 1.14 万亿欧元，新增额度 9500 亿欧元。

丹麦、土耳其、印度、加拿大和秘鲁的央行过去一周也纷纷意外降息。瑞士央行出人意料取消瑞士法郎上限并下调存款利率，震撼了金融市场。

（2015-01-15）

2. 离奇的加息逻辑

人们常说，美联储的加息预期和实际到来的加息会让全球资金回流美

第四章
重估牛市与信用战

国。但这个命题很可能是个伪命题。为何不提加息会对股市和债市造成巨大压力呢？美股现在是历史高位，美债收益率也极低，股票和债券的高估值，很大程度上得益于低利率环境。如果加息让股市债市的资金涌出，股市债市低迷避险需求巨大，资金的需求应当逃离美国。在这种情况下，美国如何能拥有足够的吸引力，让全球资金持续流入呢？

让我们回顾一下 20 世纪的石油危机。当时美联储加息让美元回流美国，利率高达 21.5%，这无疑是高利贷的极端表现，对资金产生了强大的吸引力。而现在环境是否允许美联储再次加息到如此幅度呢？石油危机后的加息让美元回流，是美股以及西方股市已经在危机中大跌后，不是美股高涨期。且当时石油价格暴涨，与当前的暴跌形势截然不同。因此，美国能够接受美股高涨期加息同时让美元回流吗？

这里，我们需要注意的是 2008 年危机以后资金不断流入美国的真正原因。这并非仅仅因为收益，而是出于对安全的考虑。我在《信用战：全球历史演进元规则》一书中分析过，为何评级下调美债还能够不跌反涨。因此，现在的世界逻辑，并非外界所描述的那样简单。

美国真的能够大幅度加息吗？我认为这是不可能的。因为美国背负着巨额国债，这是一个巨大的问题。如果美联储加息，国债价格很可能就会下跌，这将导致美联储的资产缩水，同时，全球在美债的资金要抽逃，对美国也是大危机。但美国不能大幅度加息，不代表美国没有加息的窗口，做出加息的样子。因为近期美国政府的赤字有所下降，新国债的发行压力相对较小，这也是美联储能够退出 QE 的背景之一。但我预测，美国会低利率长期化。即使是加息，利率超过 2% 的可能性也极低，也已回不到 2008 年危机前利率 5.25% 的水平。在美国政府新一轮发债周期下，美国未来还可能会降息并重启量化宽松政策。就像日本断断续续地实施了 20 年的量化宽松政策一样，美国的国债数量越来越类似于日本，所以美国很可能会走上与日本相似的道路。否则，国债的利息将成为政府财政的沉重负担，甚至还可能会演变成庞氏骗局。

美国加息的背后，旨在戳破经济中的泡沫。这个即将被戳破的泡沫，并不一定就是美国的泡沫。很有可能，欧洲或日本的泡沫会率先破裂。

加息带来的是，欧日的宽松空间受到巨大的限制。如果美国不采取宽松政策，其他国家也很难跟进。而欧洲的负利率其实是不得已的饮鸩止渴。如果欧洲的降息不能保持汇率不变，欧洲将会面临信用崩溃，而这个崩溃将是雪崩型的。

（2012-08-15）

3. 美国设下的流动性陷阱

2011年12月1日，美联储、欧洲央行、英国央行、日本央行、加拿大央行和瑞士央行全球六大央行联合为美元注入流动性。向面临信贷紧缩难题的欧洲银行业者提供成本较低的美元资金。同时，德国态度开始转变也为欧洲实施量化宽松政策创造了条件。欧债危机在欧洲量化宽松下得到缓解。

2013年10月31日，美联储延长了货币互换时间，这是美元扩张和美元全球货币新体系的雏形。美联储与欧洲、日本、加拿大等国签署的货币互换协议或许就是未来国际货币体系的基本架构。一张以美联储为中心、主要发达经济体央行参与的排他性超级国际储备货币供求网络正在逐步形成。而美联储货币政策委员会委员、达拉斯联储时任主席理查德·费舍尔在2014年已经表态，美联储不太可能与中国人民银行签署货币互换协议。

而到2015年12月3日，欧洲正式启动了量化宽松政策。令人意外的是，这一政策反而导致欧元汇率大幅上涨超过3%，欧元走向与世界预期相反。深入剖析这一现象，发现这一天恰好是2011年12月美联储给欧洲投放流动性的整年的日子。这背后可能意味着此时欧洲可以换得美元来抛售，或美联储没有按照预期回收流动性。量化宽松政策实施后欧元不跌反涨，给市场带来巨大的信心。但这个过程在美元指数的升值过程当中，未来可能会付出相应的代价。

（2015-12-03）

4. 从中国数据[1]看到关键支撑

2014年度数据发布，GDP增长7.4%，这是在1990年GDP增长3.8%后，24年间的最低增速。该数据符合市场预期，也完成了政府年初确定的7.5%左右的增长目标。

消费增长稳定，但实际增长率10.9%，低于2013年实际增长率。

初步核算，2014年国内生产总值达636 463亿元，按可比价格计算，比上年增长7.4%。分季度看，一季度同比增长7.4%，二季度增长7.5%，三季度增长7.3%，四季度增长7.3%。分产业看，第一产业增加值58 332亿元，比上年增长4.1%；第二产业增加值271 392亿元，增长7.3%；第三产业增加值306 739亿元，增长8.1%。从环比看，四季度国内生产总值增长1.5%。

2014年末全国就业人员77 253万人，比上年末增加276万人，其中城镇就业人员39 310万人，比上年末增加1070万人。从年龄构成看，16周岁以上至60周岁以下（不含60周岁）的劳动年龄人口91 583万人，比上年末减少371万人，占总人口的比重为67.0%。从结构看，产业结构继续优化，第三产业贡献率超过50%，远超第二产业的贡献率43.6%。

更值得注意的是此时的关键性的贸易顺差，全年贸易顺差2.35万亿元，扩大45.9%。这一数字不仅庞大，而且对于我们来说至关重要。如果按照6.2的汇率折合顺差为3800亿美元，在当前全球资本大量回流美国的关键时期，这样的外汇顺差增长无疑具有极其重要的意义。

我们的外汇储备2013年12月为38 213亿美元，2014年11月为38 877亿美元，实现了外汇储备略有增加，是中国汇率稳定的保障。能够在全球货币兑美元贬值的情况下保持人民币与美元的汇率稳定，这很大程度上得益于贸易顺差的大幅增长。反观日本，日元大幅度贬值后，日本出现了连续20多个月的逆差。在这样的贬值下，日本国内没有出现所谓的通胀或通缩，然而以日元计算的经济却出现了衰退。与此相比，中日的经济差距在逐渐拉

---

[1] 数据来源：中国政府网2014年数据。

大,这进一步凸显了我们贸易顺差增长的重要性。

(2015-01-20)

5. 供需特殊性与美元重置价格

2015年的经济走势,我认为,与其说美国的经济好,不如说其他国家的信用崩溃,在信用崩溃下美国重置了全球价格。在2008年危机后如果美国不采取宽松政策,其他国家也很难实行宽松政策。欧洲初期还在欧债危机的阴影下努力进行财务控制,但最终还是难以为继,如今欧洲已经为负利率,存款者甚至需要为存款支付费用。

日本的安倍经济学更是一个日元贬值经济学。在该经济学下,日本2014年是负增长,同时贸易逆差持续扩大。仅2014年10月,日本贸易逆差达7100亿日元,这是日本连续第28个月出现贸易逆差。这一现象充分揭示了日本信用危机的深化。值得注意的是,日本在需要购买的资源产品大幅度降价的情况下还是逆差,这在日本"二战"后的经济发展史上是前所未有的,足以说明其信用的崩溃。

不但欧洲和日本,新兴世界的货币就更是如此。印度、巴西、南非的货币在2013—2014年都出现了贬值,2011年南非汇率美元兑换兰特的比率是1:6.55,而到2014年初已经是1美元兑换10.87兰特。在委内瑞拉,1美元在官方渠道可兑换约11玻利瓦尔,汇率与美元黑市有巨大差距,2014年美元黑市汇率已经达到80玻利瓦尔兑1美元。

而到2014年最有代表性的就是俄罗斯卢布的显著贬值,其汇率从30多卢布兑换1美元暴跌至60多卢布,甚至一度跌破80卢布兑换1美元的关口。此外,加拿大元和澳大利亚元也未能幸免,贬值幅度不小。

2015年1月6日晚,原油价格显著下跌,布伦特原油价格从每桶49.05美元跌至48.47美元。同时,美元指数91.55。1月7日,油价最低点跌至46.83美元,随后出现短线反弹。回顾过去半年,原油价格半年来从高点108美元跌掉了约60%,而美元指数则创下了新高。因此,原来绑定的石油美元体系已经发生了重置，全球的资产价格在美元飙升以后进行了价格的重置。如果中国能够保持汇率的稳定，避免类似欧洲、日本、俄罗斯那样的贬值，便可能会成为这一轮资源再分配当中的受益者。因此，以美元计算的增长稳定性变得至关重要。中国如果能够维持住货币汇率的基本面，则可能对世界经济格局产生重大影响。

此外，值得注意的是，在不到24小时内，铜价暴跌超过了10%。价格跌破6000美元继而跌破5500美元，最低时甚至降至5300多美元。美元的强势重置了世界的价格体系。

页岩气的问题在业内已经广为人知，而油价却意料走低。回想起当初市场炒作页岩气泡沫时，油价反而高涨。这说明，油价低与页岩气没有太大的关系，更多的原因是局部战争导致开支大增，相关国家和地区需要平衡外汇，不得不增加石油出口，进而使得石油供需曲线出现了后弯现象。

值得注意的是，在这次石油价格暴跌的过程中，黄金价格却相对稳定，尤其是美元指数大涨时，黄金的美元报价并未随之下跌。黄金再度显示出了货币属性。随着世界进入混乱的预期增加情况下，黄金的避险功能开始显现。如果你希望增加资产的安全性，就可以考虑持有一些黄金仓位，尤其是实物黄金，可以作为长期的避险资产。

2015年1月，我国进出口额同比下降10.8%。据中国经济网数据显示：出口额为1.23万亿元、进口额为0.86万亿元，分别下降3.2%和19.7%。当月贸易顺差达到了3669亿元，扩大了87.5%。虽然这些数据看似令人担忧，但在美元走强和大宗商品价格大幅下跌的背景下，中国资本项目出现逆差之后，贸易顺差扩大实际上对我国经济是有利的。

2015年1月，我国进口铁矿砂7857万吨，同比减少9.4%，进口均价为每吨438.6元，下跌45.1%；原油2798万吨，减少0.6%，进口均价为每吨2856元，下跌41.4%；煤1678万吨，减少53.2%，进口均价为每吨415.3元，下跌18.4%；成品油234.7万吨，减少37.6%，进口均价为每吨3207元，下跌34.6%；进口大豆687.6万吨，增加16.2%，进口均价为每吨2969元，下跌 14.5%[1]。

此外，对比 2014 年 1 月，美元指数从 80 左右上涨至 2015 年 1 月的 90 以上，最高时达到 94，与此同时，人民币汇率从去年的 6.05 上涨至现在的 6.24，涨幅约为 3%。这意味着，以美元计算的出口额实际上增长了 8% 以上。

（2015-01-30）

---

[1] 经国务院批准，自 2015 年 1 月起我国全面发布以人民币计价的海关统计数据。

CHAPTER 5

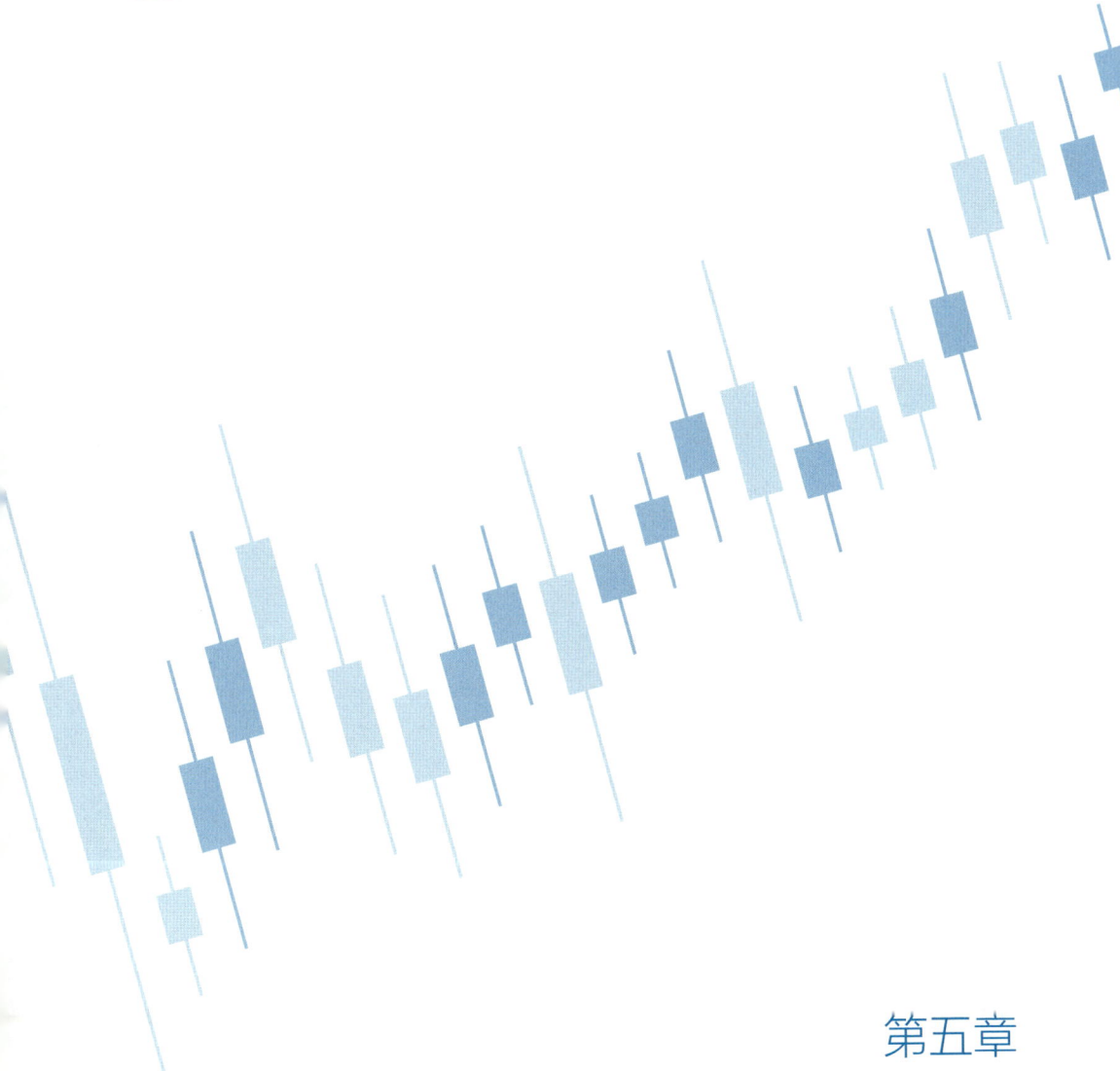

第五章

2008年全球危机的熊途

一、中国股灾为什么总比世界来得厉害

过去一年里，我国股市的跌幅远超全球多数国家。尽管美国遭遇了次级债危机，其影响蔓延至世界各地，但由于人民币处于升值预期以及我国实行严格的外汇管制，因此我国所受冲击相对较小。然而，越南股市虽同样受到全球热钱和游资的巨大冲击，一度大幅下跌60%，随后却实现了30%的反弹；反观我国股市，跌幅与越南不相上下，却尚未出现明显的反弹迹象，这背后的原因值得我们深入反思。

其一，我们需要审视这一效应是如何被放大的，其中一个关键因素就在于我国税务部门的严格执行。由于我国税收体系倾向于保持增长态势，税收减少，哪怕是增幅放缓，都可能给政府的财政收支带来压力。考虑到政府支出已在一定程度上依赖于税收增长的预期，税收的减少将直接影响到政府相关部门的经费及人员收入。面对可能的收入缩减，相关部门自然就难以接受。因此，即便在经济不景气的时候，税收仍被要求保持较快增长，这无疑给企业带来了额外负担，尤其是在它们自身收入也在下滑的时候。这种困境，只有真正经营过企业的人才能深刻体会到。

其二，中国的企业破产很难，很多应当核销的债务，由于企业不破产，债务挂在账户上，只是账面数字，导致我们的统计出了问题，应当折抵利润减少缴税的坏账也得不到实现。同时，由于应当破产的企业不破产，淘汰不了过剩的产能，优势企业就得不到快速发展。在经济下行时期的过度竞争，导致企业的整体利润下滑。

其三，是统计的问题，我以前的文章分析过，该破产的企业不破产，税务部门把欠税收上来，把名义税率变成实际税率，导致基础统计数据有问题，从而阻碍了政府的决策部门做出正确的决策。

以上的诸多挑战，若单独存在都可能对国家造成重大困扰，而当下这些难题同时凸显，无疑加大了中国经济的复杂性与风险。必须承认，当前的经济形势堪称严峻。我们更应从全局和整体的角度，深入剖析问题的本质与根源，以便寻求更为精准有效的解决方案。

在应对这些挑战时，我们需要摒弃个人成见，站在国家和民族的整体利益基础上进行思考。通过全面、客观、深入的分析，我们才能更好地理解经济形势的复杂性，从而制定出更加科学、合理的应对策略。同时，我们也应看到中国经济所展现出的韧性和潜力，坚定信心，共同面对挑战，努力实现经济持续健康发展和社会全面进步。

（2008-07-28）

二、中国股市中真正可怕的小非问题在哪里

大家总在讲小非解禁❶的问题，似乎问题的全部都在于小非的解禁，一旦堵住小非解禁，我们的股市就该变好了，但是问题的真相当真如此吗？

我们说小非的可怕，关键在它的巨大的数量上，但是我们又要想一下，这样大的数量的小非如果卖出了，那么社会上多出来的资金往哪里去呢？

我们现在的投资环境不是很好，对于各类投资名义税率是非常高的，投资的成功很大程度上有赖于政商关系，而这样的情况下小非解禁的大笔资金进入实际的投资领域是有问题的。

比如投入房地产领域，30%~60%的土地增值税和20%或25%的所得税已经占据了房地产投资收益的大部分，而且房地产的变现速度很慢，最关键的是房地产的供给增加受房地产的建设周期限制，短期内小非如果进入，房价就会飙升，就如2007年10月前后大量资金从股市进入房市，导致房价暴涨。这不仅导致房子的投资价值大减，而且这些资金投进来还会存在其他问题。

若投资到实物资产上，且不说这些资产的仓储成本，中国的流转税就很可怕，17%的增值税外加所得税也到了非常高的程度，另外还有对于重要物资的政府价格管制，所以综合来看也不是好办法。

如果把钱放到国外，中国是严格外汇管制的国家，冒着违法的风险去操作小非这样多的资金，危险很大。如果存银行，中国的存贷利率差很大，就算按照贷款的利率计算，实际上也是负利率。

因此我们要看到从股市中出来的小非资金实际上是无路可逃的。有人认

---

❶ "小非"即小部分禁止上市流通的股票。小非解禁，指原本被限制上市流通的股票现在获得了上市流通的权力。

为小非的成本极其低廉会低价抛售，这个想法是有误区的，因为在股市公开的每一次买卖，都是市场撮合的等价交换，如果价格不合适，小非自己也不卖，小非的问题在于他们取得股票时的不等价交换上。

而中国的股票投资，目前中国的沪深 300 与美国的标准普尔 500 的指数已经相当，中国还是新兴的市场，应当有溢价，所以中国股市已经到达了投资区间，同时中国股票投资的所得税是没有的，是国内少有的税收比国外低的地方，而印花税对于长线投资影响不大。因此这些小非资金还会回到股市中来。只要它们回到股市，就是股市股票内部调整，好股票会更强。小非的资金在股市里面流通起来了，市场会更活跃，股市会更好，就如 2007 年，小非解禁后的股票走势是上涨的。

但是现在市场里面的小非为什么会不计价值地恐慌性减持呢？真实的原因还在于小非之外。

悬在中国股市上的一把利剑是某些特殊的小非股票。这些股票源自境外金融巨头以较低价格获取的国有企业股份，涉及金融、石油、电信、保险、航运、民航等领域。从数量上看，这些股票规模庞大，金额远超万亿元，远超境内一般小非的持股量。从权重角度，它们均为超级大盘股，对股指具有显著的杠杆效应。更为关键的是，这些股票减持后，资金将撤离中国市场，与留在国内的小非资金形成鲜明对比。它们对中国的影响不仅限于股市，而且对整体经济也会产生全方位的影响。这些金融巨头所掌握的资金规模，使他们能够轻易地与我国央行及整个证券市场相抗衡。同时，他们的盈利来源并不仅限于中国股市，还可能包括中国股票的境内外联动、境外股指期货，以及更关键的是，通过操纵中国股市进而影响中国货币汇率，形成巨大的市场杠杆效应，其利润远超我们所能看到的股票账面盈利。因此，这些潜在的风险令人深感忧虑。

散户、个体户在这样的环境下是无法主宰经济大潮的，但是顺应大潮还是可以获得收益的。股票只要有了投资价值，坚持长线持有，最终都会有价值体现，但是我们要选择受影响相对较小的行业，比如黄金和资源股票，这些股票受冲击的时候影响较小，也最容易体现价值。

（2008-07-04）

三、关于《人民日报》特约评论文章的个人看法

《人民日报》发表了特约评论员的《稳定股市的十大政策建议》，对于这样的建议，我也发表一下个人的看法。

关于第三条，控制再融资是饮鸩止渴的做法，股市的需要就是再融资，只能配股是有问题的，限制配股价格也是有问题的，这样的情况不应当由法律来限制。另外，提到给流通股权利，必须经流通股股东通过，这在当前全流通的背景下几乎成了空谈。

关于第五条，融资融券确实需要早推出，目前有一个时间表是好事。此条实现是重大利好。

关于第六条，回购自身股票需要配套政策支持，中国的公司法不允许公司持有自身的股票，除非是为了注销，这是有问题的。

关于第八条，境外买中国的股票，是好办法，关键在于执行，执行过程中具体买央企哪一家的股票？买入多少？价位多少？关于这些问题还需要具体讨论。

关于第九条，设立平准基金是好事，但不是一蹴而就的事情，必须要有足够的监管机制。

关于第十条，有关社保资金的入市，还是按照市场的规则办理比较好，这是老百姓的养老钱，要谨慎使用。

（2008-07-08）

附录：

稳定股市的十大政策建议

在过去的两周之内，一向出言谨慎的中国证监会主席尚福林四次发言阐述稳定股市问题，话语密度甚高前所未有。同时《新华社》也发文提振市场信心。但是，面对历史罕见的"股灾"，仅有言论恐怕不够，必须有实实在在的稳定股市的举措。结合近期许多专家学者的诤言，笔者总结提出十个方面稳定股市的政策建议，供决策层、管理层和全国投资者参考。

1. 建议国务院尽快召开总理办公会议，专题研究稳定股市对策。股市大跌是当前中国除汶川地震之外又一个影响面广的全局性问题，鉴于此，国务院应尽早召开专题会议，高度重视和关注近期股市暴跌对中国宏观经济健康发展和社会稳定的巨大负面影响，从宏观和战略高度研究规划股市健康发展的长远发展战略。站在有效推动中国经济可持续发展、构建自主创新经济体系、提升中国经济全球竞争力和构建和谐社会的战略高度，研究现阶段如何把促进股市健康发展提升为国家的主导战略，如何从战略和全局的高度把资本市场发展战略纳入国民经济整体发展规划之中，与国民经济中长期发展战略相协调配套，为中国经济资源的有效配置发挥应有作用，以及如何提高中国资本市场的国际竞争力，如何从制度上避免股市大起大落，如何切实保护中小投资者的根本利益等。

2. 中国人民银行总行、财政部、中国证监会、中国保监会、外管局五个金融监管部门和国家发改委、国资委等部门应尽早建立维护股市稳定的联席工作会议制度，避免政出多门，互相矛盾。当前，央行出台货币政策应当把维护资本市场的稳定作为目标之一。随着国民财富的证券化水平不断上升，政府承担金融市场体系的稳定之责早已成为常识，财政政策和货币政策也就在传统的反通胀和反萧条两大目标之外，增加了第三大目标：维护金融市场体系的稳定。资本市场作为中国金融市场体系的重要组成部分，央行在考虑货币政策出台的时机、步骤与力度时应适当地兼顾资本市场的稳定。美国次贷危机的教训告诉我们，在金融体系内部结构日益复杂、相互关联度高的今天，如果资本市场出了问题，银行体系也难以独善其身，我们不能顾此失彼。

3.把恢复股市投资功能作为当前工作的出发点，适当弱化融资功能，调整股市再融资政策，严格控制恶意和巨额再融资。暂停面向二级市场的增发，以后再融资全部实行配股制度，配股比例一般为10配3，配股价格上限为二级市场股价的三分之一，公司的实际控制人和第一大股东必须参与配股。同时设置对配股的"一票否决"门槛，半数以上流通股东通过才可配股。而且要参照国际惯例，制定上市公司控股股东股权管理办法。

4.出台更加严厉的政策措施规范大小非减持，第一，先限制大小非的减持时机，即在市场走势较差的时候，禁止大小非减持，在市场预期转好时放开；第二，严格限定解禁的比例和时间周期，不能过猛，力求平稳过渡；第三，大非和小非要区别减持，大非特别是控股股东的减持要和公司的经营业绩挂钩，业绩增长时可以减持，业绩下滑时禁止减持；第四，向在5年内减持的大小非征收30%的暴利税，5~8年内减持征收20%的暴利税，8~10年内减持征收10%的暴利税，10年后减持免征暴利税等。如果大小非的问题不能有效解决，市场的稳定和发展就无从谈起。

5.按一般顺序应先推融资融券，再推股指期货。考虑到股市低迷，人心涣散，而且股指期货各方面工作已准备就绪，现在尽早宣布推出股指期货的时间表，既有利于目前大盘蓝筹股稳定，也不容易爆炒，是很好的时机。

6.鼓励上市公司特别是大型国企回购自身股票。在上市公司股票不少已经跌破发行价、跌破增发价，甚至逼近净资产乃至跌破净资产的情况下，鼓励上市公司回购自身股票，缩小股本、提升业绩、提升投资价值，从而稳定市场以及增加市场机会。把上市公司的市值管理水平和是否分红与上市公司的再融资挂钩，对自愿锁定股份的公司给予一定的政策鼓励，在再融资等方面给予特殊安排等。

7.将需求管理适度转向供给管理。适当加快国有企业注资步伐，提升企业内在价值，以改变市场对于上市公司估值偏高的预期，增加对国内外资金的吸引力。通过整体上市能解决我国证券市场大小股东利益冲突的痼疾，同时也是一个激扬人气的机会。

8. 国家可以使用适量的外汇基金，在境外买入部分处于价值低估的中国上市公司股票，夺回这些公司的股票定价权，支持中国证券市场的稳定向上。通过外汇基金的购买也会在一定程度上防止某些机构对这些公司股票价格的刻意打压，获取不当利益现象的发生。与中国投资公司对黑石、美林的投资相比，这样的投资风险并不大。

9. 从国家外汇储备、股票印花税按比例提取、大小非减持征收 20% 资本利得税三项来源设立"中国股市平准基金"，并在目前价位买入银行、保险、钢铁、石化、电力、航空等大盘蓝筹股，促进股市早日稳定。

10. 组织股市平准基金、社保基金，中央汇金公司管理的外汇资金入市等迅速高调入市。目前，中国证券市场现在的基本面与企业的投资价值比高位时要稳定许多。与运用外汇资金一样，运用平准基金在关键点位高调购入相对偏低的大权重股票，一方面稳定了市场，另一方面在低位进入时进行了一次很好的投资。高调的目的在于形成市场的正预期。之后平准基金可以在赢利的前提下逐步退出。甚至可以考虑向机构投资者乃至普通投资者增发平准基金，可能会比发行普通基金对证券市场的稳定效果与积极意义要好得多。

（《人民日报》海外版特约评论员、同济大学经济与管理学院教授石建勋）

四、参悟通胀牛市的新起点

自 2009 年底政府的政策导向明确为继续宽松的货币政策以来，各种物价上涨的信号出现，股市新的牛市就要确立了。但是这样的牛市是否是真的牛市还有待商讨，因为还要扣除通胀因素。要是房价、粮价、钢材等都涨了几倍，而股市只涨 1 倍，即使指数突破了 6000 高点，这样的股市实际上也不是真正的牛市，只不过是你的钱在股市得到了一定程度的保值而已。

在 2010 年开始之际，全球经济迈入了一个以政策为主导的新阶段。美国宣称危机已缓解并着手退出经济刺激措施，这暗示着大宗商品市场可能迎来新的上涨周期，因为美联储可能会再次通过货币政策来影响市场。在此背景下，黄金、石油及有色金属等商品价格呈现走强趋势。在金融危机期间，尽管美联储降低了利率，但商业银行因担忧风险而不愿放贷，尤其是低利率贷款，导致市场流动性紧张，全球陷入通缩，石油、有色金属等商品价格大幅下跌。那时，美联储的货币政策效果有限，需要美国政府介入市场。然而，资本家通常不愿政府过多干预其经营活动。如今，随着危机恐慌情绪的消退，美联储的政策将再次变得有效，因此预计美联储将重新发挥主导作用，而美国政府则逐步退出。尽管如此，官方通常只会宣布政府的退出，而不会明确说明谁将接替其角色，但可以预见的是，美联储的货币政策又将成为市场的重要指挥棒。

中国也面临着持续应对经济泡沫化压力的挑战。与美国不同，中国不能简单地通过大量印钞来应对，但房地产市场成了另一个影响货币供应的重要因素。房价上涨意味着房地产具有更高的抵押价值，从而促使更多货币流入市场。房地产不仅关乎建筑、生产和消费，更深刻地影响着金融体系。政府虽不能直接让银行印钞，但通过房地产市场增值并实现收益，实际上产生了一种间接的货币创造效应。值得注意的是，房地产增值带来的税收，包括增值税和所得税，以及政府出让土地的收入，这些资金多通过银行贷款等金融手段获得，其效应类似于政府债券抵押发行货币。若不采取措施应对泡沫，就可能需要调整汇率，而这又会对外汇储备价值和国际收支平衡产生影响。保持汇率稳定而不控制泡沫，则可能面临被他国经济泡沫影响的风险，因此泡沫因素的存在是不容忽视的。

此外，引入金融衍生品，如融资融券和股指期货，也是增加市场泡沫的一种方式。这些工具在金融危机期间曾被搁置，但现在不仅重新被提及，而且审批速度显著加快。

在此背景下，中国的政策市场再次给短期技术分析的投资者带来了教训。先前的市场突然下跌，后来证实是由于央行在票据市场提高了央票利率，引发了加息担忧。而近期市场的大幅下跌后意外反弹，则是融资融券和股指期货获批的结果。理想的政策操作应该是在推出金融衍生品后再收紧流动性，但当前的推出顺序似乎更有利于某些市场参与者利用政策获利，使普通投资者在恐慌中抛售。这种政策市场动态再次凸显了政策市的特点，使得短期投资变得极具挑战性。因此，投资者应更关注长期趋势，因为股市政策的长期方向是相对稳定的。与规则制定者对抗是不明智的，长期规则受市场和全球经济规律支配，而短期波动则更多受政策影响。在这样的市场环境下，投资者必须保持清醒的认识。

股票涨了，却不敢说赚钱机会来了，只能说是在努力保值，以不败为前提争取机会，这样的机会总是会留给有心人的。

（2010-01-08）

五、通胀、股市与央行的难局

现在中国进入了通胀和防通胀时期，股市、期市大跌，而海外数千亿的热钱❶又虎视眈眈，中国现在的形势是很严峻的，下面分析一下个人对于经济形势的看法。

中华人民共和国国家外汇管理局（简称"外汇局"）2010年三季度国际收支平衡表数据显示，三季度国际收支经常项目、资本和金融项下继续呈现顺差，国际储备资产继续增长。经常项目顺差是2009年同期的1.03倍，环比则增长40%，出现较大异常。这样的非正常增长背后是热钱进来了，但是热钱10月得利后现在还未必进入股市，因为更看好银根紧高利贷的机会。央行2010年11月26日数据显示，10月新增外汇占款高达5190.47亿元，创30个月来新高，环比大增79.27%。美国量化宽松政策导致全球流动性泛滥，人民币加息和升值预期更能吸引热钱重返中国。巨额热钱进来造成10月的股市牛市，但是央行两次上调准备金收走7000亿元，高盛的集结号热钱逃跑，股市大跌又套牢中国资金，中国成难局。截至2010年10月底，央行外汇占款余额为21.85万亿元，较9月末环比增加2.49%。而月度新增外汇占款前一个高点是2008年4月的5251亿元。海外热钱所占的比例太高了。

2010年10月18日至11月14日的四周内，央行在公开市场操作中累计净回笼资金1535亿元。11月，央行两次上调准备金率，冻结资金达6000亿元。上调准备金率的直接触发因素就是对冲巨额外汇占款。在强烈加息预期下，当前机构为避免未来出现浮亏，对央票认购热情不高，由此导致本周央

---

❶ 热钱，又称游资或投机性短期资金，在商业词典中被定义为能够迅速移向能够提供更好回报的任何国家的流动性极高的短期资本。

票发行跌至几十亿元的地量水平，公开市场操作几近丧失流动性管理能力。因此央行加息也是它自身利益的选择，预计在 2010 年 12 月中旬再度加息，要入股市也要等这个风险释放了再说。

看到有报道说中国银行业还有 2900 多亿元的贷款额度，这样的报道意在说明中国的金融体系内还有资金，但是这样的资金量折合中国人均才 200 多元，对于中国上亿张信用卡，年底春节透支消费高峰时的刷卡都未必够。因此，中国金融体系内的资金紧张程度可想而知。

如今银行间拆借利率已经与现在的央票利率形成了倒挂，所以央行的回收流动性实际上已经无效，这个利率倒挂竟然达到了 1%，也就是说央行必须加息 1% 才能够改变这样的局面。而对于央行加息提高央票的利率收回流动性还要面临央行成本出售能力的问题，央行总的央票发行额达到 3 万亿元左右，多 1% 的成本就是 300 亿元费用，要知道目前央行的净资产才 200 多亿元。货币发行主要是外汇占款，央行的收入主要来自外汇投资，也就是不断降低的美国国债利息，如果这里增加 300 亿元费用，就会让央行资不抵债。

央行的自救通常涉及两种方式：收取低成本的银行存款准备金和发行央行票据。然而，这些措施在实施过程中有可能会带来一系列的副作用，对金融系统和实体经济产生深远影响。

首先，收取存款准备金主要是针对银行体系内的资金，而非社会上流通的货币。这种政策调整可能会导致利率水平上升，进而影响持有现金的收益情况。如果利率设置不当，就可能会引发资金市场的混乱，甚至推动高利贷等不正当金融活动的滋生。

其次，通过利率杠杆来调整央行票据的估值和发行规模，虽然在一定程度上能够调控货币市场，但也可能导致金融机构承担额外损失。这种操作模式可能会对股市造成冲击，加剧市场波动，同时短期内也会增加物资市场的投机成本。长期来看，这些增加的利息负担最终会转嫁到生产成本上，进一步推高商品价格。

以中国房地产市场为例，国内融资环境的收紧导致了开发商面临资金紧张的局面。与此同时,国际热钱的流入又使地产商纷纷寻求海外融资途径。这种现象不仅加剧了房地产市场的复杂性,也反映了国内外金融市场之间的紧密联系与潜在风险。一些开发商为了筹集资金,不得不接受高额的利息,这不仅增加了其运营成本,也可能会影响其长期的发展稳健性。此外,外资在房地产市场中的渗透和控制力增强也是一个不容忽视的问题,这可能对中国的经济政策制定和实施带来挑战。因此,在制定相关政策时,需要综合考虑各种因素,才能确保政策的合理性和有效性。

对于股市而言,通胀往往与牛市难以并存,这一现象得到了充分体现。在通胀环境下,利率通常会显著上升,而股市所参考的利率范畴广泛,不仅涵盖银行利率,还涉及民间借贷利率及高利贷利率,共同构成了社会的综合财务成本。利率的攀升会直接导致股票估值的下滑,诱使大量资金撤离股市,转而投向高利贷等高风险高收益领域。这种行为不仅削弱了实业部门的利润率,也进一步压缩了股票的赢利空间。因此,在通胀背景下,股市整体就难以呈现牛市格局。

尽管在通胀性牛市中,部分抗通胀资源、消费及流通类股票可能会经历价值重估,但从股市整体来看,这仍然是一个利空信号。即便对于抗通胀股票,由于市场预期已经提前反映,当前估值并不低廉,整体投资风险便随之加大。

如果资金从股市被挤出,会造成更多的流动性泛滥,还会进一步加剧市场的通胀,美联储在2008年危机时迅速调整为近似零利率的结果,就是要以低利率维持股票和债券的价值和股值,但是这对于中国超低利率是不可能的事情。这里的银行政策之难点不仅有经济层面的,还有政治层面的。

据外国媒体报道,热钱或国际大鳄等有数千亿元资金在香港等待机会进入中国渔利。然而,这些热钱的流入并非简单的资本流动,而是伴随着复杂的经济和社会影响。当这些资金流入时,如果通过准备金、央票等手段来调控流动性,这种调控会面向整个金融体系,但在此过程中就可能会在某些领域形成价值洼地,成为热钱渔利的潜在目标。这是因为,在市场经济中,资金的每一次流动都旨在追求盈利,而热钱由于其流动性充裕,并不会自动填补到流动性紧缺的领域，而是时刻在寻求有利的投资机会。

同时，当热钱撤出时，其造成的流动性紧张对央行政策构成挑战。央行的宽松政策并不能立即且无代价地填补热钱离去所留下的空间，这就可能会导致中国在某些地方出现流动性不均衡，既存在流动性过剩也有流动性紧缺的现象。这种不均衡性正是热钱寻找投资机会的突破口。它们会利用这种不均衡，找到可以获利的领域进行投资。

在当前的国际环境下，如美国量化宽松的货币政策，给全球经济带来了复杂的影响。在这种压力下，热钱可能更加积极地寻找投资机会，以获取更高的收益。而中国作为全球经济的重要一环，自然也就成为热钱关注的焦点。热钱可能会通过各种方式进入中国市场，包括人民币汇率、股市、楼市、大宗商品以及高利贷等领域，以期在这些领域中获利。

然而，对于热钱的流入流出，中国的货币政策需要进行精细化的操作，以避免对经济造成过大的冲击。同时，也需要加强监管和信息透明度，以减少信息不对称带来的风险。只有这样，才能在保障中国经济稳定发展的同时，又能有效防范和应对热钱带来的各种挑战。

在这里我们要看到中国的巨额外汇储备的理财投资，就是对于美国等西方国家的资本输出，而相对我们的招商引资所得到的美元被央行持有又不得不投资于海外市场，这里面的盈亏也应计算。中国出现较高的对美资本净输出，而据中国经济网发布的文章显示：中国对美国直接投资的实际收益率仅为2.3%，股票投资实际收益率为1.77%，中国投资美国国债与机构债的实际收益率为3.22%。这是中国外汇储备高昂的副作用之一。相比中国的低收益，1999—2009年美国在华直接投资的经营性净收益率为15%，加上资产升值和人民币升值因素，实际收益率为18%。美国的中国股票投资收益率为13%。中美双边投资收益率倒挂15.7%。

这样的倒挂反映的是中国招商引资和储备美元政策导致的利益损失。而这样的投资差异也反映在我们的通胀和央行的难局上，外资在中国的盈利并且从中国拿走所得到的超额权益，会对中国造成紧缺和流动性泛滥，而央行由于资本项目往来持有的外汇货币投资收益低下，直接制约了央行对外资进入外汇占款所导致的货币被动发行后回收过剩流动性的操作能力，央行的央票付息的收益来源要来自央行持有的外汇储备的理财，因此中国的政策是一个系统性的工程，中美对于投资往来的不对等也是要在当今中国外汇紧缺局面改观后必须通过政策来扭转的，否则将来的央行难局和通胀压力也会越来越大。

因此面对央行的种种难局，不要简单乐观地分析经济危机会不会二次探底，也不要简单地认为中国经济目前处于世界危机后较好的情况，要认识到其中深层次的问题和危险，杜绝西方大鳄渔利的机会，中国才能够有可持续的发展空间，也才能笑到最后。

（2010-11-29）

六、"两房"债券新危机可能捅破中国股市

我认为中国的经济是要有一次涅槃调整的,而且调整的时间很可能就在 2011 年,所以我开年就撰文《展望涅槃的 2011 年》分析了对于 2011 年形势发展的理解。但是今天我看到了危机的新导火索。

美国《华尔街日报》的一篇文章透露,奥巴马政府最早将于当地时间 2011 年 2 月 11 日宣布一项计划书,详细说明政府准备如何逐渐从规模达 10.6 万亿美元的房屋按揭市场淡出。美国国会将对此做出最终决定,但预计不会是在短期之内。白宫将在计划书中提出,逐步削弱联邦国民抵押贷款协会(房利美)与联邦住房贷款抵押公司(房地美)这两家抵押贷款公司的作用,最终将这两家机构关闭。过去一年,房地美、房利美及其他联邦机构发放的贷款占当年新增贷款总额的 90%。

美国最早将于 11 日提出方案,逐步削弱房利美和房地美的作用,并最终将之关闭。中国两房债券安危将成为热点。这是可以引发中国经济和信心的重大危机。

香港股市的暴跌就更可以理解——中国熊市要来了。债券的损失意味着央行的外汇占款的发钞会立即减少,央行是必须回笼货币平衡其资产负债表的,这会导致中国遭遇类似于欧盟债务危机一样的主权金融危机。在这样的危机背景下,转融通似乎又是必然的政策选择。除了官方储备对"两房"债券[1]的投资,一些国内的金融机构也购买了部分"两房"债券。据多家国内媒体的猜测,国内机构持有"两房"债券的规模大约在 5000 亿美元。外汇

---

[1] "两房"债券,即美国住房抵押贷款机构"房地美"和"房利美"发行的住房抵押债券。

第五章
2008 年全球危机的熊途

局曾表示,"两房"债券规模大、流动性较好,在债券投资领域一直是各国中央银行进行外汇储备投资的重要对象。

房利美成立于 1938 年美国经济大衰退时期,是罗斯福"新政"的一部分;而房地美成立于 1970 年。它们都由美国国会创建并获得政府信用支持,也被称为美国"政府支持企业"(Government Sponsored Enterprise,GSE)。它们的主要职能是购买抵押贷款资产,然后将其重新打包为债券出售给投资者,从而来支持美国的房地产市场。"两房"曾被认为不可能倒闭,其股票也一度是安全投资的代名词,原因是其收入稳定,而且一旦出错美国政府会出面干预。

过去 40 年来,美国房地产市场的融资体系一直是公共部门和私营部门共同参与的。房利美和房地美从银行和其他贷款发放机构处购买抵押贷款债权,然后将其打包证券化后再卖给投资者,当房贷借款人违约时,这些投资者不会蒙受损失。很长一段时间来,投资者都认为房利美和房地美是得到政府隐形担保的(即前文提到的"政府支持企业"),这使得二者可以按低于市场的利率借款,发放 30 年期固定利率的贷款。

2008 年的金融危机重创"两房"。因为"两房"规模如此庞大,与金融系统关系又如此密切,以至于其中任何一家垮掉都会导致美国以及全球金融市场的大动荡,2008 年 9 月 7 日,美国联邦政府宣布接管房利美和房地美。但即便如此,救助仍收效甚微。由于两家公司股价长期表现不佳,美国借此于 2010 年 6 月 16 日主导了"两房"从纽约证券交易所的退市。

根据 2010 年 7 月份生效的《多德-弗兰克金融法案》(Dodd-Frank Wall Street Reform and Consumer Protection Act),美国政府被要求就结束对房地美及房利美援助的问题向国会提交方案。因为自接管"两房"以来,美国财政部已经投入了超过 1500 亿美元的资金用于弥补这两家公司因次级贷款而发生的亏损,而这个"黑洞"政府不能一直"补"下去。据美国国会预算办公室估计,如果按照目前的方式运作下去,在 2009 年至 2019 年的 10 年间,"两房"将花费纳税人总共 3890 亿美元的税金。

而这次提出的会逐步进行的"两房"清算,是对于债权人的一次重大清洗。外国的债券投资者，也就是外国的债权人，是很难持有美国房产的，美国对于外籍人士大量持有美国房产是有限制的，而且这样的债券投资背后一定是很大宗的资金。如果外国人不能不受限制地顺利持有美国的房产，那么对于这些债券所谓的房地产抵押就是一纸空文，因为抵押权人无法取得抵押物。

当然，美国若减少联邦机构对房地产市场的支持力度，很可能会提升购房者的借贷成本，进而给本就脆弱的楼市带来更大压力。同时，"两房"的问题也因美国共和党和民主党之间的不同立场而蒙上了政治色彩。共和党批评"两房"助长了房地产泡沫，而民主党则强调它们对于协助市民，尤其是低收入和中等收入家庭，实现购房梦想和获取房屋所有权的重要性。因此，这一议题在美国国内也引发了激烈的争论，因为不同群体受到的影响各异，且对两党的利益影响也不尽相同。

有观点认为，在"两房"发行的债券中，有70%被美国政府和投资机构持有，他们似乎对此并不担忧，因为这更像是内部的风险转移。然而，需要指出的是，在这些投资机构所管理的资金中，不乏来自外国的资金，甚至包括外国主权基金。尽管美国本土的资金确实参与其中，但美国人更多是作为借款人而非债券持有人与"两房"产生关联，因此潜在的损失可能主要由美国以外的利益方来承担。据报道，中国持有约5000亿美元的"两房"债券。对我国而言，央行每一次调整准备金都可能对股市产生显著影响，而5000亿美元相当于多次上调准备金的规模，这或许是我国央行转向紧缩政策的重要原因之一。

更为关键的是，这一问题可能引发连锁反应，并受到金融系统货币衍生效应的影响。考虑到货币乘数效应，最终的货币减少量可能会显著放大。以当前货币乘数来计算，其影响可能接近10万亿元人民币，远超过我们当初救市时的规模。中国的金融体制在结汇过程中，外汇占款是货币发行的重要基础。如果这些外汇资产发生损失，没有相应资产支持的货币发行就将等同于无锚印钞，必然就会导致流动性泛滥，若不加以回收，就将引发恶性通胀。

就"两房"债券而言，虽然不会全部损失，但真正的关注点在于损失的具体数额。这是一个需要谨慎评估和密切关注的问题。

若处理不当引发市场恐慌,中国因"两房"债券遭受的损失可能会严重削弱市场信心,进而触发其他热钱及外国资本的撤资潮,同时,国内民间资本也可能会寻求海外避难所。最终,资本流出的规模很可能会远超"两房"债券本身的损失。面对如此重大的损失,国际评级机构,虽受美国影响,但基于其专业判断,很可能会重新评估并下调中国的主权信用评级。此类评级下调在加剧欧洲债务危机中已屡见不鲜,其影响不容小觑。

回顾美国的2007年次贷危机后,尽管2008年中国经济表现良好且恰逢奥运盛事,上证指数却从6000点骤降至1600多点,这一剧烈波动背后的核心原因在于次级债危机的连锁反应、市场信心的崩溃以及资本的急剧撤出。一旦国际市场形成对人民币贬值的预期,各路资金将加速撤离,中国面临如1998年亚洲金融风暴般的挑战也并非不可能。

对于中国股票市场而言,2008年的危机阴影依旧笼罩。若市场信心持续受挫,股市被戳破泡沫的风险将日益增大,自6000点高点以来,股市虽在经历危机后的熊市中期反弹,但如今这一反弹趋势恐将宣告终结。

计算了一下当前的证券化率,沪深两市总市值264 933.01亿元,2010年GDP是397 983亿元,算下来证券化率为66.6%,对比上证指数创下6124点的历史最高点时证券化率为168%,而2008年底上证指数1800点时证券化率为49%,现在是不均衡的差别,因为大市值的股票跌得少,占据了证券化率的主要贡献,如果是再跌20%左右与2008年底的比率相同,这些跌幅是小市值股票贡献的,那么大多数股票是要被腰斩的。所以中国的股票跌多少,有时候是不能完全看指数的,而小盘股和IPO新股的市盈率不断创造新高,压力可想而知。在熊市的时候股市是会透支的,因此,在2008年上证指数跌至1600多点时,尽管中国经济依然保持高涨态势,但若未来中国经济进行调整,当前的股市估值比率恐怕就难以维持,甚至还可能会进一步透支。更何况,若美国经济再度复苏,吸引资金大量回流,其对中国股市的影响无疑将会更加显著。

此外,还有一个值得注意的重要因素:2008年时,许多股票的大股东所持有的股份尚处于限售期，并未在市场上流通。而如今，这些股份已经实现了全流通，这无疑增加了市场的流通性和波动性，使得当前的市场环境与2008年存在着本质上的差别。

因此对于"两房"债券破局所导致的危机，很可能波及中国股市，中国股市由此可能会有一轮恐慌性的下跌，并且引发连锁反应造成熊市的到来。所以对于当今的中国经济，如果要投资，就随时都要有风险意识。

（2011-02-19）

七、关注拾柴行情，解读股指期货和融资融券利空原理

在股指期货和融资融券出台以后，中国的股市有了做空的机制，很多人认为这就是对股市巨大的利空，认为有关方面可以大肆抛售股票同时在股指上做空得利。但是我认为这样的理由是拍脑门的和投机性的，因为做空可以通过股指期货和融券的杠杆，做多也一样可以通过股指期货和融资的杠杆，市场是双向的，而且对于股市做空和做多是完全不对等的，做空最多是股价归零而做多却可以无限倍数的上涨，因此股指期货对于股市的影响需要从更本质的经济理论上来看待。

前文我们提到过费雪方程式：$MV=PT$（其中：M——货币的数量；V——货币流通速度；P——物价水平；T——各类商品的交易总量）。

通过费雪方程式我们可以看到，在原先的货币环境不变的情况下，商品数量与价格呈反比，而货币流通速度的增加与价格成正比。对于证券市场而言，推出了股指期货以后，股指期货就是一个人为制造出来的衍生证券产品，极大地增加了市场中商品的数量。而对于融资融券而言，无论你怎样融资，融资都要受到央行的货币政策的管制，资金的数量在货币政策不发生改变的情况下，能够进入证券资本市场的资金总量是不变的，变化的是谁可以能多得到资金而已。但是对于融券则不同，大量的控股股东持有的证券是出于控制公司的需要，不会卖掉，但是有了融券却可以把以前所有的不会交易的筹码激活。虽然目前融券的规模有限，但是有这样的可能性才是最关键的。

更重要的是，要看到股指期货对于货币的分流作用，原来炒作股票的资金大量地被分流到了股指期货，对于机构而言，按照法律最低的仓位也不会

低于 60%，而高的仓位由于有赎回等可能性也不会是 100%，一般是 85% 左右，这中间也就有了 20% 的变动空间，针对机构可以变动的仓位而言，10% 的资金进入股指期货就已经是很多了。

对于股市的资金被分流，我们通过股指期货的交易量就可以看出来了，股指期货目前的成交额都是一千好几百亿，与沪深两市当前的交易额相当，是股指期货参照的沪深 300 的交易额的 3 倍左右，以 2011 年 6 月 9 日交易为例，沪市成交量为 958.5 亿元，深市成交量为 616.1 亿元，沪深 300 成交量为 553.8 亿元，而股指期货 IF1106 合约成交量为 1537.3 亿元。由此可以看到的是，股指期货已经成为证券市场交易的主流之一，完全可以与股票的交易分庭抗礼。

在这样的资金分流下，中国经济高速发展，GDP 增长迅速，居民储蓄增长迅速，但是当前国内股市流通市值比 2007 年扩张了 2 倍。相比之下，2007 年股票日均交易量为 1930 亿元，而 2011 年一季度，A 股日均交易额却仅有 2337 亿元，增量仅有 400 亿元。但是如果要计算了股指期货的成交量，从整体来看，成交量就要翻倍了，由此可以看到股指期货的推出对于证券市场资金分流的程度之大，市场是完全可以被改变状态的。

在西方资本市场，股指期货与融资融券早已扮演了吸纳超额货币的角色，成为货币超发的蓄水池。西方社会在大规模印制货币的同时，市场上却能维持通胀受控乃至出现通缩迹象，这背后的重要推手便是大量金融衍生品的创生，它们有效吸纳了海量货币。回顾 2008 年西方金融危机，衍生品市场的崩溃直接导致了货币的大规模蒸发，迫使西方在危机初期不得不持续实施量化宽松政策以补充货币供给。值得注意的是，尽管美国的 M2 看似不高，但若将衍生品中作为媒介的更广泛货币层次（如 M4、M5）纳入考量，其货币规模实际上是当前 M2 的数 10 倍之多，这些衍生品成功地吸纳了超发的货币。

相比之下，中国的金融政策则倾向于紧缩。在此背景下，股指期货对资本市场货币的分流效应，就不可避免地会导致资本市场的通缩现象，即股市持续下跌的熊市态势。股指期货与融资融券对中国资本市场的影响，核心在于它们是通过费雪方程式的作用，增加了资本市场的商品（即投资标的）数量。在资本市场总资本量保持不变的情况下，股票、股指及融资融券等细分市场所分配的资金，必然少于原先仅由股票市场独占时的水平。这种货币与商品关系的变化，直接后果便是股市的下跌，体现了证券产品与资本之间受到供需关系调整的影响。

综上所述，股指期货和融资融券的推出，对于股市的走熊是有货币经济学客观规律性的影响的，而不是简单的投机效应。这样的影响在货币供给没有巨大变化下必定反映为价格的走低，在我们当今紧缩政策下更是如此，因此对大盘走势的判断，离不开货币的数据和经济学的原理，这些理论和数据是理性投资的客观基础。

有了股指期货和融资融券，在熊市空头不断打压下，空头的子弹也是有限的。虽然可以融券，但是融券毕竟风险太大，空头可以融券的机会或数量是有限的，到一定程度时必然是融券的平仓和期指的空头止赢兑现利润，此时大盘就会出现一波快速上涨，空头可能会买入部分股票，用以打压大盘的子弹和融券风险的对冲，但是此时大盘要真的反转，还需要真正的利好。否则这样的上涨也就是空方捡子弹的拾柴行情，等到空方的子弹和柴火积累充分了，新的一轮下跌可能就又要开始了。因此对于熊市中这样的拾柴行情我们需要保持非常高的警惕，熊市中的损失和陷阱就是在这样的反复抄底中形成的。

（2011-06-29）

八、中国还需要一次 5 年熊市来解决股市问题

2000 年以后，中国的股市经历了 5 年熊市，上证指数下跌到大家意想不到的 998 点，跌破 1000 点后出现大底。在我看来，这次熊市是中国股市以全流通改革为背景造成的。现在中国的股市与世界资本市场相比还处于一个不正常状态，这个状态就是中国股市的 IPO 和增发采取的审批制而不是世界上通行的备案制，中国股市走向备案制还要有一个长期的熊市过程。

对于当年的 5 年熊市，市场走熊的关键就是要让流通股的股价尽可能降低，缩小流通股与非流通股的价格差，这样才能够使股改的成本最低，为了达到这样的目标，从微观上来看就是每一家上市公司的控股股东都极力压低自己的股票，以此来求得股改的好对价。在这样的过程当中，上市公司控股股东相对来说更有实力，控股股东要想方设法地让股票跌，能够不跌的股票凤毛麟角。所有股票的控股股东都是这样的想法，中国的股市怎么能够不熊市多年，又怎么能够不下跌到让散户匪夷所思呢？

接下来就是股改成功，控股股东自己的股票也需要流通，也需要股票上涨，更要依靠上涨的股票来解决他们的股改成本。因此，我们看到的现象就是哪一个股票股改完成了，哪一个股票就开始上涨了，所有这些控股股东形成的合力，其力量就将是中国证券市场上最强的力量，所以我们可以看到上证指数随后不可思议地变成 6000 点，如果不是次级债危机的爆发，上涨至 10 000 点也不是没有可能。而随后的危机是中国的股市不断下跌，股市就到了解决另外一个重要问题的层面，就是中国需要改革股市的发行和融资机制。所以新华网北京 9 月 28 日在题为《中国股市无"灵丹妙药"需多方求解》的文章当中写道：当前，退市制度形同虚设，存量发行迟迟不能推

出，长期资金入市障碍犹存，债券市场短腿亟待补齐，上市公司造假层出不穷……在这些基础制度建设方面，希望监管者能放下包袱，投资者能给予理解，踏踏实实共同推进，中国股市才能不再沦为众人眼中的"病号"。这一条电讯明显地说明，中国对于股市的改革是要坚定不移的。

通过对中国当前经济市场中资本回报率的观察，我们不难发现，A股市场与社会投资市场之间存在着显著的回报率差异。

首先，考察民间投资市场，一般而言，一个项目的投资回收期约为3年，对应的市盈率即为3倍。对于上市公司或优质项目，市场会给予一定的溢价，合理的市盈率范围可能扩展至5倍，即5年回收期。这种估值方式同样与利率紧密相关，只不过在民间市场中，这一利率往往较高，很少低于20%，甚至高达30%以上，而100%以上的高息则通常伴随着较高的风险。因此，民间利率对回报的要求也基本维持在市盈率3~5倍的区间内。

其次，我们转向股市。当前，IPO前的私募股权投资入股所给予的市盈率通常为5倍。然而，IPO发行时的平均市盈率却高达40倍左右。这就意味着，一旦上市，这些私募股权投资者便能立即获得8~10倍的收益，其中蕴含着巨大的价值空间。这也是审批制与备案制之间最为显著的落差所在。只要这种落差存在，不仅依赖IPO获利的利益集团不会轻易放弃，审批者也难以抵挡权力和权力寻租的诱惑，从而形成了一个庞大的利益链。

最后，谈及制度改革。即便我们能够打破这些既得利益障碍，但如此巨大的利益落差，在备案制实施时，就很可能会引发"万马齐上"的局面，市场将难以承受。因此，要改革中国的股市融资制度，关键在于使上市的市盈率与非上市的回报率估值趋于一致。这需要进行相应的市场调整，而熊市的基础，往往就是在这样的调整过程中形成的。

可能有人说，对于股市融资，当前的利益集团非常强大，不会放弃利益，而这个担心不会成立的关键就是，市场的力量更加强大，它可以让新股上市和上市公司再融资任何的时候都不停止，但股市估值降低到一定程度也会使其股票发行不出来。市场是可以起到限制作用的。市场限制起作用以后，备案制的基础就产生了。而他们不断再融资和IPO的结果，就是不断进行市场抽血，不断让市场承受压力，最后股市大盘就必然处于不断阴跌的熊市当中。

当前世界经济的形势不容乐观，其下行趋势与频发的危机持续为股市的走低提供动力。在这一背景下，股市估值正逐渐与中国民间经济的估值靠拢，而全球环境也无疑在这一过程中起到了推动作用。每一次经济危机的爆发，都是制度改革与跃进的契机。

进一步观察中国当前的融资模式，我们发现贷款是主要的融资方式。贷款不仅增加了货币的衍生数量，还增加了银行的风险资产，从而对银行的资本充足率提出了更高要求。相比之下，世界发达国家的贷款额相对较小，它们更多地依赖于直接融资。

值得注意的是，中国的广义货币供应量已经超过了美国，中国的经济总量却仅为美国的几分之一。随着中国逐渐走向世界，股市融资必将成为社会融资的主流。这一转变必然要求股市融资从审批制向备案制过渡，同时市场的融资量也将持续增加。尽管近两年中国的融资量已位居世界第一，但历史积累的总量仍然较小。

此外，中国股市的巨大市值并非主要依赖于融资交易形成的，而是由历史投资中的非流通股转变为流通股所支撑的。随着中国经济的崛起，股市融资的需求将日益增长。因此，中国股指的不断融资抽血在近几年内就不会停止，而持续的融资也将使股市逐步与中国社会的市盈率接轨。按照当前3~5倍的社会市盈率来看，中国股市仍存在着巨大的下跌空间。

综上所述，中国股市不断地再融资和为了未来与世界备案制的接轨，股市的市盈率必然要逐步与中国社会市盈率接轨。这是一个社会市盈率不断提高而股市市盈率不断降低的年代，中国社会之所以有如此之高的资金回报，就是因为一般企业的融资困难，还因为中国是发展中国家，发展的机会有很多，这些发展的良机提供了很高的收益预期。等到国家发达了，财富多了，中国的市盈率也是会逐步与世界接轨的。但就目前中国股市所遇到的问题，我认为不比当年股市全流通的股改要少，当时的5年熊市，应当在中国还要重演一次。这次熊市如果从2007年四季度6124的高点转折来计算，预计至少是要到 2013 年前后才有熊市结束的可能，届时中国的股市将以更健康的面目面对国人，新的一轮大牛市就要开始了，随着中国的崛起，股市也会崛起，只不过道路是曲折的。

（2011-10-11）

九、引入上市保荐人竞争机制会让劣币逐良币

2012年3月16日，证监会公布了保荐业务监管新规则，其中最引人关注的，就是采纳了"2+2"模式。在此之前，一家企业的发行工作由两位保荐人共同负责，两位保荐人可以在主板和创业板各有一家在审企业。在新规则之下，允许两位保荐人同时在主板和创业板各有两家在审企业。保荐通道翻番，间接缓解了当前保荐人紧缺的问题，保荐人之间的竞争应当加强，有人认为保荐人的竞争会使得市场进入良性循环。

在这里我认为，市场的竞争只不过是一个中性词，不要把市场竞争神圣化，因为在非合作博弈下的市场竞争中，会出现囚徒效应，从而走到法规制定者希望的反面。这里关键要看竞争的标准，是提供更优的价格、更好的保荐质量还是更多地掩盖问题。

对于广大的普通民众与股民而言，大家自然期望保荐人之间的竞争能围绕提升保荐质量这一核心来展开。然而，众所周知，保荐人服务的对象并非普通投资者，而是寻求上市的企业。那么，这些企业在挑选保荐人时，究竟应该遵循何种标准呢？

首要考量的往往是费用问题，即企业希望支付尽可能少的保荐费用。但更为关键的是，企业期望保荐人能够"灵活处理"，即在不给企业找麻烦的前提下，尽可能掩盖其潜在问题。毕竟，企业上市所带来的利益是极为可观的，相比之下，保荐费用便显得不再那么重要了。因此，如何确保企业能够顺利上市，成了最为核心的问题。

而要确保上市，关键在于保荐人能否为企业"保驾护航"，即不揭露企业问题，不给企业"找麻烦"。但显然，这样的做法与提高保荐质量是背道

而驰的。因为真正负责任的保荐人，必然会严格审查企业，揭露并解决问题，而这样的保荐人往往就不是企业的首选。

因此，这样的竞争标准无疑是扭曲的，它违背了保荐制度的初衷。原本保荐人因担心承担责任而不敢轻易违规，企业因保荐人稀缺而不得不接受这样的保荐人，在如今保荐人竞争激烈、收费压力增大的环境下，企业却可能找到愿意"配合"的保荐人。这样的竞争态势，显然不是我们所期望的，它可能导致保荐质量的下降，损害市场的公平与公正。

对于竞争会产生的负面影响，我还可以再举一个大家熟知的例子，那就是劣币逐良币现象。在市场的竞争中，人们都会倾向于持有良币而花掉劣币，最后的结果就是良币被逐出货币流通领域。在保荐人这个问题上也类似，如果竞争不当就是劣币逐良币现象的再现，上市公司会选择配合自己作假给自己方便的恶劣保荐人，而把坚持原则的优秀保荐人逐出市场。

如果要真正地解决问题，就要加强监管，在监管当中刑法不能缺位，需要司法部门介入，同时要加大保荐人的责任，这个巨大的责任就是他们暗箱操作的成本。因此，市场与竞争、法律监管与责任是两个方面的问题，在这个问题上需要的不是市场而是法治，需要的不是竞争而是责任。

（2012-03-23）

十、接下来是结构性熊市

2014年11月11日的上证综指创下新高,而且A股的成交量也达到历史新高,但冲高回落和创业板的大跌,按照天量天价的规律,市场已经预示了转折,接下来应当是结构性的熊市。

2014年初的时候我分析过,股市2014年的高点在10月,当时预测是在2300点左右,现在受到特别的利好冲击,指数上攻探到2500点,但大多数股票是10月见顶的,现在这个分析还是没有太离谱的,而后期股市会下来的逻辑主要有以下几点。

(1)中国的央行没有降息,货币政策的底部还没有出来,在货币底部出来前股市就进入牛市了吗?如果股市是牛市则货币政策的底部就出不来了。所以会有一个倒逼货币政策底部的结构性过程,中国的货币政策不能总是有加息而没有降息,货币政策也会是一个循环。

(2)沪港通虽然开通了,海外资本能够进来了,但不要忘记中国大陆的很多股市资金由于能够购买港股,也会因为购买港股而分流,资金到底是增是减并不确定。所谓万亿增量不假,但不是净增量。

(3)沪港通能让国际资本更大规模地进入,但它们是给散户和国内机构抬轿子还是要渔利?当前,散户群体情绪高涨,大户投资者热情似火,机构持股仓位亦居于高位。在此背景下,若期望国际资本能在没有结构性熊市预兆的情况下,单纯扮演抬轿助涨的角色,这一设想似乎就显得颇为乐观且不切实际。毕竟,市场走势往往受多重因素交织影响,单一力量难以长久左右大局。

进一步而言,回顾历史,中国机构持仓处于高位之时,往往就会伴随着市场结构性调整的风险增加,即所谓"结构性走熊"现象屡有发生。

（4）中国经济的基本面并不好，年底的压力是很大的，而且机构年底要分红，基民年底要赎回现金过年，这些因素对市场压力很大，历年底都是股市受到结构性压力的时候。

（5）从次债危机到2008年危机已经过去7年，按照西方7~8年一个危机的周期而言，西方世界也到了狂欢后的高危期了，国际未来的黑天鹅事件的影响也是巨大的。

综合前述分析，我倾向于认为当前市场正重演着历史上998点低位前夕的行情模式。回溯至998点之前，市场普遍洋溢着牛市启航的乐观情绪，而随后的发展却出乎意料的严峻。如今，众多积极投资者以高杠杆持仓，一旦遭遇结构性熊市的冲击，这些杠杆无疑将转化为加剧市场波动的强力杠杆效应。因此，市场重演历史一幕的概率颇高，若真是如此，那么在近期创出新高之后，我们或许还将见证新低的到来。

在此讨论中，我所指的熊市是结构性的，它不仅涵盖市场整体调整，还涉及不同类别股票市值的差异化调整。特别是小市值板块及创业板可能面临比蓝筹股更为显著的调整压力。这种风格转换，正是我强调结构性熊市概念的重要组成部分。

然而，我也持有一个乐观的预期：在这一轮结构性熊市调整过后，随着货币政策的转向，真正的牛市有望拉开序幕。近期市场的大幅放量及巨量成交，有效地缓解了3000点以上的压力累积。随着时间的推移和分红效应，原有的3000点压力位已逐步下移至2500点附近。这意味着，在结构性熊市结束后，市场再度上扬时将会面临较小的阻力，股指创新高乃至突破万点大关值得期待。

不过，值得注意的是，在这一波上涨高潮之后，随着IPO备案制的实施，市场可能不会长期维持在极高水平。在我看来，市场稳定在4000多点附近，或许是一个更为合理且可持续的均衡点。

因此，我认为市场总体乐观，但近期要注意风险，未来是股市比房市机会更多的市场。

（2014-11-12）

CHAPTER 6

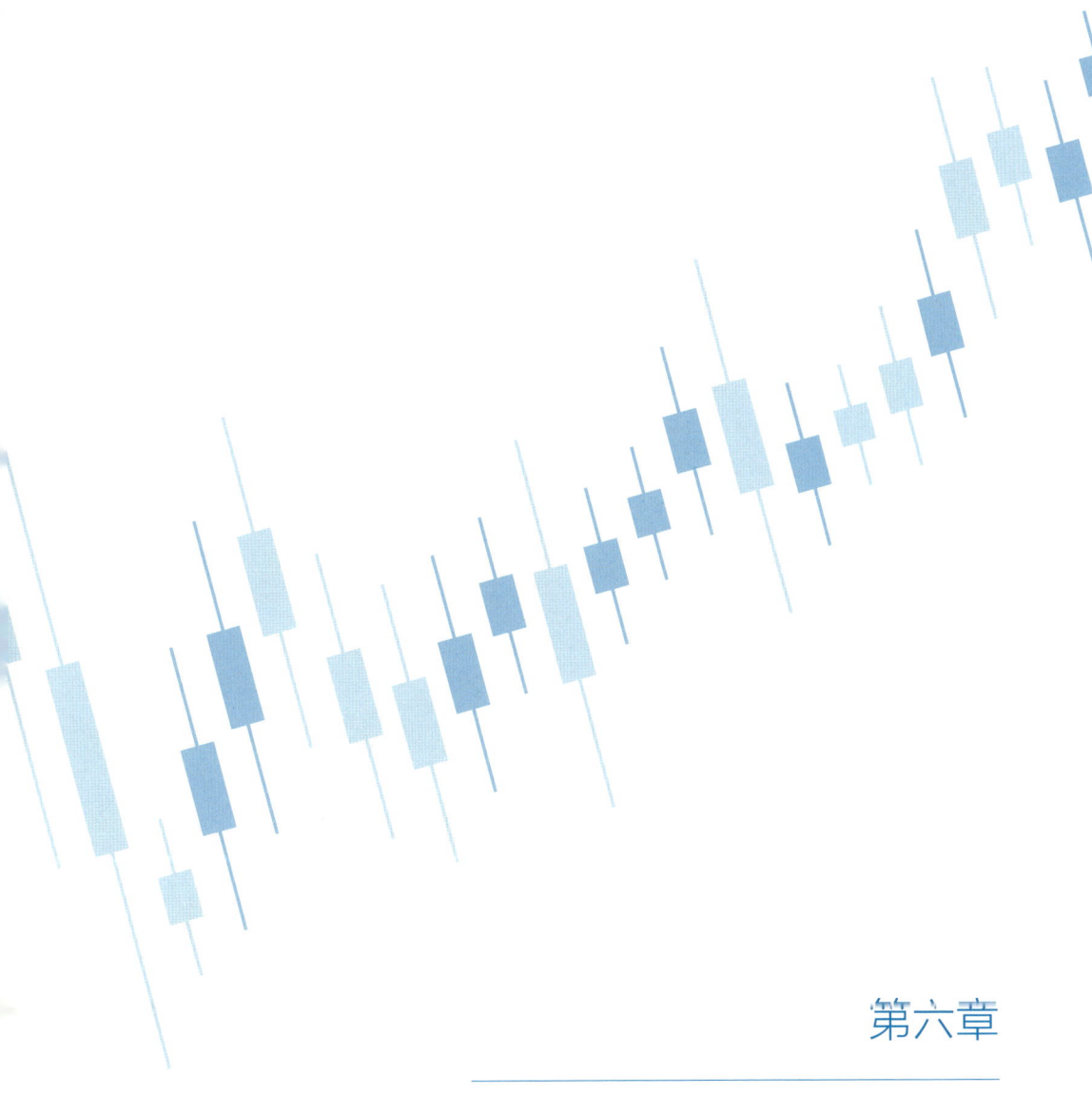

第六章

A 股的机会与股灾 [1]

---

[1] 本章写于 2015 年前后大部分文章标注了写作时间,读者可以根据当时的市场情况对照查看。

一、打爆空头的股市逻辑

周五大盘剧烈震荡，股指最终收涨，但创业板分化厉害，沪市上涨的股票不到 200 只，下跌的却有 800 多只，股市成交量首度超过万亿元，股指期货的成交量也达到了 2 万亿元以上，这样的天量已经远超当今全球股票市场总和。现在仔细思考股市，我认为股市现在是能看空不能做空的时刻，股市的逻辑就是打爆空头的逻辑。

关于股市资金来源近期增长的现象，一个不可忽视的重要因素是央行新推出的货币调控工具所发挥的显著作用。这些创新工具为市场注入了新的流动性，而央行对此类操作的即时公开披露相对有限，这与以往常规的公开市场操作策略有所差异。举例来说，近期有报道指出，央行通过中期借贷便利投放了高达 7695 亿元的资金，这一数额几乎相当于两次存款准备金率下调所能释放的资金规模。尽管在周末，市场并未如部分人士预期的那样迎来存款准备金率的调整，但央行的宽松立场却在上海银行间同业拆放利率的变化中得到了体现。通常情况下，春节期间，此类利率会因资金需求激增而大幅上涨，银行同业间以短期资金支持长期项目的压力尤为明显。而今，借助于央行的新工具，银行得以有效缓解短期票据、债券等融资工具的资金压力。现在，银行虽可向央行求助，但若面临破产风险，央行则不再直接承担兜底责任，这无疑体现了更为宽松且市场化的调控思路。

近期资金流入的另一重要源头源自房贷政策的适度放宽。在此背景下，房地产交易量显著回升，而房价却未出现明显上涨，这一现象暗示着，原本活跃于房地产市场、旨在投机的资金，已悄然转向，流入了股市，而非继续在楼市中滞留。关于股市与楼市之间的相互作用逻辑，我此前已有过详细论述：对楼市的调控措施，在某种程度上，会促使资金从股市流向楼市，这一过程已在市场中多次得到验证。而今，随着楼市政策的放松，那些原本在楼市中寻找利润的资金，就会自然而然地开始流出。

楼市新政的出台，虽然刺激了交易量的增长，但同时也为楼市内的资金提供了撤离的契机。因此，可以预见的是，除了核心城市，我国楼市的整体环境将面临更大的调整压力。

我国股市还吸引了一类不容忽视的资金，即来自期货市场的投资资金。当前，全球商品市场表现不佳，国内诸如螺纹钢等商品市场更是面临困境。在此背景下，这些原本活跃于期货市场的资金，显然已大量流入股市。期货市场投资者习惯于运用高杠杆，并高度重视风险与收益的平衡。沪港通机制的引入，又为境外资金提供了加杠杆融资的渠道，使得各类市场中的短期投资机会得以被充分挖掘。

同时，当前政府对于牛市的期望明显，对于市场中的做多行为，在政策监管层面表现出较大的宽容度，即便是较为激进的炒作行为，只要是在做多方向上，便相对容易获得监管的默许。这些政策举措与新流入的资金共同作用，使得股市的走势在某种程度上更趋近于期货市场的特征。

我们的股市期指是可以加杠杆的，而且在股票当中一些蓝筹股又有特别的权重，这些蓝筹股的实际流通股很小，国家持有的大头部分是名义流通股，国家基本不会减持，因此也是杠杆。如果是期货思维，则不是炒股的拉高出货，而是打爆空头了。打爆空头是最重要的短期利益来源，因此现在是能看空不能做空的时刻。

同时，年底和 3000 点的压力看似很大，但实际情况是，在央行政策的影响下，银行同业拆借利率反而走低，与往年不同，年底的压力有所减轻。而面对 3000 点的压力，多方选择拉高股指权重股而非全面拉升，其他股票的下跌可以释放这一压力。因此，市场走势可能继续分化，短线投资者应重点关注权重蓝筹股。

应该改变炒股的思维了，我从不否认现在是新一轮大牛市的前夜，但这个前夜里面的风险是很大的。股市的风险会在小盘股中释放，越是涨得多的股票，受到的关注越大，才越可能是安全的。

（2014-12-07）

二、沪港通与套利期

沪港通开通一个月了，今日开盘时，我在央视财经频道直播谈了沪港通对市场的影响，这里我们再讨论一下沪港通对 A 股的深远影响，以及造成当前牛市的基础。

早先，我曾提及市场可能面临结构性熊市的压力，即股票价格下跌可能会迫使政策制定者采取降息等措施以缓解市场困境。不久之后，央行果然实施了降息，这一举措有效减轻了结构性熊市带来的压力。然而，若我们深入观察市场，就不难发现股市内部的分化现象颇为严重。事实上，许多股票在 APEC 会议之后便步入了下行通道。

对于中国而言，当降息周期到来时，单次降息往往难以满足经济与市场的全面需求。只要经济增长速度未恢复到以往水平，市场就仍有可能通过价格下跌来倒逼进一步的降息政策。只不过，在当前的市场环境下，这一潜在的压力被沪港通所带来的套利牛市以及期货指数市场的强劲表现掩盖。换言之，大象（即大盘股或整体市场）的起舞掩盖了个股的下跌。

为何说是套利型牛市？香港地区的利率是非常低的，在大陆地区炒股融资的利率是 9% 左右，而在香港地区只要 2%，而且那里融资的杠杆更高。这个 2% 的利率本身意味着在香港地区借款买入 A 股的大蓝筹以后，等着蓝筹分红就可以长期持有股票。分红是多于利息的，能够产生利润，这个以前在大陆地区是做不到的。大陆地区的炒股融资多是短线行为，而由于这个套利的存在，炒股可以是长线行为，因此蓝筹股的走高是有原因的。

在蓝筹股持续上扬的过程中，我们观察到券商、银行等金融类股票对大盘指数产生了显著的杠杆效应。具体而言，券商股的大幅上涨对股指的推动作用尤为突出，几乎成为引领市场走势的关键力量。这种明显的带动作用，进一步激发了股指期货市场上做多的强烈动力,股市中弥漫着逼空的氛围。

境外资金通过推高股票价格,进而拉升股指,为境内小资金在股指期货市场上提供了高杠杆的获利机会。这已成为一种显而易见的市场操作模式,且在此模式下,境内外资金实际上呈现出一种协同作战的特点。

对于普通股民而言,购买港股存在较高的门槛限制,但香港地区的投资者作为机构投资者,在进入 A 股市场时具有明显优势。当前,我们注意到股票交易的频率正在显著增加,这是境外市场普遍采用的高频交易策略在 A 股市场上的体现。如此高的成交量,在以往是极为罕见的,而高频交易在其中无疑占据了相当大的比例,对市场的活跃度做出了重要贡献。

我们还要注意到的就是 AH 股溢价❶指数。从 9 月的 88 到现在的 122,涨了四成,这是一个可怕的比例,A 股的涨幅也不过如此。也就是说,指数的上涨完全是 A 股单方面的上涨,港股同一只股票也没有涨很多,这是重大的差别。这里有港币贬值压力和 A 股避险的需求,但需求不至于导致这样大的差价,而且在沪港通的模式下,本来应当消除差价的,但这个差价没有消除。差价没有消除的背后,就有股指期货得利这个额外利益来源的作用,如果没有股指期货的得利,即使持有 A 股可以套利,持有同样一个公司的 H 股也可以套利。为何套利要买入高价股呢?我们要把二者结合在一起来看问题。

俗话说,"空头不死,多头不已",但若空头力量彻底消散,情形又会如何呢?那或许便是一场多头之间相互践踏、竞争惨烈的景象了。因此,空头的完全消失并非预示着大涨的来临,反而可能是风险累积的前兆。

当前,期指市场上本月即将交割的合约与下月合约之间存在显著的点数差异,这意味着投资者若不及时认亏离场或进行移仓操作,就将面临不小的损失。我一直以来都在分析,当前的上涨行情是基于打爆空头逻辑而展开的。然而,一旦空头真的被彻底消灭,风险也就悄然而至。

当股价攀升至高位时,增发和产业减持的行为会愈发频繁,这无疑会增

---

❶ AH 股溢价是指同时拥有 A 股(中国大陆市场)和 H 股(中国香港市场)的上市公司,A 股市场的股票价格高于 H 股市场的股票价格的幅度。

加市场的压力。而多头力量在耗尽之后，那些通过融资加杠杆的投资者之间的搏杀就将变得异常激烈。因为现在的多头，已不再是过去那些死守股票的散户，他们面临着被机构强制平仓的风险。

在香港地区市场，尽管融资利率较低，保证金要求也不高，且浮盈部分还可以用于再融资，但一旦市场行情发生逆转，机构开始强制平仓时，下跌的幅度和速度可能会比以往更加猛烈。此外，随着沪港通机制的不断完善，未来境外融券业务也有望开通，这将为市场下跌提供另一种强大的做空力量。因此，投资者在享受上涨带来的收益的同时，也应时刻警惕潜在的风险。

对当前的牛市基础，我们要认清沪港通的作用，也要认清其中的套利和期指炒作带来的额外利益。这样的牛市比以往的牛市风险要大多了。

（2014-12-18）

三、应当警惕汉能式的股票风险

如今我国股市大面儿向好，但个股的一些风险也在积聚，个股的特别风险也是在牛市当中不得不防的问题。超过 100 的平均市盈率更是让不少投资者担忧其泡沫巨大。股市疯长会有什么样的风险？投资者要注意什么样的黑天鹅？我认为最大的风险类型就是汉能薄膜发电集团有限公司（简称"汉能薄膜发电"）所发生的问题，这个问题在中国的中小企业股票层面是具有代表性的。

5 月 20 日，汉能薄膜发电的股价突然出现"跳崖式"急跌。让我们来回顾一下汉能事件的过程。

公众对汉能薄膜发电股价的剧烈涨势越担心，其股价反而越走越高——直到 5 月 20 日清早，汉能薄膜发电集团执行董事长李河君奇怪地缺席了集团年会。我们援引凤凰财经的报道，在 2015 年 4 月李河君加大了对中国太阳能设备制造行业的押注，在公司股价狂飙之际购入 5390 万股股份。香港证券交易所的文件显示，李河君连续 7 个交易日在 6.90 港元至 6.95 港元价位购入汉能薄膜发电的股份，最近一次购买是在 4 月 23 日。在过去一年中，汉能薄膜发电股价猛涨了 6 倍，总市值达到了 390 亿美元。

李河君被指在汉能薄膜发电的集团年会的前两天做空了该集团股票，不过，李河君否认了这一指控[1]。

财新网引用与其母公司关系密切的知情人士的话称："这家太阳能面板

---

[1] 5 月 20 日，汉能薄膜发电的股价在 25 分钟内大跌 46.95%，市值蒸发 1443 亿港元。随后，香港证监会对其展开调查，并于 2015 年 7 月 15 日责令其停止股票交易。2019 年，汉能薄膜发电从港交所退市。

制造商由于上市子公司遭遇市场抛售而无力偿还银行贷款。"消息源表示，遭遇市场抛售和随之而来的暂停交易将令局面彻底失控，汉能薄膜发电利用子公司的股份从银行取得贷款，而如今却无力偿还。消息源还称，在债权人与汉能薄膜发电就违约的谈判没有取得进展后，股票的抛售有升级趋势。换言之，股票已经成为这家公司借取现金的抵押品。所以当这波一拖再拖的暴跌终于降临，追加保证金的通知将让这家公司疲于奔命，让其浑身上下都充满着对现金的渴望，最后使得公司迅速又痛苦地崩塌了。

从汉能薄膜发电的崩塌中，我们看到了一个问题的缩影，就是汉能薄膜发电的大股东是利用股票进行了融资的，只是这个融资的资金链出现了断裂。股票质押融资是非常普遍的现象，很多大股东会利用这些股票进行融资，尤其是新上市的公司，这样的融资更为普遍。公司的各种问题都需要通过这个融资在上市前解决，因此汉能薄膜发电的问题其实是一个很普遍的问题。

很多人以为大股东炒高股价是为了抛售，但很多情况下大股东只要抛售，市场股价就会应声而跌，他们的操作其实不是抛售而是在进行股权的质押。他们通过股票的质押贷款来解决各种问题，而且这个质押还得到公司上市券商的支持与合作，利率是非常高的。但在存在这样的股票质押的情况下，公司股票的不确定性风险是大增的，就如股票价格已经成为汉能薄膜发电借取现金的抵押品，所以当暴跌终于降临，追加保证金的通知就将让公司疲于奔命，现金挤兑下的流动性危机将会让它迅速又痛苦地崩塌。

回过头来，我们看着这些融资的成本到底有多高？这可不是我们央行公开的利率。正规银行是不做这种股票质押的，说他们依赖高利贷也是不对的，这源于我们前两年方兴未艾的小贷公司的优良业务。对小贷公司，被允许其利率是央行贷款利率的4倍，再加上各种手续费和中间成本，大约是央行利率的5倍。也就是说，它可以达到年化30%~35%的水平，尤其是上市公司大股东不能公开的部分，基本上只能是这个利率。还有可以通过券商等融资的部分，利率低一些，但也要有理财产品的收益率，基本也要年化13%左右，然后相关机构再以6%~10%的利率卖给买入理财产品的公众。在如此高的利率之下，这些公司上市后就只能维持公司股价的暴涨。

很多人认为以创业板为代表的小股票已经上涨了很多，上述融资成本问题不是问题，这说明大家对这些利息的"驴打滚"问题是不了解的。如果是年化35%，两年半就是翻番的，而这些公司在上市前排队两年是正常的，有的排队已5年，而且每年都要输入利润，都要买入股票，再加上解禁还要3年，前后加起来也就需要5~8年的时间。在这样的高利息下，借款是要翻4~8倍的。

这些借贷的最终清偿被寄望于大股东在未来减持股份。要确保这一清偿过程的顺利进行，股价的持续上扬便成了不可或缺的先决条件。大股东年复一年地通过借贷购入股票，以期推升股价，并采用30%至50%的高比例进行抵押融资，这一模式要求股价的增长速度必须远超借贷的增长，否则便可能显露出滚雪球效应下庞氏骗局的端倪，对此，部分企业的承受能力将面临严峻考验。核心风险在于，最终谁来接手这些被抬高的股份。以汉能薄膜发电为例，大股东虽能轻易炒高股价，寻找接手者却难上加难，这无疑是一条充满挑战的道路。汉能薄膜发电遭遇的市场抛售风波及随后的交易暂停，无疑使局势陷入了全面失控的边缘。该公司曾利用其子公司的股权从银行获取贷款，而今却面临部分贷款无力偿还的困境。债权人与汉能薄膜发电之间关于违约的协商陷入僵局，股票的抛售压力随之加剧。若非股票目前处于停牌状态，其跌幅恐怕会更加惊人。

在股价飙升期间，当汉能薄膜发电通过现金而非贷款创造了数十亿元的账面利润时，李河君曾尝试将这些利润变现。然而，即便在股价上升之际，市场上也不乏希望出货的卖家，但股权的高度集中以及高企的股价，让市场参与者心生畏惧。他或将发现，自己已陷入了一个尴尬的境地：即使有意出售，也难以找到合适的价格。股权的高度集中并非个例，而是一种普遍存在的现象。

与众多创业板企业相仿，汉能薄膜发电或许也是一家因大股东紧密控盘而难以进行做空操作的公司。根据《第一财经日报》记者的深入调查，截至2014年9月，在汉能薄膜发电的大股东阵营中，数家公司合计持股比例高达70.44%。其中，持股比例最高的汉能投资占比38.61%、汉能控股占比

23.83%、Hanergy Option Limited（简称"HO"）占比7.76%，以及GL Wind Farm Investment Limited（简称"GL"）占比0.24%。资料显示，汉能投资、HO及GL这三家公司均在英属维尔京群岛注册，且均为汉能控股的全资子公司。更有香港市场的传言称，汉能薄膜发电的实际控盘比例可能高达约90%，市场上几乎无人能够借到其股票进行做空操作。这一现象与创业板市场的普遍情况颇为相似，创业板企业的股价传奇般上涨的背后，往往隐藏着难以做空、高度控盘的现实，而高企的股价背后，则由股权质押带来的高成本资金来支撑。这样的运作模式终有一天会面临难以为继的局面。

一旦这一循环被打破，股价就可能会遭遇报复性下跌，甚至迅速归零，这样的风险并非空穴来风。我们已经看到，与汉能同类的海外中概股中，就有企业遭遇了类似的命运。例如，德国中概股中宇卫浴（Joyou AG），其股价在短短一周内便清零。就在上周，中宇卫浴的股价还曾创下17.45欧元/股的历史新高，市值一度达到4亿欧元。然而，时至今日，其股价已接近零点。中宇卫浴已根据德国上市公司法的相关规定，对损失发出了通知，并承认公司可能已损失超过一半以上的注册资本。公司管理层正筹备召开股东大会，并研究是否申请开启破产程序，同时也推迟了一季报的发布。公司的巨大损失主要源于对香港中宇清洁科技公司所持股份的大幅减记。

在重压之下，若大股东能成功减持股份并实现再融资，这对个股而言或许是利好消息，但对市场整体而言，却可能意味着压力的进一步累积。当前，创业板的领军企业已开始采取此类行动。以乐视网为例，该公司宣布拟向不超过5名特定投资者非公开发行不超过2亿股股票，募集资金总额上限为75.09亿元，定增价格设定为37.5元/股，相较于市场价有50%的折扣。而与公司定增方案并行的是，实际控制人贾跃亭提出了一项高达百亿元的减持计划。根据该公司公告，未来6个月（自5月29日至11月28日），贾跃亭将根据公司的资金需求进行减持，预计减持其个人直接持有的股份不超过1.48亿股，约占公司总股份的8%。以昨日收盘价76.34元计算，贾跃亭的套现金额预计将达到112亿元。如此大规模的减持，在A股市场中实属少见。

尽管创业板在一片质疑声中仍在不断刷新高点，但乐视网对于此次减持的目的给出了明确说明：控股股东贾跃亭为了缓解公司资金压力、满足日常经营需求，计划在未来 6 个月内部分减持其所持有的乐视网股票，并将所得资金全部无息借给公司作为营运资金使用。目前，乐视网的股价为 76.04 元/股，若按最大减持量 1.48 亿股计算，其套现的股票市值约为 113 亿元。作为市值约 1400 亿元、在创业板总市值中占比 3% 的板块龙头，乐视网即便在折价 50% 进行再融资和大股东套现百亿借给上市公司的情况下，仍显露出上市公司资金紧张的现状。尽管乐视网股价下跌幅度有限，但这是在板块整体大涨的背景下出现的下跌，且减持计划将持续至 11 月，因此，真正减持开始后的市场反应才是关键所在。

创业板其他股票的情况也可见一斑，但若无乐视网这样的实力，企业是否敢于公开减持并进行大比例折价定增，则是一个值得深思的问题。昨日，上证综指大涨 2.02%，突破 4900 点，收盘报 4910.9 点，距离 5000 点大关仅一步之遥。然而，上市公司大股东的减持行为也如影随形。据同花顺数据显示，5 月沪深两市上市公司大股东净减持 60.6 亿股，合计金额达 885.4 亿元，比 4 月增加了 162 亿元，无论是减持数量还是金额，均创下了单月历史新高。

当前，我们观察到机构正大量涌入创业板，同时，对普通股民进入创业板的限制也有所放宽。在这样的市场环境下，创业板为大股东的减持行为提供了温床。而 6 月作为资金通常较为紧张的月份，若企业继续通过抵押获取更多贷款，创业板整体市值则需进一步提升以支撑这一行为；反之，若大股东选择套现，则股价面临下行风险。不同股票因各自需求差异，股价或将呈现分化态势。

在此背景下，监管部门曾发出提示，建议机构在配置创业板时持谨慎态度，尽管这一提示后来被辟谣，但市场传闻往往并非空穴来风。大股东通过炒作推高股价，并吸引不良机构接盘，这已成为一种市场现象。如今的老鼠仓行为不仅涉及个人小仓位，更可能利用公募基金等普通股民的资金，为大股东高位套现提供便利，从中牟取不当利益。在牛市氛围中，这一点尤需警惕，以防普通投资者成为泡沫的最终承担者。

此外，我们还需关注的是，许多机构在购入大股东炒高的股票后，往往难以脱身,进而被绑架,不得不持续推高股价以维持账面盈利。只要股价高企,机构的业绩报表便显得光鲜亮丽,从而吸引更多资金追捧。至于未来可能的破局风险,则被视为遥远的问题,而当务之急是确保机构的管理费和分成收入。市场上不乏此类无良机构,它们挖掘优质股票的能力有限,却擅长通过炒作个别股票推高股价,进而带动其管理产品的浮动净值增加。这种畸形的机构竞争和高比例分成驱动,导致机构与大股东联手推高股价的现象屡见不鲜,客观上为大股东的股权质押和股价炒作提供了资金支持,而市场风险却在不断累积。

上周末,证监会开始了对股价操纵的监管检查。这一行动基于当前的市场背景,特别是创业板小股票中大股东股权质押贷款问题引发了广泛关注。证监会已经启动了对股票场外融资的券商自检自查工作,这是证监会给予券商的一个宽限期,旨在加强监管并勒紧市场的缰绳。股票的场外融资不仅包括加大杠杆的炒股融资,更多还涉及大股东的股票质押贷款。这些质押的股票融资往往被用于所谓的市值管理,甚至大股东做庄,股价高企时还可能进行高价换股并购等。这些行为对公司有多重好处,但如果过度,就会成为市场的风险。而在海外,相关机构对市场的风向和压力会更加敏感。汉能薄膜发电近期风险大爆发,就与其贷款到期的时间节点紧密相关。因此,大家在看好大盘和板块的同时,更要注意股票是否存在汉能式的黑天鹅风险。

因此,我认为在全面全民看好大势的时候,一定不能忽视个股的风险,汉能的风险爆发,实际上是给市场的一个提醒。在股市走牛,尤其是融资杠杆之下的牛市,这样的股权质押贷款的风险是不能不防的,大家在股票研究的时候一定要予以高度重视。

(2015-05-29)

四、股灾后反思网络金融

2015年6月，我国股市遭遇了一场史无前例的挑战，其演变历程与网络金融领域的安全议题紧密相连。此番股市动荡的部分根源在于场外融资活动通过网络平台及P2P渠道，"巧妙"地规避了官方监管；同时，网络金融成为获取影响市场做空力量的关键信息途径，对我国股市造成了深远的影响。

网络金融的扩张速度及规模远远超出了众人的预期。在本次股市波动中，场外配资主要依托P2P网络形式进行操作。尽管关于场外配资规模众说纷纭，但有证据揭示，以往对其规模的估计普遍偏低。实际上，一个更符合实际情况、与股市动荡状况相匹配的规模，应当达到数万亿元级别。

面对这股几乎失控的网络金融洪流，采取限制措施已不仅是经济层面的考量，还上升到了维护国家安全的根本高度。

对网络金融的限制规定终于出台了。据2015年7月31日晚间消息，央行发布了《非银行支付机构网络支付业务管理办法》征求意见稿。意见稿显示，采用不包括数字证书、电子签名在内的两类（含）以上要素进行验证的交易，单个客户所有支付账户单日累计金额应不超过5000元（不包括支付账户向客户本人同名银行账户转账）；支付机构采用不足两类要素进行验证的交易，单个客户所有支付账户单日累计金额应不超过1000元。意见稿还规定，个人客户拥有综合类支付账户的，其所有支付账户的余额付款交易年累计应不超过20万元。个人客户仅拥有消费类支付账户的，其所有支付账户的余额付款交易年累计应不超过10万元。这个限制是在重大的教训后做出的，我国对网络金融的问题是应该要深度思考了。

互联网金融搞得如火如荼，被当作创新的增长点，不过这个新事物真如公开所说的那样吗？我认为从我国的根本利益出发，从经济的公平角度出发，从法治的精神出发，对网络金融采取严控的做法是对的。在股灾发生后，我们对网络金融进行了反思，看到了网络金融给我们的国家安全、经济安全、市场安全带来的巨大影响。

接纳网络金融的核心议题在于，我们能否促使传统银行业转变思路，即便这意味着它们需要暂时牺牲利润，将实体货币资产转化为网络平台的无形资产？当前，网络金融领域似乎正在实施一种资本层面的深度渗透策略，这对传统金融业构成了严峻挑战，且在某种程度上显得并不完全公平。在此，我们不妨引入一个比喻——"资本渗透策略"，它类似于以远低于成本的价格销售商品，只是在这里，西方量化宽松政策下的低息货币与信用不足的资金被用作工具，对传统资本市场的稳定发起了冲击。

试想，当传统银行的市盈率徘徊在个位数，而网络金融领域却能轻松享有百倍以上的市盈率时，面对相同的盈利水平，资本更倾向于流向何方？在这种悬殊的市盈率差异下，通过网络金融手段以换股等方式大量获取资产，是否在一定程度上构成了对传统行业的资源掠夺？如此竞争态势，即便在西方世界，也足以导致行业巨头的猝然崩塌，因为基于10倍市盈率的资金流根本就无力与百倍市盈率所驱动的资金相抗衡。

若任由这种趋势发展，中国的金融业或将面临两难境地：要么整体利润缩水，资产价值虚无化；要么传统金融企业某日突遭重创，轰然倒塌。以恒生电子为例，其运营的 HOMS 系统在 2015 年 7 月 16 日的动态市盈率高达 163 倍，即便当时股价已大幅回调。反观同一日，券商领军者中信证券的市盈率为 19.7 倍，新晋上市的国泰君安则为 18.8 倍，两者资金成本相差了近 10 倍。如此巨大的差距，传统行业如何能与之一较高下？

在探讨网络金融所激发的磅礴生命力之际，我们亦需理性审视其内核。关键在于，正是套利所带来的丰厚回报，构成了网络金融吸引力的核心。诚然，网络降低了某些运营成本，但这类节省往往被网络金融高企的市盈率（如百倍之巨）夸大。试想，若以银行业相同的市盈率及资金成本标准来衡量，网络金融将面临沉重的财务负担；网络虽在渠道上节省了成本，但市场推广的费用却不容小觑。如此重压之下，其生存空间何在？

再观券商领域，我们对其行为实施了严格的监管，券商的设立需经过层层审批，非一般人所能轻易涉足。然而，诸如 HOMS 这类软件，实则已全面覆盖了券商的业务范畴，甚至在某些功能上更为强大，享有的权益也更为广泛，其获取的巨额利润当何解？

此外，虚拟交易的问题亦不容忽视。电子交易的隐蔽性使得取证变得异常困难，由此滋生的犯罪风险不容低估。综上所述，网络金融在展现其活力的同时，也伴随着诸多值得我们深思与警惕的问题。

关于网络金融的讨论，我们最终需强调的是，即便在允许互联网巨头涉足银行业务、赋予网络金融适度发展空间的同时，反垄断的立场亦不可动摇。我们必须防范网络巨头利用其市场支配地位进行不当扩张。谈及金融垄断，传统银行业虽以四大行为主导，但它们并非协同行动，单一大银行在国内的市场份额约为 21%，而国有银行整体虽占据约 70% 的市场份额，但内部亦呈多元化竞争格局。相比之下，专业网站在某些领域的市场份额则更为可观：阿里巴巴在电商领域的市场占有率超过 80%，微信与 QQ 在即时通信领域的市场份额同样超过 80%。显然，网络领域的垄断程度远超银行业。

这些网络巨头捆绑金融服务，实际上是在侵蚀银行的利益，这也是我之前提及的"资本倾销"策略所追求的目标。为了维护市场的公平竞争，我们应当将电商、即时通信与支付工具等业务分离，确保新进入者免受垄断势力的压榨。

我认为这一次股灾揭露出了网络金融的诸多问题，对网络金融，我们应当看到它通过网络带来效益的一面，但不能忽视其国家安全、资本倾销、"白马非马"等风险的一面，在关乎国家核心利益和难以让步的红线下，我们必须正视网络金融的负面问题。如果不能找到解决问题的有效手段和保障国家利益，我们就应当慎重放开和发展网络金融。在市场这只"看不见的手"已经不能保障股民安全时，政府这只"看得见的手"就要起到更大的作用。对网络金融所带来的风险，政府需要进行严控，因此中行出台限制措施，就是正逢其时了。

（2015-08-03）

五、基金赎回机制导致股市的正反馈下跌

在股灾发生的时候，在涨跌停板、停牌、方向性对冲下，原有的基金赎回机制出现了导致股市的正反馈下跌。在机构比重很高的情况下，涨跌停板、停牌和大家的方向性预期的存在，加剧了市场的大跌。

在基金赎回的时候，如果发生大面积跌停板或者股票停牌等情形，赎回基金会有投机性的机会。因为基金的净值是按照当时股价计算的，针对停牌和跌停板的股票，净值计算并不能充分反映其对价值的影响，因此在大面积跌停、基民立即赎回基金时，基金的净值是按照跌停板或者停牌价格计算的，这个价格是显著偏高的。在正常的情况下，在跌停时，第二天会继续下跌很多，如果按照前一天的基金净值进行赎回，机构平仓时的净值一般要在更低的位置。只要有第二天会跌更多的预期存在，就会出现在大面积跌停的时候同时发生大面积的赎回潮。

由于机构无法在跌停板上抛出股票，同时净值又是按照前面的跌停计算的，为了避免损失，它们能够做的事情就是做空股指期货以进行套保对冲。这个时候，机构要在抛出股票应对赎回的同时，要做空指数对冲不能及时抛售股票带来的损失。这是赎回压力下的裸做空，对原来已经发生股灾的大盘压力就更大了。这个机制还有一个效应，就是劣币逐良币，会让好股票跌得更多。因为在赎回的压力下，机构需要现金流，只有好股票才有人买，机构才能够抛出，结果就是好股票反而可能会跌得更多。因此，在股灾之下，泥沙俱下，好股票也不能幸免。同时，由于赎回资金到账日与赎回日之间差几天的时间，有关机构尤其是私募机构进行短线投机的冲动也是有的，这样更会助长股灾的深化。

本次股灾贴水甚至在 10% 以上，超过一次跌停的幅度，前面的赎回也给整个基金造成了损失，使得基金的净值进一步减少，这个损失是需要没有赎回的人承担的。因此在这个机制下，股民要在股灾时以最快的速度赎回基金。这与直接购买股票又有所不同，早赎回是有得利的，晚赎回则意味着更大的损失，那么有谁会不及时去赎回呢？

同理，停牌的问题也是一样的，只不过停牌是针对个股的。机构如果持股足够分散，则不会有问题；但如果机构持股集中，或者带有关联性，停牌或者个股板块存在看跌预期，就会导致赎回的压力。

我们还要注意到的就是杠杆的影响。在基民快速赎回、机构流动性危机不得不融资应对赎回压力的时候，融资支付赎回金，实际上就是给现有的股票增加杠杆。没有赎回的基民在连续跌停当中，损失是杠杆性放大的，而且提早赎回得利导致的损失也被杠杆性放大，所以我们看到有基金一天的净值损失 16%，超过所有持股跌停的损失。这种杠杆下损失的可怕程度，更激发了更大的赎回潮的发生。如果赎回数量极大，机构的杠杆也会很高，就不得不面临去杠杆的压力。如果机构还面临被迫导致的杠杆爆仓的情况，则是整个金融体系的崩溃。

在股票市场遭遇涨停或利好消息导致停牌的情况下，类似的弊端同样显现无疑。此时，新加入的基金投资者（基民）实质上是在获取原有基金投资者（老基民）的利益。遗憾的是，某些机构却借此机会大肆宣传，以吸引更多客户，扩大基金发行规模。在此过程中，老基民所遭受的制度性不公往往被有意无意地忽略了。

机构常常会宣扬其仓中包含某些因利好消息而停牌的股票，鼓励投资者抓紧时机购买，然而，这种基于净值低估未来可能上涨的摊薄效应，实际上是对老股民的一种不公平待遇。

值得注意的是，上述问题并不仅限于公募基金机构。在私募基金领域，类似的问题同样存在，甚至在某些方面更为严重。尤其是在股市遭遇重大波动（如股灾）时，私募基金面临的赎回挤兑压力尤为巨大。由于私募基金的持仓通常更为集中，且信誉度相对脆弱，因此，在遭遇类似情况时，其出现问题的可能性也相应增大。这无疑是对私募基金投资者权益的一种潜在威胁。

（2015-07-06）

六、严查做空，有法可依

2015 年 7 月 9 日，公安部副部长亲自率领团队入驻证监会，深入调查并严厉打击恶意做空行为。这一行动标志着监管力度的升级，超越了以往证监会内部的自查与交易所的自我声明"无裸做空"的范畴，外来强力监察的介入，犹如一股清流，有效打破了市场原有的不平衡状态，随后股市迎来了显著的上涨行情。

"恶意做空"这一概念成了公众热议的焦点，然而，值得强调的是，对于恶意违法做空行为的严惩，是建立在坚实的法律基础之上的。证监会新闻发言人在随后的 7 月 10 日明确指出，跨市场与跨期限的市场操纵行为，正是恶意做空的具体表现形式之一。这一界定，为我们深入探讨这一话题提供了清晰的框架。

我们就是要通过严查市场上的各种做空行为，找出其中的恶意、违法的欺诈做空和操纵市场的行为，给市场带来公平。我们的股指期货是限制裸做空的，变相裸做空就是恶意的。有些交易机构说自己没有裸做空，背后的做法却是将套保变成投机，空单开仓的时候不只有空单，还有相应的股票，因此这种行为只是被描述成套保，而真正操作是做空投机，它们会优先抛出股票把股指打下去，期指不同步平仓，从而获得暴利。

有些机构选择维持持仓稳定，但这种稳定并非纯粹出于套期保值的目的。试想，当股票与股指均遭遇大幅下跌，跌幅高达 30% 时，股票的持仓价值自然就会缩水至原来的 70%，形成显著的浮动亏损；理论上，若进行了有效的股指期货套期保值操作，股指期货仓位应能实现约 30% 的盈利，以此对冲股票损失。然而，在实际操作中，若股票与股指期货的仓位敞口未能保持基本对等，且二者敞口差异显著，那么这样的策略就远非纯粹的套期保值了。

为了确保敞口保持在可控范围内，股指期货的仓位需紧密跟随股票的涨跌态势进行灵活调整，这正是股指期货实施 T+0 交易制度的内在要求。然而，关键在于，相关市场参与者是否切实遵循了这一原则？更令人担忧的是，他们之间的操作似乎呈现出高度的协同性，甚至存在场外套期行为，直接干预大盘走势，此类行为已明显触犯法律底线，构成犯罪。

当交易活动足以对市场定价机制产生实质性影响，且行为人故意利用这种影响作为谋取不正当利益的手段时，便构成了市场操纵。此外，利用信息不对称诱导他人做出错误决策以获取利益，则涉嫌欺诈。尽管《证券法》可能未直接列出所有交易欺诈的具体情形，但我国刑法对诈骗罪有明确的界定，其适用范围广泛，无须拘泥于具体欺诈手段的列举。

诈骗罪的核心在于以非法占有为目的，通过虚构事实或隐瞒真相的方式，使他人陷入错误认识并基于此错误认识处分财产，最终导致行为人非法获利而被害人遭受财产损失。对照此定义，操纵市场的行为完全符合诈骗罪的基本特征：行为人通过非法手段影响市场，制造信息不对称，误导其他投资者，从而获取不当利益，同时给市场和其他投资者带来损失。

《证券法》第五十五条[1]

禁止任何人以下列手段操纵证券市场，影响或者意图影响证券交易价格或者证券交易量：

（一）单独或者通过合谋，集中资金优势、持股优势或者利用信息优势联合或者连续买卖；

（二）与他人串通，以事先约定的时间、价格和方式相互进行证券交易；

（三）在自己实际控制的账户之间进行证券交易；

（四）不以成交为目的，频繁或者大量申报并撤销申报；

（五）利用虚假或者不确定的重大信息，诱导投资者进行证券交易；

---

[1] 此处法律条文已更新为 2024 年 11 月最新版本。——编者注

（六）对证券、发行人公开作出评价、预测或者投资建议，并进行反向证券交易；

（七）利用在其他相关市场的活动操纵证券市场；

（八）操纵证券市场的其他手段。

操纵证券市场行为给投资者造成损失的，应当依法承担赔偿责任。

依据《证券法》第五十五条的相关规定，我们不难发现，合谋做空行为是明确不被允许的。其中，第二款尤为关键，它直接禁止了以事先约定的时间、价格和方式相互进行证券交易，这实际上是在说，任何旨在操控大盘的股票掉期操作都是非法的。而第八款的设定，则为证监会提供了进一步解释和拓宽打击范围的空间，赋予了我们监管部门依法进行司法解释的权力。

因此，对于联合做空行为的严格查处，我们有着坚实的法律基础。至于场外的掉期交易，其违法性质本就明确，理应成为严查的对象。掉期交易的危害不容小觑，美国 2008 年的金融危机便与其密切相关。通过掉期手段，大股东等受限主体能够规避股票买卖的限制，使得原本旨在维护市场公平的锁定机制形同虚设。这种行为不仅恶意规避了法律限制，也严重损害了市场的信息公开和透明度，对广大散户投资者构成了不公平的"屠杀"。

此次证监会明确将跨期限的操纵行为定义为恶意做空，正是对掉期等违法行为的精准打击。因为掉期行为本质上就是一种跨期限的操纵，它使得增发股票的锁定、大股东减持限制以及公司高管股票买卖限制等制度形同空文，严重破坏了市场的公平性和秩序。证监会对此类行为的明确态度，不仅是对法律的尊重，更是对市场公平和投资者权益的守护。而对于那些尚不了解掉期危害的散户股民来说，这次表态无疑是一盏明灯，提醒他们要警惕市场中的潜在风险。

在西方金融体系中，对于金融犯罪往往采取一种有罪推定的态度，这种法律环境使得做空行为在实施时必须格外谨慎，以免触及法律红线。相较之下，中国金融界部分强势力量似乎享受着一种"刑不上大夫"的无罪推定待遇，这无疑加大了监管的难度。在这样的背景下，仅仅依靠常规的监管手段就可能难以有效遏制腐败，而纪律检查部门的介入则显得尤为必要，其特殊力量能够更有效地纠正金融领域的腐败现象。

金融领域的反腐倡廉不仅是维护市场秩序的重要任务，更是重建市场信心不可或缺的一环。因此，在公安部进驻证监会严查恶意做空的同时，我们也应呼吁纪检部门的特殊力量加入其中，共同构建一个更加清朗、公正的金融环境。这样的联合行动不仅有助于打击金融腐败，也能为市场注入更强的信心与动力。

此次股市剧烈波动，我们务必高度警觉其中联合串通做空、意图操控市场走势的非法行为。这类行为的核心手段往往涉及场外融券与掉期交易，它们与场内融券有着本质区别。在严格的场内规则下，券商自有证券的融券量受到严格限制，但场外环境则宽松许多，为机构和私募提供了利用融券与掉期攫取超额利益的灰色空间。这些利益往往是在投资者毫不知情的情况下，被机构独享，其手段之隐蔽、利润之丰厚，甚至超越了传统意义上的"老鼠仓"。

对于大盘的多方力量而言，这种场外融券、掉期交易构成的威胁尤为巨大，因为它加剧了市场参与者的不对等性。一方面，空方能够利用这些工具以极低的成本操作，甚至仅需些许利益便可收买内部人士，如操盘手或大股东高管，其隐蔽性和盈利效率令人咋舌；另一方面，由于资金在操作过程中并不离开操作人的账户，因此所需的保证金和利息成本远低于场外融资，进一步加剧了空方与多方之间的实力差距。

在信息层面，融资活动的透明度相对较高，其信息较易被市场挖掘和分析。而场外的掉期和融券交易则如同隐形的暗流，其信息被严格保密，使得多方在信息获取上处于严重劣势。这种信息不对称为空方提供了突袭多方的便利，尤其是在散户投资者因进场限制、知识门槛等因素难以有效运用金融工具保护自身利益的情况下，其影响更为恶劣。

所以，我们严查恶意做空，将这些秘密的场外融券和掉期解释为恶意做空的手段，认定其是《证券法》第五十五条第四款的一种应当打击的情况。

我们看看《证券法》第三十七条[1]：

公开发行的证券，应当在依法设立的证券交易所上市交易或者在国务院批准的其他全国性证券交易场所交易。非公开发行的证券，可以在证券交易所、国务院批准的其他全国性证券交易场所、按照国务院规定设立的区域性股权市场转让。

这条规定明确了证券的转让必须是在指定的场所，场外是不行的，依法打击场外融券是有法可依的。

---

[1] 此处法律条文已更新为 2024 年 11 月最新版本。——编者注

CHAPTER 7

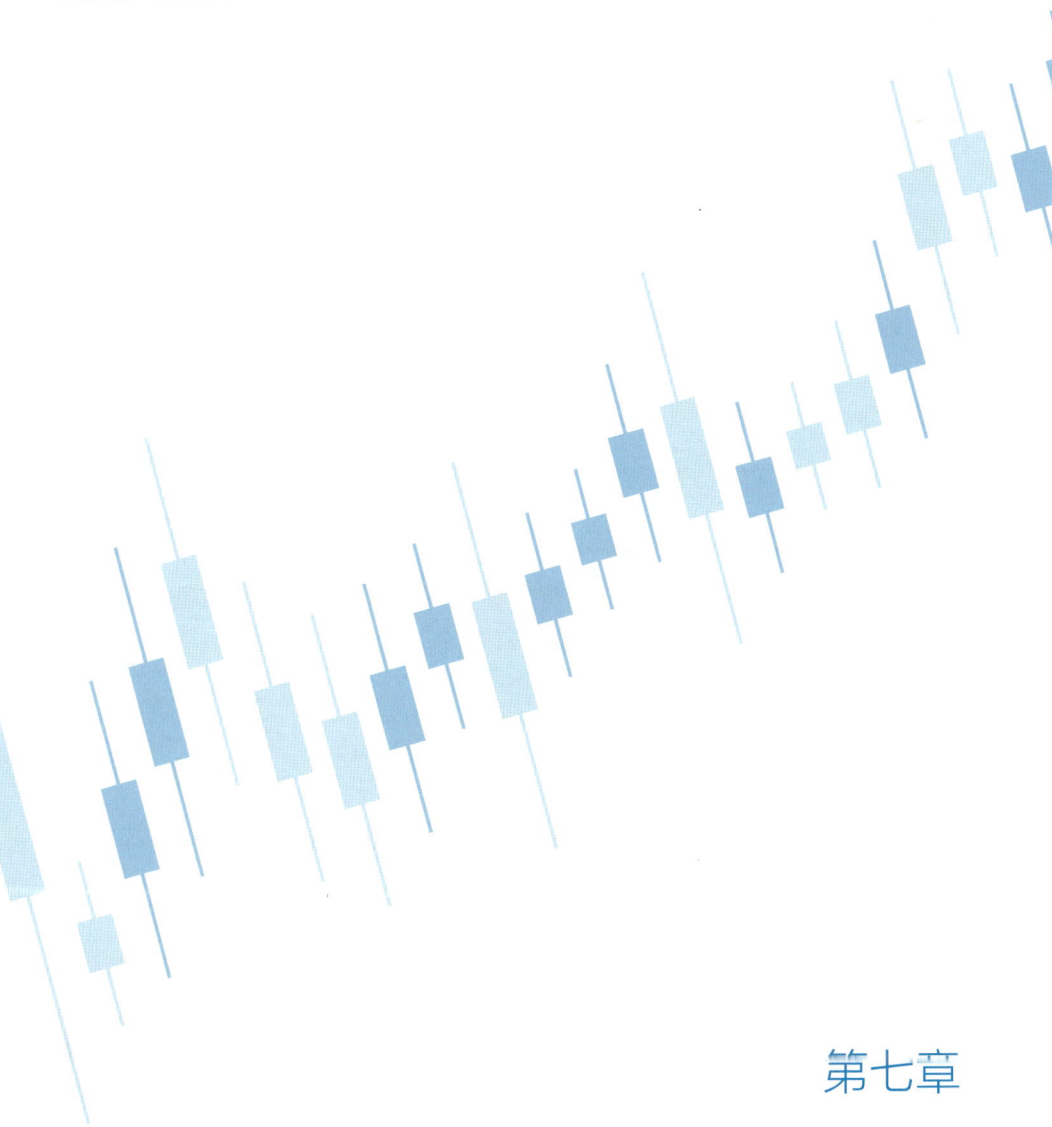

第七章

过往实操与个股分析 ❶

❶ 本章所收录的文章均是在我炒股期间撰写的，文章均标注了写作时间，读者可以根据当时的市场情况分析借鉴。

一、理智看待南京水运的定向增发对价

南京水运终于发布公告，宣布将增发并注入油运资产。然而，对价问题却成了一个不确定性因素，引发了众多猜测和谣言。但我经过分析，发现其中很多实际问题与感觉相差甚远，甚至背道而驰，这值得我们深入探讨。

首先，我们应当明确，资产注入无疑是一件大好事。但该事情的控制权不在我们手中。因为该资产属于南京水运的控股股东。我们不能要求其将自己的资产拿进来注入，所以，这件事情的操作主动权应当是在南京水运的控股股东手中。在商业规则下，握有主动权的一方取得利润大头是应当的。因此，在此次操作中，南京水运的控股股东获得比我们多的利益也是有其合理性的。判断这次操作对我们是否公平，应当关注是否存在欺诈和是否采取统一标准这两个问题。对于这两个问题，我们可以关注增发的资产评估报告和各种文件、公告来进行分析。

其次，我们还需要分析这次操作是否能让我们获利。如果控股股东增发4亿股，并仅注入油运资产，那么对于南京水运来说，控股股东注入的资产在船舶吨位和造船订单上都远超南京水运现有的水平。而置换出去的3亿元资产价值只是总资产的20%左右，因此，注入资产的实际价值显然会大大超过南京水运现有的价值。同时，控股股东获得的股票数量却比南京水运原有的5亿多股少了20%，这意味着南京水运原有的股东将会获得巨大的利益。更何况，这次增发还将带来12亿元的现金。这样的操作对我们来说无疑是有利的。

南京水运的增发方案实际上已经定下了三个最主要的基本原则，这三个原则就如打下的三个基桩，确定了南京水运增发的全部框架，也导致控股股东从压低对价向抬高对价进行转变。

第一个原则是，要增发注入全部的油运资产，解决同业竞争问题，这是南京水运股改的承诺；同时进行此次操作，也是给各方的承诺，它确保了南京水运的股东能够获得全部油运资产，确定了注入的资产范围，并在公告中有明确的阐述。第二个原则是，增发需融入现金 12 亿元。这一数额在公告中也有明确说明，且对于南京水运而言，这个数据应当是经过仔细计算的，是为了保障南京水运的现金流所必需的数额，控股股东应当也是必需遵守的。第三个原则也是最重要的原则是，增发 4 亿股。这个数量可能与证券管理机构沟通过并得到了认可。在当前市场环境下，众多企业都希望增发，但市场容量有限，所以增发多少是被政府严格控制的。而控股股东要压低股价多置换股票的前提是尽可能地增发，一旦增发数量确定，且又需要依靠增发获得现金，那么控股股东就必然会提高增发价格；同时，通过评估做高注入资产的价值也相对容易，这样操作才能没有障碍。

在这三个基本原则下，我们回过头来看对价对于我们的影响。实际上无论对价是多少，我们持股企业获得的船、置换给控股股东的资产、增发得到的 12 亿元现金、稀释的 4 亿股股权是不变的。如此，每一股的内在价值是不变的，只是评估的数值不同导致账面价值发生了变化而已。如果没有现金认购、股数和资产确定，对价多少不重要。但是有了现金认购，对价就成为资产注入者与现金认购者之间的杠杆游戏，所以，增发多少对价应当只是对于控股股东和增发认购对象有非常切实的意义，对于我们来说更多的是数字游戏和心理安慰。

基于上述结论，我们现在举例探讨两种增发对价的方案作为进一步分析的基础。

方案一：若增发对价定为每股 7.5 元，那么融资 12 亿元需要 16 000 股，正好是增发的 40%；而控股股东注入 30 亿元资产，换走 3 亿股股票，带来注入资产的相关企业债务 10 亿元，带走换走资产的相关债务 1 亿元，按照账面价值计算的话是 18 亿元，正好获得 24 000 万股，占增发的 60%，控股股东操作后持股达到 44%。

方案二：若增发对价定为每股 12 元，那么融资 12 亿元需要 10 000 股，正好是增发的 25%；而控股股东注入 36 亿元资产，评估注入资产的价值应当达到 48 亿元。但对于造船价格大幅增加的情况，评估到 48 亿元应当是非常容易的。本方案控股股东换取股票占增发的 75%，控股股东操作后持股达到 50% 以上。

以上两种方案是目前最流行的做法，我们就以这两个方案为蓝本进行分析比较。从上面两个方案我们不难看出，对于企业来说，它们得到的资产和现金以及稀释的股权都是一样的，没有实质上的区别。但是对于控股股东来说，他们付出的资产是一样的，取得的股票却大不相同，尤其是方案二的做法，他们还取得了绝对控股地位。因此，大股东自然倾向于实施对价较高的方案二。而反对这个方案的应当是可能获得定向增发权利的人，包括二股东、一些已经持股又与南京水运关系密切的机构。他们要求降低对价，又不能公开压价，唯一的办法就是压低股票盘面现时的交易股价。压低股价对他们来说并不困难，因为二股东及几个大机构持有接近 50% 的流通股，在停牌前预先得到消息又大量吸筹，达到完全控盘的状态。复牌后第一天，他们只需一开盘就打压涨停的势头，一旦看到机构大量出货，马上就会有大量的散户无比恐惧地跟风抛售，这时他们一致不接货，股价就无法大幅上涨。等到盘面稳定后，他们再在底部补仓，或等待现金认购增发股票。在此情况下，如果盘面都只有 10 元出头，控股股东就难以要求以方案二中的 12 元现金认购价来执行。这个情况与目前的公告一发出，复牌后盘面出现对于涨停进行疯狂压价的反常表现是完全吻合的。当然大量的抛售盘还有可能是暗庄为了逃避被查处的行为，或是两者的结合，是有人借查处来达到压价目的的。这一点与证监会公布的查处 34 个人的行动相呼应，而南京水运进行整体上市无疑是市场关注的热点，一旦证监会准备查处，暗庄就必然会选择逃跑。

我们从自身利益出发，究竟应选择何种方案才更为明智？在没有分析之前，我们的直觉让我们强烈地倾向于 12 元的方案，极度排斥和恐惧 7 元多的方案。我们的直觉为什么会选择 12 元的方案呢？总结下来原因如下。

（1）12 元的方案因其价格较高，让人认为能获得更多的价值。

（2）7元多的方案获得增发认购权利的人获利太多，不公平。

（3）7元多的增发价格大大低于目前股价，会造成股价下跌，而12元高于目前股价，有利于抬高股价。

（4）高对价使南京水运股票的净资产账面价值好，数据好股价容易高。

我们进行深入分析后发现，这些直觉判断其实并不准确。现在我逐条说明如下。

对于第一个原因，前面已论述过：在油运资产全部注入、融资12亿元、增发4亿股这三个基本原则确定的情况下，无论对价如何，企业得到的都一样，我们的每一股的资产没有不同，所以对于第一个原因，我们就与朝三暮四的成语故事中的猴子一样，被表面的变化迷惑了。

对于第二个原因，只要分析一下能够取得增发认购权利的人群，我们就能够知道这是对我们潜在有利的。低对价认购要为获得认购权利付出代价。低对价能够取得认购增发股票的人无非两类：一类是中国石化等大客户。它们取得这个低对价一定要付出额外的代价。比如，签订运量运价保障协议，或者优惠的油价（油价虽然由国家定价，但是给炼油厂运油，可以是货主提供燃料，这样一来这些油就成了生产消耗，其中仅仅节省的增值税、消费税、销售费用等就非常可观）。另一类就是大股东的关系户，更加确切地说应当是董事高管们个人的关系户。这些股票给予他们，实际上相当于变相给予了南京水运的董事高管们，所以我们可以把这种情况考虑为变相股权激励机制。这种变相的股权激励还能为企业带来每股7元多的现金收益，因此比期权激励更为有利。凡是进行股权激励的上市公司，股票价格通常会至少翻倍，所以我们应当支持进行股权激励。这个问题最重要的方面是给这两类人低增发价认购，带来额外利益，但我们并没有付出什么。低对价导致控股股东获得的股权减少的损失由控股股东自己承担，而增发现金认购股东为低对价付出的额外代价由全体股东共同承担。这样一来，实际上是控股股东在为大家买单。

对于第三个原因，低对价可能会造成股价的下跌，但这种下跌马上就会有强烈的买盘支持，因为按照低对价的方案一，控股股东只有44%的股权，为了达到绝对控股地位，他们必然会增持至 50% 以上。而增持的最佳时机无疑是在股价较低的时候，因此他们会迅速行动。同时，低对价在上面提到的股权激励和增发对象的额外价值，也必将在股价中起作用。上市公司实际得到的资产没有变化，因此股价有望比高对价时上涨得更快。

对于第四个原因，虽然短时间会有不利影响，但我认为在此次操作后，下一步控股股东提高股价的办法应当是进行净资产的重估，然后转赠股份，如 10 股送 10 股、20 股等，来刺激股价上涨。而南京水运目前净资产的重估价值按照一些机构的分析已达 7 元多，再考虑到会计准则的变更，让建设期间的财务费用资本化，重估价格可能在每股 9 元左右。而注入的资产即使现在评估价格为 50 亿元，也远未达到其实际价值。如果重估后有较多的净资产增加，那么大规模送股便具有了背景。如果进行重估，那么这个价值早晚都是会释放的。因此，如果现在股价偏低，将来释放时就会反弹得更高。

所以，经过上述的分析和思考，我们一直担心的 7 元多的低增发对价实际上可能是对我们更加有利。

（2007-03-14）

二、长航油运、运价和国际资本博弈

我们炒作航运股票时，首先需要关心的就是国际的运价。而航运的运价在国际市场是非常透明的，甚至还有机构给出了公开的指数，以便于我们进行分析；同时船舶的造价、成本也比较透明，因此预测利润比较容易。分析股票价值的变化，抓住运价的趋势就能抓住问题的关键。

现在国际的航运价格正处于非常时期，干散货运输的价格处于历史高位，而油运的指数却处于历史低位。同为航运股，差别如此大的情况在历史上实属罕见，究竟是什么原因导致了这种局面呢？

中国航运干散货增加导致世界的价格增加。中国大量进口铁矿砂，却没有足够的干散货运回矿产地，这样就把本来的双程运输变成了单程运输，不仅增加了成本，还带来了其他问题。了解航运的人都知道，航运必须有压舱的货物，没有压舱货便非常被动。但必须装的一些货，在到达后可能无法卸货。例如，即使装载的是土壤，也可能因生物入侵等问题而被对方港口拒绝。所以，这些压舱货还需运回，导致成本大大增加。但是运原油从来都是单程，绝不会有油运输到产油国的情况，而且压舱容易，直接装水即可。而且，对于沙漠产油国，淡水比油贵。所以，以往的干散货报价是单程，现在必须考虑空返和压舱的成本，这也是价格上涨的原因。

但是上述问题是造成现在运价的原因吗？为了剔除这些影响，我们现在考虑采用光船租赁合同，按天计算租金。这样，航运中的燃油、人员、管理成本以及路线路程的差异就被消除了，这时我们发现，对于干散货，一艘5万吨的船一天的租金要15万美元，而现在一艘30万吨的VLCC（超大型油轮），一天的租金却只需3万美元。按照单位运力来计算，两者之间的差异竟然达到了30倍。此外，干散货船没有油轮事故、原油泄漏问题，且多为单壳船，成本也低于油轮，那这样的背景又该如何解释呢？

当前，世界航运的增长主要依赖于中国的推动。对于中国的国家安全，石油远比铁矿石重要，且其货值也显著高于后者。为此国家实际上是优先发展油轮的，这使得中国的油运运力迅速增长。然而，这也导致了铁矿石的运输运力发展远远落后于需求，这给了国际资本遏制中国的可乘之机。

国际的大宗货运均需要签署长期运输合同，铁矿砂和原油都不例外。因此，铁矿砂的运价上涨对于原来的进口企业损害相对较小；原油运价的下跌，对于以前的油运公司的损害也非常有限。但对于新进入市场的参与者来说，情况就大不相同了。

对于铁矿砂，中国进口需求的激增推动了运价的上涨。然而，运价的实际承担人全部成了中国企业，原有的企业由于有长期合同的存在是不受影响的。而油轮恰恰相反，中国为了石油安全制造了大量的油轮，中国新增的油轮的运输合同必定会与国际油轮公司产生市场竞争，为取得业务合同，这些国际油轮公司不得不将运价压低至极限。然而，运价压低后它们也不一定能获得运输合同。但是，因为中国加入世界贸易组织（WTO）以后，如果一些企业不接受国际油轮公司的低价却接受中国航运公司的高价，中国就有政府贸易保护的嫌疑了，是要被WTO制裁的。尤其是在航运业，船舶在公海上航行且需停靠他国港口，这就使得他国有可能与港口国家串通起来制裁中国。所以，中国的油运现在正处在被国际资本打压的阶段。

但个人认为，这样的局面不会持续太久。因为铁矿砂的干散货船公司的利润快速增长后，干散货船会被更快地被建造出来，尤其是这样的几万吨的船。国内的造船厂会很快就造出新船。现在国际矿业巨头在谋求中国接受到岸价（CIF价格）而不是离岸价（FOB价格），这实际上是对铁矿石的变相涨价。而油运虽然有长期合同，但这些合同都有期限。特别是那些单壳船的合同很快就会到期。届时把运价压得过低，国际航运巨头就无利可图了。由于现在油运价格低，大家都在制造散货船，油轮供应将逐渐减少。而石油的消费是远远比钢铁要刚性得多，这样一来，油运的价格会极大上扬。所以，我对一年后的油运市场持乐观态度。

由于有与中国石化的运价保护协议，所以油运指数在低位时，南京水运受影响相对小，比较安全。但事物皆有两面性，如果指数达到高位，南京水运就需与中国石化分享收益了。但值得注意的是，一旦指数达到可分成的高位，南京水运的每股利润将实现大幅增长，甚至可能翻两番以上。

　　此外，我们还需考虑财务杠杆的作用。当前，国际油运价格的上涨几乎可以直接转化为净利润，因为国际巨头无法将国际油运价格压得过低。鉴于单壳船的低成本运营，若运价低于成本，运价低于成本还有倾销的嫌疑，所以油运的价格就在成本位置。如果现在的利润率为2%，那么运价涨20%后，利润率将跃升至22%，因为运价的增加部分几乎全部转化为利润了。

　　当前航运市场似乎正迎来一个转折点，干散货运输市场预计将有所下滑，而油运市场则有望上扬。与此同时，再配合股市的大盘重新上涨，航运股中的油运将迎来新机会。

（2008-01-14）

三、西部矿业的净资产应当是多少

按照西部矿业的公告显示：公司全资拥有两座矿山——锡铁山矿和获各琦矿，持股51%控制两座矿山——赛什塘矿和呷村矿，此外还持有玉龙铜矿41.0%的股权。截至2006年底，公司总计拥有主要矿产资源储量为295.14万吨锌、213.11万吨铅、436.37万吨铜。这些矿产资源的价值究竟有多少呢？

我们按照铜的市场价格计算。如今，铜价已经攀升至8000美元的高位，而几年前它还只是2000多美元。所以铜的开采、冶炼等成本总和超不过2000美元，其余的实际上全部是矿产价值，每吨的价值应当不少于5000美元。在当前资源紧缺的背景下，铜价下跌的可能性较小，而上涨的潜力却很大。这与铁矿石类似。当钢铁行业景气时，铁矿石价格往往会大幅上涨。就如当年的山东铝业与兰州铝业，资产利润是兰铝多，但是当兰铝的股价7~8元时，山东铝业的股价却高达17~18元。这主要是因为山东铝业涉及采矿业务，而兰州铝业则主要从事炼铝。铝是世界第三多的元素，西部矿业所拥有的各种矿产资源，其稀缺性和价值远远超过了铝土矿。

我们查询了铜精矿的价格，发现每顿铜精矿价格为5万元人民币每吨左右，品位则在22%~40%。在这样的价格水平下，铜矿的开采、选矿和运输成本相较于其资源价值来说，就显得微不足道了。设想一下深井挖煤的情况，煤炭的售价远低于此。而西部矿业拥有超过400万吨铜储量，还不包括未探明的储量，目前相当于400万吨铜精矿。中国三分之二的铜矿要进口，因此这些铜矿产品根本就不愁销路。如果将西部的铜精矿全部开采出来，其价值将超过2000亿元。按照20~40年开采完毕进行现金折现，就目前的利率折现率不低于40%，即使我们保守地以30%的折现率来计算，其现值也达到 600 亿元。而锌、铅等矿类似，价值也毫不逊色于铜矿。所以，经此估算，西部矿业现在的矿山净资产价值总计应当在 1200 亿元以上。

现在西部矿业的净资产价值是一些采矿设备的价值，而且这些设备还远远没有达到设计产能，所以这些资产的价值实际上可以忽略不计。

那么，为什么西部矿业没有按照此评估招股呢？原因除了不符合中国会计制度外，还有一点是西部矿业取得这些矿山开采权的成本极低。

实际上西部矿业当时首选的招股是在海外。因为海外认矿山开采权的价值，招股能够取得更多的资金。然而，由于某些原因，海外招股受阻，西部矿业才被迫转向国内市场。从招股的过程看，西部批准发行 5 亿股，实际发行自动减少。

招股带来的价值更大，公司也就能够接受低价招股。公司会尽可能地减少发行的股份数量，这就是为什么公司被批准发行 5 亿股，但最终只发行了 4.6 亿股的原因。

（2007-07-13）

四、稀土博弈：危机与对策（上）

危机和流失

有消息指出，欧美等国家对于我国的稀土出口政策进行了WTO诉讼，这被视为西方限制中国影响力的策略之一。这些稀土元素是当今高科技发展的必需资源，是自然形成的资源占有，在以后中国与世界的资源博弈中占据至关重要的地位。这些资源的价值随着技术的发展越来越重要。因为在新材料新技术发展的背景下，原来的很多大宗商品已被替代，但稀有的稀土元素是不可替代的。中国作为世界上最大的稀土生产国和出口国，在这一资源上的掌控权对全球市场格局尤其是高技术领域产生了深远影响。当前所展开的WTO诉讼，或许仅是未来更广泛竞争的一个缩影。

中国稀土占据着多个世界第一：储量占世界总储量的第一，尤其是在军事领域拥有重要意义且相对短缺的中重稀土；生产规模第一，2005年中国稀土产量占全世界的96%；出口量世界第一，中国产量的60%用于出口，出口量占国际贸易的63%以上。中国是世界上唯一大量供应不同等级、不同品种稀土产品的国家。可以说，中国一直在慷慨地向世界敞开大门，不计成本地供应稀土资源。

然而，关于中国稀土在全球的占比，数据显示已发生变化。不久前，这一比例还是85%以上，但是最近已降至58%了。尽管我们仍可自称是全球稀土资源的主要供应者，但其他国家所占的比例已从不足15%上升至42%，几乎增加了3倍。

在当今世界，我们在关注世界金融制高点的货币和汇率博弈的同时，也应当看到这样的博弈更加本质的一面，即对资源的争夺和博弈。历史上，每一次战争的爆发，都伴随着对世界资源版图的重新划分。西方世界对于我们稀土资源的掠夺布局早已悄然展开。对于我们限制稀土的政策，他们更是联合起来，一致发起 WTO 诉讼，这无疑是明火执仗的抢夺行为。

WTO 诉讼

尽管如此，我们仍然坚信自己的立场，并期望在 WTO 中争取主动权。我们专家的主要理由如下。

（1）1974 年联合国大会通过的《建立新的国际经济秩序宣言》明确宣布："每个国家对自己的自然资源和一切经济活动拥有充分的永久主权。为了保卫这些资源，每个国家都有权采取适合于自己情况的手段，对本国资源及其开发实行有效控制……任何一国都不应遭受经济、政治或其他任何形式的胁迫，以致不能自由地和充分地行使这一不容剥夺的权利。"

（2）WTO 的贸易规则反对限制进口、封闭市场的行为，并没有规定不能采取限制本国产品出口的措施。事实上，美国就限制许多高新技术出口到中国，加拿大限制绿宝石出口，日本甚至连可再生的木材也限制出口。

（3）2001 年，中国加入 WTO 时签订的《中国入世议定书》中承诺取消适用于出口产品的全部税费，但有 84 个税号的商品不在其列，其中包括黄磷、锑、萤石、铟、锡、钨和锌等产品。

利用规则

同时，我们也应认识到，这个规则是可以为我们所用的。

我们可以通过法律法规和政策，在国内采取统一的行动，确保在国内事务中，国内法的效力优先于国际条约。WTO 的规则必须与国内法配合，没有哪个国家会优先适用国际条约，这是国家主权问题。

我们需要做的是让稀土的价格不再是一个土的价格，要把价格抬高，做到物有所值，让稀土成为金银一样的贵金属。我们欢迎外国人来购买，但绝不允许他们以低价购得。中国稀土的情况和钢铁一样，产业非常分散，而且企业小、资金紧，恶性竞争过度激烈。国际垄断巨头一起行动，试图分化瓦解我们，压低我们的出售价格。他们深知中国稀土企业急需资金回笼，因此我们难以掌握行业定价权。要打破这样的不对等博弈，我们需要有强有力的机构进行垄断坐庄，以垄断对付外来的垄断。

国家收储

中国推高稀土价格的一个有效手段，是国家以高价进行战略性收购，以此作为国家战略储备。国家应敞开收购，不论数量多少，一律照单全收，将其作为长远的高科技战略资源囤积起来。在我看来，稀土的战略地位比钢铁更加关键，因为尽管地球上钢铁资源丰富，但开采成本各异，而中国已能开采低品位铁矿。只要时间足够，这样的稀土储备长期来看必将带来丰厚回报。据我所知，日本曾储备了足够使用100年的稀土，但是最近由于高科技产业的用量大增，实际能够满足需要的年限大大缩短。外国的储备安全性降低，让他们感到资源压力是关键。对于稀土这样的稀缺资源，价格暴涨10倍并非不可能，正如危机前铜、铁矿石等价格也曾以数倍增长，这些资源的集中度可远不及稀土。因此，稀土价格的暴涨是合理且可行的。我们在中国市场购买中国生产的产品，这是我们的权利，他国无权干涉。

我国的稀土产品，尤其是氧化钕、氧化铽、氧化镝、氧化铕的价格，长期以来一直受国外商家控制。国外一些实力雄厚的贸易商和企业，在低价时大量购进我国稀土产品，价格上涨时则停止采购，使用库存，待再次降价时再行购进。这种做法迫使国内企业为争夺市场而竞相降价销售。稀土是国家的宝贵资源，绝不能被廉价出售给外国。从1990年到2005年，中国稀土的出口量增长了近10倍，可平均价格却被压低到当初价格的64%。所以我们需要有国家支持的企业来维护我们的市场和根本利益。

我们总以为自己的资源很多，但是即使是我们的优势资源——钨和稀土，也有资源耗尽的压力。由于中国资源的廉价，世界各国都采购我们的资源赚取利益，美国的稀土矿和钼矿都作为战略资源储备而封存了。这样的紧张形势，我们必须重视，国家战略储备的建立，并非仅仅是为了应对欧美国家的指责，而是已经迫在眉睫。我们稀土储量的三分之二已经流失，若继续任由这种趋势发展，一旦资源紧缺，我们的对手就可以天价的价格勒紧我们经济发展的喉咙。

金融支持

第二种推高稀土价格的手段是利用金融支持。我们可以以稀土向银行抵押贷款，按照货值的 100% 价格贷款，稀土价格跌了国家就收购银行坏账，对于银行来说这是非常安全的。我们甚至可以将稀土进行质押，因为一个银行保险箱可以存放提纯冶炼分离成单一元素后的稀土金属，其价值相当于黄银铜等，而且毒性不大，与铜铅相仿。这就使得稀土质押操作比其他产品更为简便，可以直接被存放于银行保险箱，钥匙由双方保管。相比之下，像钢铁这样的大宗商品，存放起来就困难得多。这样就可以解决很多稀土企业资金短缺的问题，企业不愁资金，就不会着急贱卖。

建立国家战略储备库，以库存抵押换银行资金，实际上就是变相给社会注入流动性，在经济危机时对于国民经济应当是求之不得的事情。而且，这种做法不需要外汇，只需中国自行印钞即可。相比基础建设投资，这种方式拉动内需的效果可能会更为显著，因为基础建设的回报存在不确定性，而稀土资源的价值则几乎只会上涨，回收肯定没有问题，甚至还有可能赚取巨额利润。

有关资料显示，2007 年 1—6 月，全国钨精矿产量 40 309 吨（折合 WO_3 65% 量[1]，下同）。2007 年 1—6 月，累计出口钨制品金属量 15 343.8 吨，出口额 5.35 亿美元。这样的话，钨的年出口额也就是 10 亿美元左右。通过查询网络，我了解到稀土的具体价格：纯度为 99.9% 的氧化铈为 18 元 / 千克，而过去曾高达 30 元 / 千克；氧化钕为 80 元 / 千克，过去则卖到 90 元至 100 元 / 千克；氧化钇为 57 元 / 千克，过去卖到 100 元至 200 元 / 千克。20 世纪 80 年代，氯化稀土卖到日本的价格是 15 元 / 千克，而现今的售价已降至 7.5 元 / 千克；氧化铕的价格也从过去的 7 元 / 千克跌至现在的 2 元 / 千克。而稀土的加工能力是 20 万自然吨。但平均只有不到 5% 的稀土化合物能够被提纯，因此每年提纯后的稀土产量不足 1 万吨。即使以高价稀土 100 美元 / 千克来计算，其总市场价值也仅为 10 亿美元。加上钨的出口额，两者合计约为 20 亿美元。对于过去中国外汇紧缺、不得不依靠出售资源来换取外汇的时期来说，这样的收益或许还算可观。然而，与我们现在 2 万亿美元的外

---

[1] 将不同品位的钨精矿折算成三氧化钨（WO_3）含量为 65% 的标准量。

汇储备相比，这点利益就显得微不足道了。将来世界急需，若价格上涨100倍，那么稀土市场将成为一个价值2000亿美元的巨大市场。这个市场与大宗商品如铜、铁等的规模相当，而考虑到稀土作为近20种稀有战略金属的重要性，这样的市场规模并不过分。对于全球高科技产业的附加值来说，稀土的价值也是不可忽视的。这些紧缺资源具有巨大的价值上升空间。当前价格不高，主要是交易各方力量不对等导致的定价权问题。中国不能再这样被掠夺下去了，必须积极争取在稀土等战略资源上的定价权。

大家还需要注意的是，稀土不同于钢铁、石油、有色金属等大宗商品，不但储存的费用低廉，而且即便以当前价格的很多倍，国家也有能力将全球所有的稀土产量储备起来。这些稀土在未来有望成为国际市场的硬通货，可以与外汇储备相媲美。试想一下，如果我们储备石油，把我们外汇储备的百分之一变成石油就是上亿桶。然而，这样的储存量不仅难以找到合适的存放地点，而且高昂的储存费用也会使这一做法在经济上变得不合算。相比之下，稀土等战略资源的储存就要容易得多。随着中国国家大规模收购稀土，推动价格上涨，稀土的硬通货的表现就会越来越好，会产生一定的外汇储备效果。在采购过程中，同等价格本国采购优先本身就是国民待遇的体现。而国家有超国民待遇，国家收购优先。这样一来，外国企业即使想要购买也难以获得优势。因为国家以高价敞开收购，市场上的价格必然会被抬高。我们并不限制你的购买和出口，但在我们的市场上，你无法以低价买走稀土。

（2009-06-30）

五、稀土博弈：危机与对策（下）

对于稀土，我们将其看作某种货币或者货币抵押物。历史上，金银曾扮演过这样的角色，而现代则更多地使用债券。同理，我们也可以把稀土当作货币的抵押物。中国拥有丰富的稀土资源，因此有能力实施这样的政策，而其他国家则难以效仿，因为这相当于将国家的金融主导权交予中国。

把稀土作为货币等价物的另一个好处是，经济发生危机时，社会资金可以囤积稀土来避险，从而使稀土的价格暴涨。稀土价格的上涨，对中国全社会而言无疑是有利的。同时，将稀土作为货币抵押物，相当于人为地赋予稀土货币属性，为其找到了新的用途，从而可以消化巨大而过量的稀土产能。就如同世界上生产的黄金一样的情况；这样赋予稀土以货币属性，相当于给社会注入流动性，其效果甚至可能比国家的积极财政政策更为有利，因为财政债券最终是需要偿还的。而央行可以大量收储稀土，作为中国的战略储备，将来有需要的时候，还可以取消稀土的货币挂钩。很多时候，金融手段是最容易不战而屈人之兵的，但这需要协调各个部门，并平衡既得利益，实现起来很难。在国家的根本利益面前，我们应该像对待战争一样，团结一致，共同奋斗。国际上的资源战、货币战、金融战本质都是为了占有他国资源，重新划分世界的资源分配格局。所以，我们将稀土博弈与金融货币结合，不仅有理有据，而且对我们极为有利。因为这样一来，我们控制的稀土就成了国家货币发行的储备，而其他国家没有足够的稀土资源，是无法攻击我们的稀土金融体系的。

提高环保、安全、科技门槛

很多稀土企业以破坏环境为代价进行开采。我们必须加大环保审查与处罚的力度。稀土开采中的环保问题尤为严重，中国的稀土开采相对落后，多采用原始方法，即在山丘上挖掘洞穴，稀土与黏土一同被挖出，用草酸与黏土发生化学反应提炼出初级稀土。想象一下，为了得到仅占5%的稀土，需要用酸溶解掉95%的其他物质，这将造成怎样的污染！这种开采方式导致山丘上的土壤几乎被挖空，造成严重的水土流失和表面植被破坏。通过严控污染企业，我们可以大幅降低稀土的产能，避免现在产量过剩导致的恶性竞争。

同时，对于稀土提取后的矿渣，我们需要进行更加严格的管理。我们可以要求矿渣里面的有害物质和稀土元素的残留量必须小于某一个数值，以此来淘汰落后的技术。据国家发改委的报告，中国的稀土冶炼分离年生产能力为20万吨，超过世界年需求量的1倍。对于环境不达标的矿山，应坚决予以关闭。只有这样，我们才能消除市场过剩，为稀土产品创造更好的价位。

此外，针对企业开采矿石，我们应当有恢复环境的计划和开支。这一计划应当在项目环境评价报告中详细阐述，并且每开采一吨矿物都应提取相应的环境恢复费用。我们可以要求企业将环境恢复费用预提到公证机关，以增大开采的成本和保障环境。

在关注环保问题的同时，我们也要杜绝私采滥挖现象。这些行为不仅破坏了环境，而且也无法保障从业人员的劳动安全。他们长期接触有害化学药品，职业病频发。因此，尽管可能会增加生产成本，但我们亟须加强劳动安全监管，确保矿山配备必要的安全设备。针对稀土开采的安全管理，我们可以建立一套比煤矿更加严格的规范。

与此同时，提升科技实力也是当务之急。

我们要在加入科技投入的同时淘汰落后的产能，建立更加严格的国家标准。只有能够生产符合国家标准的稀土产品的企业，才能够取得生产许可证。我们要做好稀土产品的标准化工作，使得我们的稀土产品可以进行交易所的系统性报价交易，为后面提到的建立国家专业稀土市场做好技术准备。

建立稀土交易专业市场

我们还可以对中国的所有稀土交易实施全面监管，将稀土列为中国的重要战略物资，纳入国家监督体系之中。在此过程中，我们不限制参与者的身份，维持市场自由。但前提是，所有稀土的生产和买卖活动都必须接受严格监督。把所有的稀土资源的开采和交易放到我们的监控之下，我们就能准确掌握稀土资源的动态和流向，有效遏制各种非法行为。在此基础上，我们可以建立一个稀土期货和现货市场，所有的稀土交易均在此市场内进行，禁止场外交易。通过这一举措，我们将能够全面掌握稀土市场的各种信息，而对信息的控制对于市场的稳定至关重要。同时，这也将极大地压缩私挖滥采的空间，因为所有的稀土产品交易均需要提供合法取得证明，否则我们可以采取严厉的措施进行没收，决不给没有采矿资格的非法开采者以市场空间。

中国的中小企业众多，统一市场的建立将极大地增强我们资源的市场竞争力。国家储备也可以在这样的市场上发挥重要作用，甚至还可以作为市场的"坐庄者"。这个市场可以是现货的也可以是期货的，将来还可以引入稀土指数。外国企业要进入这样的市场，我们可以审核其交易资格。对于期货市场审查交易商资格很正常，著名的伦敦金融交易所（LME）的资格审查就非常严格。我们只要在这个市场的规则上一视同仁又严格规范即可。这样外国公司在我国市场内的交易行为也将纳入我们的监管范围。如果他们恶意操纵市场，那么我们就能够加大处罚力度。现在，这些恶意操纵中国稀土市场的国际公司掌握了稀土的定价权。随着我们国内稀土贸易市场的形成，定价权将逐渐转移到中国人的手中。因此，这项政策的实施具有至关重要的意义。

同时，我们要看到一旦这样的市场建立起来，各种社会投资、投机资金就会进入其中。这些资金在间接上也给行业注入了资本活力。特别是在稀土价格处于低位时，由于做空风险极高，几乎没有资金敢于尝试。为了避免轧空头的可怕后果，这些资金往往会一致做多，将稀土的价格抬高。而稀土的价格高昂，正是中国资源企业最大的利益所在。这样的市场建立后，对于全球有关稀土及其产品的各种长期协议就有巨大的参考价值。通过利用我们的资源优势，建立大市场，本身也是我们进行改革和发展的需要，也是我们争夺世界话语权的需要。因此，我们必须紧紧抓住这个机遇，充分发挥我们的资源优势，建立起一个具有全球影响力的稀土市场。

税收、司法政策配合

国内对于相关政策可能存在的阻力和担忧主要体现在以下几个方面：其一，稀土价格的暴涨可能让相关企业获得巨额利润，其中可能包括国有企业和众多民营企业，甚至有一些企业已被外资控制。其二，这种政策可能会为权力寻租提供新的空间，从而引发新的腐败问题。其三，国内的稀土使用单位会因此难以承受。然而，经过深入分析，我认为这些问题与我们通过提高稀土价格所获得的利益相比，是微小的。

对于第一个问题，我们首先要看到，即使民营企业赚了大钱，那也是中国人的财富，财富在中国国内，依旧会为中国创造内需。稀土价格上涨后，我们可以征收资源税、消费税、环境税以及暴利税等。我们可以通过合理的税收政策来分享稀土价格上涨带来的利益。

对于权力腐败和寻租的担忧虽然重要，但不应让其成为阻碍我们行事的绊脚石。我们必须认识到，越是意义重大的事情，越可能伴随着更大的腐败风险。我们必须坚定决心，严厉打击腐败行为，确保国家资源的合理利用和人民的长远利益。在此，我们还需要关注一个问题，即当前我国的稀土价格普遍偏低。在这个领域，腐败的利益空间并不大。我们真正需要警惕的是外国间谍的渗透。随着社会的发展，全球各国的间谍已从军事外交领域转移到经济和资源领域。对于稀土这样关系到全球未来高科技发展的战略资源，也一定是间谍活动的重要目标。在这个领域，腐败的空间并不大，间谍活动的土壤却相当肥沃。我们不能仅仅因为他们没有直接拿钱就认为他们无辜。

因此，为了保护我国的稀土资源、维护国家安全，中国的国家安全和情报部门应当高度关注并积极介入。在新的历史时期，保卫国家主权更多的是保卫这个国家的战略资源。

要有战略全局观

如今，我们已然意识到了问题的严峻性，但我们的技术手段尚显粗糙，政策制定也有待完善。为了应对这一挑战，我们应当收取高额的资源税、环保税，对国内外企业都应一视同仁。但对国内使用稀土的企业，我们可以进行高科技补贴。

对于稀土博弈，我们要将其上升到国际资源再分配的重大国际博弈和重大历史博弈的高度来认识。

最后，总结一下我所思考的关于稀土战略的核心思路。

（1）国家收储，提升稀土价格，并将资源进行有效储备。

（2）提供金融支持，甚至探索将稀土作为货币化工具，以增强稀土行业的整体实力。

（3）建立稀土统一市场，建立稀土期货和稀土指数，争取定价权以支持我国金融发展。

（4）加强生产环节的环保、安全、劳动保障等。

（5）通过税收手段调节收益，并给社会公益相应权益，确保稀土产业的大部分利益留在国内。

（6）区分外商，管理外商，实施外交对等原则，体现国民待遇差别；同时加强反间谍工作，确保国家安全。

（7）诉讼中利用规则创造有利结果，在国内立法和司法解释上向矿产供应方进行利益倾斜。

（2009-07-02）

六、中国平安巨额融资的台前幕后

中国平安推出了 1600 亿元的巨额融资方案，该计划被广泛视为市场暴跌的触发因素。但是这个融资方案的推出，应当有更深刻的内涵。

我们来聚焦于 1600 亿元的融资。其中，大约 1200 亿元涉及股票增发，且中国平安明确表示，增发价格不会低于公告招股意向书前 20 个交易日公司 A 股股票的均价，或前一个交易日的 A 股股票均价。试想，如果当日一下子出现 1200 亿元左右的抛盘，而中国平安的日常成交量相对较小，这些股票又如何能够顺利卖出？哪家券商会敢于承担如此巨大的承销风险？

所以，这样的发行很可能是事先已经确定了认购对象。这个对象不走定向增发，走的是不定向增发，其目的肯定是不愿意被锁定一年或者三年。按照我们现行的定向增发规则，定向增发的股价与市价的差别已相差无几，且定向增发的方案一经公布，股价往往会迅速上涨，从而大幅增加融资成本。因此，采用不定向增发的方式好像完全是市场行为，实则是股价因此恐高而下跌，反而为买入者创造了巨大的利润空间。同时，买入者也不会受任何指责，股票也没有任何的锁定期限制。它们在增发的表决过程中也无须回避任何情况，这为各种市场操作提供了极大的便利。

对于中国平安的增发，股东大会通过应当没有悬念。虽然国内的股东饱受增发股价下跌的伤害，但是对于股价低得多的香港地区的股东，这却是一个巨大的利好。增发后每股净资产达到 30 元左右，与港股股价相比，中国平安的港股显然被低估了。在中国平安 73 亿元的总股本中，港股约占 25 亿元，A 股只有 8 亿元，国内的股东包括机构在内很难否决增发的实施。

环视一下中国国内，哪家企业能够有这样的经济实力来承接这 1200 亿元的股票呢？在现在资金如此紧缩的情况下，能够拿得出这 1200 亿元资金的恐怕就只有银行了。然而，银行通常是不被允许炒股的。但仔细一想，这一规定在此处似乎并不适用。因为我们刚刚开放了银行可以持股保险机构，所以银行持股中国平安是没有障碍的。

我们现在的银行被要求信贷规模不能比上一年有所扩大，这已经成为银行业的高压线。但银行的存款规模还在扩大，银行要为这些存款付出利息。为了银行的利益，它们必须为资金找到出路。

为此，央行今年大力推行融资券，以企业债券的形式化解银行的风险。中国平安的400多亿元债券在市场经济货币紧缩面前，也应当是为银行设计的，这些债券替代了央行发行的央票，使央行承担利空祸首的压力骤然减轻。这1200亿元股票应当只是一个开始，把银行被限制贷款的富余资金变成股票，其未来的收益预期将远超贷款。

中国平安融资的1600亿元的用途一直没有公开。中国平安上一年刚刚IPO，公司应当不缺乏资金。此次融资1600亿元，如果再考虑以往没有用的资金和可能的贷款，中国平安应当是集中了超过3000亿元的资金运作能力。集中这样多的资金，其目的很可能只有一个，就是要进行大规模的并购。国内几大保险公司均已上市，而且彼此竞争残酷，中国平安的并购目标应当是在国外。

我们可以想象的是，不远的将来，如果中国平安融资成功，每股净资产增加十几元，每股净资产30元，其股票的安全边际将得到显著提升。同时，大规模并购的利好开始涌现，又有银行为背景的强庄操盘，中国平安的股价是值得期待的。所以中国平安的股票可能会经历一段调整期，逐步下滑至增发对象认为合适的接盘价位。只要增发成功，就应当是股价的拐点，我们可以看到股价的高企。

（2008-01-22）

七、银行股的估值高吗

现在中国银行股的平均估值是其市盈率的 8 倍左右,部分银行股甚至创下了中国股市市盈率 5 倍多的新低。很多人以银行股这样的估值来说明中国股市的大底已经到来,但是我要说的是,考虑了未来的发展因素,目前银行股这样的估值并不算低。

关于银行股估值的问题,我们要认识到近期的不断加息给银行带来的政策性利润。现在银行的高利润和大幅度的业绩增长不是银行自身经营带来的,而是央行加息导致的。如果未来中国的经济下滑要以降低利率来刺激经济发展,那么银行业的利润就要大幅度地降低。

我们以未来降息 2% 进行计算,在 60% 的活期存款比例下,降息可使银行业的息差缩小 1.2%。在中国贷款总额 50 万亿元左右的规模下,银行利润需要减少 6000 亿元,这一数字相对于当前银行业总利润 8900 亿元的三分之二,也就是降息 2% 以后,银行业的利润仅剩约 3000 亿元。更进一步的是,在降息周期,利息的下降幅度可能会超过 2%,如果达到 3%,银行业就可能面临几乎无利可图的境地。当然,从这一点反向思考,我们也可以知道,就目前来说,很难降息或降息的幅度有限。但是在中国经济压力越来越大的情况下,在不远的将来降息也是大概率的事情。

还有一个重要的方面没有考虑到的是,银行的风险在不断加大。外国已经在炒作中国的地方政府融资平台的风险和房价崩盘以后的房贷风险。实际上中国银行业还有一个重大风险就是汇率风险,中国银行业的大量外汇在人民币升值的过程中可能会发生重大的汇率损失,这些损失的风险对于银行业的影响也是极大的。未来银行坏账损失的增加对银行利润的负面影响也值得高度关注。当前银行利润只占贷款总额的不到百分之二,这意味着一旦坏账增加百分之几，对银行来说无疑是灾难性的打击。

同时，外国的金融风险给中国的银行业带来连带影响。外国银行的估值也已经达到金融危机以后的最低，由于投资者对欧洲某些银行是否有能力经受住希腊债务违约的考验有所怀疑，用于保护这些银行债务免受违约风险的信用违约掉期价格已经上涨至历史最高水平。与此同时，一项用于衡量银行间不愿拆借贷款的指数也已上升至两年半以来的最高水平。信用违约掉期是由信用卡贷款所衍生出来的一种金融衍生产品，可以被看作一种金融资产的违约保险，债权人通过这种合同将债务风险出售，合同价格就是保费。购买信用违约保险的一方被称为买家，承担风险的一方被称为卖家。双方约定如果金融资产没有出现违约情况，则买家向卖家定期支付"保险费"，而一旦发生违约，则卖方承担买方的资产损失。因此国际银行的风险压力非常巨大。

还有一个不可忽视的因素就是《巴塞尔协议》的影响。《巴塞尔协议》让银行的资本充足率在未来几年内提高1倍。在《巴塞尔协议》的要求下，中国银行不仅要不断融资和难以分红，而且资本充足率提高1倍的背后是资产规模的单位资本盈利缩减一半。仅这一因素的影响，就可能导致中国银行股的市盈率翻倍，达到16倍之高。

综上所述，我们考虑降息2%和《巴塞尔协议》的影响，对于风险和坏账等对冲中间业务进行保守估算，这些因素对银行股估值产生了6倍的负面影响。这意味着，当前银行股估值要贬值6倍，市盈率实际上是从现在的平均8倍变成预期的48倍。值得注意的是，即便在牛市期间，48倍的市盈率对于金融股而言也是偏高的，更何况全球在金融危机后均处于风雨飘摇的萧条之中，银行股还不分红，还要不断再融资。因此，从合理性的角度来看，银行股还有进一步下跌的空间。另外，考虑到银行股的股市大盘的市盈率实际较高，新股发行依然活跃，中国股市的下行空间依然广阔，估值的底部还远远没有到来。

（2011-09-21）

后 记

很多朋友都询问我在股市上所获得的经验，为了满足大家的需求，我决定将自己过去在《证券日报》《上海证券报》《证券时报》等权威证券媒体上发表的部分内容和理论思考进行整理，并辅以在《瞭望》《环球财经》等期刊上发表的文章，汇编成这本书，与广大读者分享。

本书中的理论分析均是个人见解，请读者在阅读时自行验证其准确性。此外，股市有风险，投资需谨慎！

张捷